«Ja heißt Ja»?

Rona Torenz

«Ja heißt Ja»?
Feministische Debatten um einvernehmlichen Sex

Reihe
BLACK BOOKS

Schmetterling Verlag

Bibliografische Informationen der Deutschen Nationalbibliothek
Die Deutsche Nationalbibliothek verzeichnet diese Publikation in der Deutschen Nationalbibliografie; detaillierte bibliografische Daten sind im Internet über http://dnb.d-nb.de abrufbar.

Schmetterling Verlag GmbH
Libanonstraße 72A
70184 Stuttgart
www.schmetterling-verlag.de
Der Schmetterling Verlag ist Mitglied von aLiVe,
der assoziation Linker Verlage.
ISBN 3-89657-035-8
2., durchgesehene und erweiterte Auflage 2022
Printed in Bulgaria

Satz und Reproduktionen: Schmetterling Verlag
Alle Übersetzungen aus dem Englischen durch Nikolas Grimm, Schmetterling Verlag, mit Ausnahme des Kapitels «‹Ja heißt Ja› im Strafrecht» (hier Rona Torenz).
Druck: Multiprint, Kostimbrod

Inhalt

1. Einleitung

Im März 2018 wird ein Masseur in Bremen von mehreren Frauen angezeigt. Er wird beschuldigt, die vertrauensvolle Atmosphäre einer Massage ausgenutzt und sie sexuell genötigt bzw. vergewaltigt zu haben. Einige Übergriffe liegen schon Jahre zurück – da die Frauen aber voneinander erfahren haben und merken, dass sie nicht die einzigen waren, beginnen sie darüber zu sprechen und entschließen sich letztendlich, rechtliche Schritte einzuleiten. Mindestens zwanzig Ermittlungsverfahren werden von Seiten der Staatsanwaltschaft eröffnet. Schon im August 2018 stellt sie 18 Verfahren wieder ein. Begründung: Da die Frauen sich im Moment des Übergriffs nicht gewehrt haben, liege keine Straftat vor. Nur zwei Frauen haben aktiv Widerstand geleistet, ihre Anzeigen werden weiterverfolgt. Ob es zu einer Anklage und auch zu einer Verurteilung des Masseurs kommen wird, muss sich erst noch zeigen. Fest steht: Die Erfahrungen, die die 18 Frauen gemacht haben, sind keine Einzelfälle. Viele Betroffene haben im Moment des Übergriffs Angst, sich zu wehren, weil sie denken, dass es dann noch schlimmer wird, oder geraten in eine Art Schockstarre und können sich kaum noch bewegen. Manche merken auch erst danach, dass es sich überhaupt um einen Übergriff gehandelt hat – weil sie es in dem Moment nicht wahrhaben wollten, an ihrer Wahrnehmung oder ihrer eigenen Einschätzung gezweifelt haben. Anders als das gesellschaftliche Bild von Vergewaltigung vermuten lässt, sind Situationen oftmals nicht eindeutig in dem Sinne, dass den Betroffenen sofort klar ist, dass ihre Grenzen übergangen werden. Mit anderen darüber zu reden und festzustellen, dass man nicht allein ist, wie in dem Bremer Fall, kann helfen, der eigenen Wahrnehmung zu vertrauen und sich zu wehren. Doch das hat den meisten Frauen, die den Masseur verklagt haben, trotzdem nicht genützt.

Unter anderem aufgrund solcher und ähnlicher Erfahrungen haben Feminist_innen immer wieder darüber nachgedacht, was als sexuelle Gewalt gelten soll und wie sie verhindert werden kann. Ein Dreh- und Angelpunkt ist dabei die Frage, was genau Zustimmung zu einer sexuellen Handlung ausmacht, oder anders, wie Einvernehmlichkeit sichergestellt werden kann. Bis

November 2016 war im deutschen Strafgesetz geregelt, dass erst dann eine sexuelle Handlung als Vergewaltigung oder Nötigung gilt, wenn sie gegen den aktiven Widerstand oder durch die Ausnutzung einer schutzlosen Lage des Opfers ausgeführt wurde. Das heißt bis zu diesem Zeitpunkt reichte ein einfaches Nein oder andere Anzeichen, nicht einverstanden zu sein, per Gesetz nicht aus, um eine Verletzung gegen die sexuelle Selbstbestimmung festzustellen. Das Opfer musste nachweisen, sich aktiv körperlich gewehrt oder sich in einer «schutzlosen Lage» befunden zu haben. Einvernehmen wurde somit als einfache Abwesenheit von Widerstand verstanden. In Fällen wie dem der Vergewaltigungen durch den Bremer Masseur war es bis vor Kurzem also sehr schwierig, einen Täter zu verurteilen.[1]

2016 wurde das Sexualstrafrecht dann verschärft, auch auf jahrelangen Druck feministischer Aktivist_innen hin, die unter dem Motto «Nein heißt Nein» gefordert hatten, dass ein Nein auch als solches anerkannt wird.[2] Das Sexualstrafrecht sieht seitdem vor, dass ein einfaches Nein genügen soll, damit ein Straftatbestand vorliegt. Es braucht keinen «aktiven Widerstand» mehr, sondern nur den «erkennbaren Willen» gegen die sexuelle Handlung. Wie die Richter_innen den «erkennbaren Willen des Opfers» feststellen, wird sich erst noch zeigen. Es ist also offen, ob die neue Gesetzeslage tatsächliche Auswirkungen auf die Rechtsprechung haben wird. Kritiker_innen der Strafverschärfung, u.a. die feministische Rechtswissenschaftlerin Monika Frommel, bemerkten, dass es schon zuvor sehr viel weitgehendere Möglichkeiten gegeben hätte, den alten Paragraphen auszulegen, diese aber nur selten von den Richter_innen genutzt wurden. Das Problem habe also eher in den Interpretationen der Gerichte als im Gesetz selbst gelegen. Auch wenn dies der Fall sein sollte, muss aus feministischer Perspektive der Symbolcharakter dieser neuen Regelung hervorgehoben

1 Vgl. Rabe und Normann 2014; Grieger et al. 2014.

2 Eine besondere Dynamik nahm die Debatte jedoch erst an, nachdem große Gruppen vermeintlicher «Nordafrikaner» in der Silvesternacht 2015/2016 in Köln vermeintlich *weiße* Frauen belästigt hatten. Der rassistische Diskurs, der daraufhin entfacht wurde, hatte nicht nur die Verschärfung des Sexualstrafrechts innerhalb weniger Monate zur Folge, sondern auch eine Verschärfung des Aufenthaltsrechts. Im Anschluss an die Ereignisse in Köln können Ausländer_innen, die aufgrund von Straftaten gegen die sexuelle Selbstbestimmung verurteilt wurden, nun leichter ausgewiesen werden.

werden: Mit der Änderung wird die sexuelle Selbstbestimmung vom Gesetz nun konsequent anerkannt – sie muss nicht mehr mit Händen und Füßen verteidigt werden. Einvernehmen ist rechtlich nun also dadurch bestimmt, dass kein entgegenstehender Wille erkennbar ist.

Beide Definitionen von Einvernehmen – des ehemaligen und des jetzigen Strafrechts – sind negativ bestimmt: durch die Abwesenheit von aktivem Widerstand oder durch die Abwesenheit eines Neins.

Spätestens seit Anfang der 1990er wird diese negative Bestimmung von Einvernehmen von feministischer Seite kritisiert.[3] Als Konsequenz aus dieser Kritik ist «Yes means Yes» entstanden, im Deutschen auch als Konsensprinzip oder Zustimmungskonzept bezeichnet.[4] Diesem Konzept zufolge braucht es die ausdrückliche, positive Bestätigung des Einverständnisses aller beteiligten Personen. Mit der Entwicklung des Zustimmungskonzepts wird die feministische Forderung nach «Nein heißt Nein» erweitert: Die Diskussion, ob aktiver Widerstand oder ein einfaches Nein ausreichen, hat sich hier nochmals verschoben. Nun geht es um die Frage, ob ein Nein überhaupt nötig ist, um sexualisierte Gewalt zu bestimmen. Im «Ja heißt Ja»-Prinzip steht im Mittelpunkt, dass ein fehlendes Nein nicht ausreicht, um eine sexuelle Handlung als einvernehmlich zu betrachten. Das bedeutet, dass Zustimmung nicht mehr vorausgesetzt wird, bis jemand Stopp oder Nein sagt, sondern dass erst dann Zustimmung vorhanden ist, wenn alle Beteiligten diese aktiv erteilt haben. Kurz gesagt: Solange kein «Ja» geäußert wurde, gilt ein «Nein». Das Konzept ist international und auch über feministische Kreise hinaus bekannt. 2015 startete die englische Thames Valley Police zusammen mit anderen Organisationen die «Consent is everything»-Kampagne, zu der ein Videoclip gehört, der in den sozialen Medien viral ging.[5] Der Clip erklärt die Bedeutung von sexuellem Konsens mit Hilfe von Tee. Anstatt nach Sex zu fragen, soll sich die Zuschauerin vorstellen, Tee anzubieten:

---

3 Beres 2014, S. 373.

4 Ich benutze Konsensprinzip, Zustimmungskonzept, ausdrückliches Einverständnis, «Ja heißt Ja» und *Affirmative Consent* oder «Yes means Yes» (Letztere insbesondere für den englischsprachigen Raum) synonym.

5 Vgl. https://www.consentiseverything.com/. Die verschiedenen Versionen auf youtube wurden insgesamt viele Millionen Mal aufgerufen.

«Du fragst ‹Hey, willst du eine Tasse Tee?› und sie sagen ‹Oh Gott, verdammt, Ja! Eine Tasse Tee wäre verdammt toll! Danke!› Dann weißt du, dass sie eine Tasse Tee wollen.»[6]

Der Clip spielt dann verschiedene Antwortmöglichkeiten durch und wie im Sinne von *Affirmative Consent* damit umgegangen werden sollte:
«Wenn du fragst ‹Hey, willst du eine Tasse Tee?› und sie machen ‹ähm› und ‹hm› und sagen ‹Ich weiß nicht so recht ...› dann kannst du ihnen einen Tee machen oder nicht, aber sei dir klar, dass sie ihn vielleicht nicht trinken werden. Und wenn sie ihn nicht trinken, und das ist der wichtige Teil, zwinge sie nicht dazu.»[7]

Der Clip stellt heraus, dass man bewusstlosen Personen keinen Tee verabreichen sollte und auch, dass Menschen ihre Meinung ändern können, zum Beispiel während man den Tee kocht. Am Ende heißt es lapidar:
«Aber, wenn du verstehst, wie völlig haarsträubend es ist, Menschen zum Teetrinken zu zwingen, wenn sie keinen Tee wollen, und du fähig bist zu verstehen, wann Menschen keinen Tee wollen, wie schwer kann es dann sein, das zu verstehen, wenn es um Sex geht?»[8]

Zustimmung ist also «simple as tea»? Auf den ersten Blick eine schöne Analogie. Was ist nun aber, wenn jemand nur aus Höflichkeit die Tasse Tee trinkt? Oder hofft, von der Person mehr gemocht zu werden, wenn man zusammen Tee trinkt? Was ist, wenn eine Person zwar gerne Tee trinken würde, es sich in der Gesellschaft, in der die Person lebt, aber für Frauen nicht gehört, Tee zu trinken, und diese Person nun zufällig eine Frau ist? Was ist, wenn eine Person gerne Tee will, aber einen anderen, als die Person anbietet? Was ist, wenn die Person, die gefragt wird, gerne selbst Tee für die andere Person machen

---

6 «You say ‹hey, would you like a cup of tea?› and they go ‹omg fuck yes, I would fucking LOVE a cup of tea! Thank you!›. Then you know they want a cup of tea.»

7 «If you say ‹hey, would you like a cup of tea?› and they um and ahh and say, ‹I›m not really sure…› then you can make them a cup of tea or not, but be aware that they might not drink it, and if they don›t drink it then – this is the important bit – don›t make them drink it.»

8 «But if you can understand how completely ludicrous it is to force people to have tea when they don't want tea, and you are able to understand when people don't want tea, then how hard is it to understand when it comes to sex?»

will? Zustimmung einholen und Zustimmung geben ist in Hinblick auf Sex gar nicht so simpel, wie der Clip suggeriert. Das kommt daher, weil Begehren und Sexualität in gesellschaftlichen Machtverhältnissen verortet sind – anders als Tee. Dieses Buch wird den Fokus genau darauf legen: Ich werde der Frage nachgehen, wie sich im «Ja heißt Ja»-Prinzip heteronormative Geschlechterbilder niederschlagen und wie damit das Ziel des Zustimmungskonzepts, sexuelle Grenzverletzungen zu verhindern, verfehlt werden kann.

«Ja heißt Ja» reagiert auf eine widersprüchliche gesellschaftliche Entwicklung der letzten Jahrzehnte: Einerseits gilt Einvernehmlichkeit in sexuellen Begegnungen als wichtige Voraussetzung: Die Sexualwissenschaftler Volkmar Sigusch und Gunter Schmidt stellten bereits in den 1990er-Jahren eine fortschreitende Etablierung einer «Verhandlungs-» oder «Konsensmoral» fest. Demnach sei alles moralisch erlaubt, einschließlich all der «alten Perversitäten», solange alle Beteiligten zustimmen. Auch die bereits erwähnte Monika Frommel sieht die sogenannte Verhandlungsmoral in Europa als durchgesetzt an: «Europäische Gesellschaften wie etwa Deutschland und die Niederlande haben bereits alle eine Sexualmoral verinnerlicht, sexuelle Kontakte zu unterlassen, bei denen wir zweifeln müssen, dass der Partner oder die Partnerin wirklich freiwillig kooperiert. Scheint uns die Reaktion allenfalls ambivalent zu sein oder gar eine Rücksicht auf negative Reaktionen der ‹drängelnden› Person, gilt das Prinzip, zu warten und nicht zu drängeln.»[9]

Einvernehmen ist also laut Frommel, Schmidt und Sigusch zum entscheidenden Kriterium für die moralische Zulässigkeit sexueller Praktiken geworden. Dafür spricht, dass – anders als noch vor einigen Jahrzehnten – der öffentliche Diskurs mehr denn je parteilich ist mit den Betroffenen sexueller Grenzverletzungen. Der Hashtag #metoo hatte weltweite Empörung über Belästigungen und Vergewaltigungen an Orten der Kulturindustrie zur Folge.

Andererseits zeigte die #metoo-Kampagne aber auch, dass sexualisierte Gewalt immer noch alltäglich und weithin präsent

9 Frommel 2016. Ähnlich formuliert es auch Heider 2016: «Diese [Forderung nach ‹Nein heißt Nein›] hat sich allerdings seither, zumindest in den Ländern, in denen wir als Privilegierte leben, im Alltag auch ohne spezielle Gesetze weitgehend durchgesetzt. Trotz erhöhter Anzeigebereitschaft der Frauen ging die Zahl der Sexualstraftaten zurück.»

ist. In der Praxis scheint Einvernehmlichkeit also auch manchmal doch gar nicht so wichtig zu sein. Dies wird auch dadurch gestützt, dass bestimmte Formen sexualisierter Gewalt in weiten Teilen der Gesellschaft immer noch akzeptiert werden. Die verbreitete Annahme, Frauen würden durch ihre Aufmachung, Flirtverhalten oder die Tatsache, dass sie bereits mehrere Sexualpartner_innen hatten oder allein unterwegs sind, ihre Zustimmung erteilen, führt zum sogenannten *victim blaming*. Das bedeutet, dass den Betroffenen von sexueller Gewalt die (Mit-)Schuld an dem gegeben wird, was sie erleben mussten. Selbst aktiv geleisteter Widerstand von Betroffenen wird unter Umständen als *token resistance* und damit wiederum als Zustimmung gewertet. *Token resistance* meint auf Deutsch so viel wie symbolischer Widerstand und bezeichnet ein Verhalten, bei dem Sex oberflächlich abgelehnt, aber eigentlich gewollt wird – kurz, wenn jemand Nein sagt, aber Ja meint. Nicht zuletzt aus der Kritik an der Annahme, Frauen würden ständig *token resistance* anwenden, entstand die Parole «Nein heißt Nein». Zudem existieren auch immer noch andere unrealistische Vorstellungen darüber, was sexuelle Gewalt ist. Viele bilden sich ein, dass die klassische Vergewaltigung in einem dunklen Park stattfindet, die Betroffene eine unschuldige, attraktive junge Frau ist und der Täter ein Fremder, der seine Triebe nicht unter Kontrolle hat. Wir wissen, dass solche Fälle sexueller Gewalt eher selten sind.

Feminist_innen haben diese wirkmächtigen Bilder und ihre Effekte analysiert und diese als «Vergewaltigungsmythen» bezeichnet. Vergewaltigungsmythen begünstigen sexualisierte Gewalt, indem sie konkrete Übergriffe relativieren, leugnen, verharmlosen und Betroffene als (mit-)schuldig denken.[10]

Die feministische Kriminologin Tanya Serisier aus Großbritannien diskutiert die offizielle Verhandlungsmoral, die Verbreitung sexualisierter Gewalt und die gesellschaftliche Akzeptanz von Vergewaltigungsmythen und beschreibt die herrschende Realität als widersprüchlich:

«Die präziseste Beschreibung gegenwärtiger gesellschaftlicher Realitäten ist jedoch, dass sexuelle Gewalt im Abstrakten universell verurteilt wird, während konkrete Vorfälle von erzwun-

10 Zum Begriff der Vergewaltigungsmythen siehe Kapitel 2.3 in diesem Buch sowie Burt 1980 und Bohner 1998.

genem und ungewolltem Sex weiterhin entschuldigt, gerechtfertigt und normalisiert werden.»[11]

In diesen Widersprüchen suchen Feminist_innen nach Strategien, sexualisierte Gewalt zu verhindern. All diese Vorstellungen – Zustimmung als Abwesenheit von Widerstand, *token resistance* und *victim blaming* wurden von feministischer Seite zu Recht ausgiebig kritisiert. «Ja heißt Ja» soll einerseits *victim blaming* vorbeugen: Für einen sexuellen Übergriff ist nun die Person verantwortlich, die den Übergriff begangen hat, denn diese hat versäumt, Zustimmung einzuholen, und nicht mehr die betroffene Person, die nicht (klar genug) Nein gesagt hat. Es soll *token resistance* begegnen, indem aktive, positive Zustimmung nötig ist. Nur Ja kann demnach auch Ja heißen. Außerdem gelten im Zustimmungskonzept Sex mit schlafenden/bewusstlosen Personen, aber auch Überraschungssituationen, *per se* als Übergriffe, da die Personen keine aktive Zustimmung geben können.

Das Konsensprinzip soll ein Weg sein, Grenzverletzungen und sexualisierte Gewalt *präventiv* zu verhindern, also bevor sie passieren: Denn nur sexuelle Handlungen, in denen ausdrückliche Zustimmung vorliegt, sind erlaubt. So wird die Frage zentral, was wie und unter welchen Umständen als ausdrückliches Einverständnis gilt. Dazu macht das Zustimmungskonzept verschiedene Vorschläge und stellt verschiedene Kriterien auf, die ich an anderer Stelle in diesem Buch näher beschreibe.

Diskurse – wie die feministischen Debatten um «Ja heißt Ja» – sind Resultate kultureller wie sozialer Praxen und bringen Wissen innerhalb bestehender Herrschaftsverhältnisse hervor. Dieses Wissen kann stabilisierende und/oder verändernde Effekte auf diese Herrschaftsverhältnisse haben.[12] Auch sich herrschaftskritisch verstehende oder subkulturelle Diskurse, wie die Debatten zum Zustimmungskonzept, können demnach Herrschaftsverhältnisse, und in diesem Fall insbesondere heteronormative Vorstellungen von Sexualität und Geschlecht, reproduzieren.

---

11 Serisier 2014 «Yet perhaps the most accurate description of current social realities is that sexual violence in the abstract is universally condemned, while actual instances of forced and unwanted sex continue to be excused, justified and normalised.»

12 Vgl. Hartmann 2007, S. 56.

Für meine Argumentation in diesem Buch ist der Begriff der Heteronormativität zentral. Heteronormativität bezeichnet im Wesentlichen die Gesamtheit all jener Mechanismen, die heterosexuelles Begehren zwischen Frauen und Männern als binär gedachten Geschlechtern als «normal» und «natürlich» setzen und damit Heterosexualität produzieren und zur sozialen Norm erheben. Heteronormativität ist dabei in alle gesellschaftlichen Bereiche eingeschrieben: Sie beeinflusst, was wir uns unter Männlichkeit und Weiblichkeit vorstellen und welche Verhaltensweisen eine Gesellschaft jeweils damit verbindet. Die Herausbildung unserer geschlechtlich und sexuell bestimmten Identitäten ist ebenfalls heteronormativ geprägt. Heteronormativität reguliert Verhaltensnormen und Wissensproduktion, strukturiert Diskurse und bestimmt politisches Handeln.[13]

Judith Butler beschreibt die heterosexuelle Matrix als ein Raster «durch das die Körper, Geschlechter und Begehrensstrukturen naturalisiert werden».[14] Naturalisierung meint hier, etwas als natürlich und somit unveränderbar zu begreifen. Vielmehr macht Butler aber deutlich, dass sowohl das soziale Geschlecht (*gender*) als auch das biologische Geschlecht (*sex*) gesellschaftlich konstruiert sind. Sie verweist damit auf die enge Verzahnung der beiden Konzepte von Zweigeschlechtlichkeit und Heteronormativität. Der Unterschied zwischen «Männern» und «Frauen» ist somit keine biologische, natürliche oder objektive Tatsache, sondern durch machtvolle Praxen, symbolische Ordnungen, ökonomische Ungleichheiten und *doing gender* performativ hergestellt und dadurch wirksam.

Michel Foucault beschreibt in seinen Bänden zur Geschichte der Sexualität, wie mit der Entstehung des Kapitalismus heteronormative Verhaltensformen auch als normative «Geschlechtsnaturen» *in uns* eingeschrieben wurden. Das bedeutet, dass soziale Normen nicht nur repressiv *von außen* auf uns wirken, sondern wir diese verinnerlichen und an ihrer aktiven Auslebung auch Gefallen finden. Ähnlich verhält es sich mit unserer Sexualität. Wir begreifen sie als unseren inneren, wahren Kern. Foucault begreift Sexualität als geformt durch Diskurse, die Sexualität als «Wissen vom Sex» hervorbringen.[15] Sexualität ist somit, wie auch Geschlecht, nichts Vorsoziales, sondern wird

13 Wagenknecht 2007, S. 17..
14 Butler und Menke 1991, S. 219.
15 Vgl. Wagenknecht 2007, S. 19–20.

durch Gesellschaft erschaffen. Damit ist auch Heterosexualität eine diskursive Erfindung, die sich auf unsere Konstitution als Subjekte auswirkt.[16]

Dabei strukturieren sie nicht nur die Beschaffenheit heterosexueller Subjekte, sondern ebenso nicht-heterosexuelle Subjekte als «verworfene Andere».[17] Butler stellt entsprechend für Lesbisch-Sein fest, dass die

«utopische Vorstellung von einer Sexualität, die von heterosexuellen Konstrukten befreit ist, [...] ignoriert, wie Machtverhältnisse die Sexualität von Frauen auch unter den Bedingungen ‹befreiter› Heterosexualität oder des Lesbisch-Seins weiterhin formen».[18]

Zudem weist sie darauf hin, dass das Verworfene, das Außen des Diskurses, kein «absolutes Außen» ist, das jenseits der Grenzen des Diskurses existiert, sondern sich an dessen «dünnsten Rändern» befindet.[19] In Heteronormativität «verdichten sich [somit] Repression, Bereitstellung von Rastern des Verstehens und Handlungsanleitungen zu Normverhältnissen, in denen sich Macht verwirklicht».[20]

Obwohl in den letzten Jahrzehnten eine weitgehende gesellschaftliche Liberalisierung bezüglich sexueller Fragen eingesetzt hat, sind heteronormative Strukturen weiterhin wirksam und haben Einfluss auf geschlechtsspezifische Subjektivierungsweisen. Strukturelle Herrschaftsverhältnisse treten jedoch nicht mehr so offensichtlich in Erscheinung wie noch Mitte des 20. Jahrhunderts. Nach Rosemary Hennessy erfahren die Subjekte in heutigen neoliberalen Verhältnissen ihre eigenen sexuellen Beziehungen meist als individuell und blenden dadurch die soziale Strukturierung der Beziehungen durch u.a. Heteronormativität aus – sie wird so unsichtbar.[21] Individuelle Praktiken erscheinen als Ausgangspunkt für Veränderung besonders in einem intimen Feld wie dem Sexuellen erleichternd. Sie scheinen schneller umsetzbar und versprechen kurzfristige Effekte. Wie das Private jedoch als politisch begriffen werden kann, um hier strukturelle Herrschaftsverhältnisse überwinden zu können, ist heute,

16 Wagenknecht 2007, S. 17.
17 Vgl. Wagenknecht 2007, S. 18.
18 Butler, zitiert nach Wagenknecht 2007, S. 26.
19 Butler 1997, S. 30.
20 Wagenknecht 2007, S. 25.
21 Vgl. Wagenknecht 2007, S. 29.

vierzig Jahre nach der sogenannten zweiten Frauenbewegung, kaum mehr präsent.

Die Frage danach, wie erfolgreich sich Machtmechanismen durchsetzen können, ist unter anderem daran geknüpft, ob und wie verborgen sie agieren können.[22] Das bedeutet, dass eine Freilegung der Machtmechanismen eine brüchige Wirkung auf diese entfalten kann. Dies verstehe ich als Ziel dieses Buchs: Ich möchte insbesondere die herrschaftsstabilisierenden Momente der Diskurse um ausdrückliches Einverständnis herausarbeiten, um diese reflektierbar und somit veränderbar zu machen. Auch das Zustimmungskonzept bringt «Wissen vom Sex» hervor – und zu reflektieren, welches Wissen das ist, ist ein Schritt, um eine Auseinandersetzung über sinnvolle Konzepte zur Verhinderung sexualisierter Gewalt zu ermöglichen.

Ob das Zustimmungskonzept seiner eigenen Absicht, Grenzverletzungen und sexualisierte Gewalt präventiv zu verhindern und der beschriebenen, widersprüchlichen Realität etwas Emanzipatorisches entgegenzusetzen, gerecht werden kann, ist die zentrale Fragestellung dieses Buches. Dazu werde ich die zentralen Argumente und Thesen in den Debatten um ausdrückliches Einverständnis darlegen und diskutieren. Es existieren einige empirische Studien, die sich mit Einwilligungsverhalten als Form sexueller Kommunikation beschäftigen.[23] Im Allgemeinen ist jedoch festzustellen, dass sexuelles Einvernehmen ein «ein wenig beachtetes und theoretisch unzureichend erfasstes Konzept»[24] ist und es eher wenig Forschung zum Thema gibt.[25]

22 Vgl. Hartmann 2007, S. 57.

23 Dazu zählen: Babin 2013; Beres 2010; Beres und Farvid 2010; Beres et al. 2004; Burkett und Hamilton 2012; Carmody und Ovenden 2013; Conroy et al. 2015; Emmers-Sommer 2016; Faulkner und Lannutti 2010; Frith und Kitzinger 1997; Kitzinger und Frith 1999; Frith und Kitzinger 2001; Gavey 1992; Hickman und Muehlenhard 1999; Humphreys 2007; Impett und Peplau 2003; Impett et al. 2005; Jozkowski und Peterson 2013; Jozkowski et al. 2014; Lindgren et al. 2008; Muehlenhard 2011; Muehlenhard und McCoy 1991; O'Byrne et al. 2006; O'Byrne et al. 2008; Peterson und Muehlenhard 2007; Powell 2008; Wendt 2010; Winslett und Gross 2008.

24 Beres 2007, S. 93. Vgl. dazu auch Humphreys 2004, S. 210.

25 Die existierenden Studien weisen zudem oftmals einen deutlichen Gender-Bias auf: So gehen sie erstens meist unhinterfragt von Zweigeschlechtlichkeit aus und rufen zweitens Männer und Frauen größtenteils entsprechend tradierter Geschlechtervorstellungen an. Frauen werden beispielsweise häufiger zu weiblich konnotiertem Verhalten wie *token resistance* oder ***sexual** compliance* befragt (Vgl. Wendt 2010,

Als empirischer Referenzpunkt dieses Buches dienten deshalb vor allem Studien aus dem englischsprachigen Raum der letzten 30 Jahre. Diese Studien kritisieren zum Teil, dass Einvernehmlichkeit in Präventionskonzepten gegen sexualisierte Gewalt so eine zentrale Rolle spielt.[26]

Das Buch versteht sich vor allem als innerfeministischer Diskussionsbeitrag. Es geht weder darum, sexuelles Einvernehmen als anzustrebendes Ziel in sexuellen Begegnungen in Frage zu stellen, noch feministische Konzepte gegen sexualisierte Gewalt als Ganzes zu kritisieren. Stattdessen geht es mir darum, mit meinen Überlegungen jene Konzepte zu schärfen, weiterzuentwickeln, und gegebenenfalls zu reformulieren. Dabei suche ich nach einer Position, die sowohl bedenkt, dass unser Begehren und unsere Sexualität in strukturellen Machtverhältnissen verortet sind als auch Raum lässt für eine Vorstellung von unserer Handlungsmacht innerhalb dieser Machtverhältnisse.

Vorwort zur 2. Auflage

Die zweite Auflage wurde um das Kapitel «‹Ja heißt Ja› im Strafrecht» ergänzt. Es setzt sich kritisch mit der Frage auseinander, ob ein Konsensgrundsatz im Strafrecht sinnvoll sein könnte. Im sonstigen Text wurden kleinere Korrekturen vorgenommen, die Fußnoten wurden vollständig überarbeitet und das Literaturverzeichnis ergänzt. Eine inhaltliche Aktualisierung fand nicht statt.

S. 221–222) und Männer stereotyp und entsprechend heteronormativer Vorstellungen von Vornherein als aktiv bzw. initiierend Handelnde adressiert. Vgl. Beres 2007, S. 97 und auch Hagemann-White 2002, S. 33. Zudem sind die Proband_innen der Studien zum größten Teil heterosexuelle, weiße Student_innen. Unterbelichtet bleiben gleichgeschlechtlicher Sex und heterosexuelle Praktiken, die von Frauen initiiert werden. Vgl. Beres 2007, S. 97. Eine Ausnahme bildet bspw. die Studie zu Einwilligungsverhalten bei gleichgeschlechtlichen Paaren von Beres et al. 2004. Ein guter Forschungsüberblick findet sich bei Beres 2007 und Beres 2014.

26 Beres 2014; Carmody 2003, 2005; Jozkowski 2015; Kade 2003; Logan et al. 2015.

2. «Sexuelle Befreiung» – Debatten um Sexualität und sexualisierte Gewalt seit 68

2.1 «Sexuelle Befreiung»: Wovon, durch wen und wie?

Um zu verstehen, welche Konzepte die zweite Welle der Frauenbewegung von (weiblicher) Sexualität und ihre Befreiung hatte, ist der Kontext ihrer Entstehung von Bedeutung. Die Frauenbewegung der 1970er-Jahre ist innerhalb und gleichzeitig in Abgrenzung zur StudentInnenbewegung der 68er entstanden. Es handelte sich um eine historische Phase, die durch weitreichende spannungsreiche Veränderungen im Bereich der Geschlechterverhältnisse und der Sexualität geprägt war. Diese Prozesse der Veränderung fanden auf unterschiedlichen Ebenen statt und haben sich zum Teil ergänzt, aber auch widersprochen.

Anfang der 1950er-Jahre erschienen die sogenannten Kinsey-Reporte in Deutschland, groß angelegte Studien des US-amerikanischen Biologen Alfred Kinsey, der über zehntausend Interviews mit mehreren hundert Fragen zu den Sexualpraktiken von Frauen und Männern in den USA geführt hatte.[27] Das wesentliche Ergebnis der Studien war, dass die tatsächlich gelebten Sexualpraxen stark von der offiziellen Moral abwichen. So kam Kinsey zu der Erkenntnis, dass nur ein sehr kleiner Teil von Menschen ausschließlich homo- oder heterosexuelle Kontakte im Leben hatte, was die starre Einteilung in homo- oder heterosexuell untergrabe und eher für fließende Übergänge in den Begehrens- und Handlungsformen sprach. Fast elf Prozent aller verheirateten Männer gaben an, regelmäßig Analsex zu praktizieren, fast die Hälfte von ihnen hatten Affären außerhalb ihrer Ehe und immerhin fast ein Viertel der befragten verheirateten Frauen hatte dies auch. Die Kinsey-Reporte, aber auch

27 Kinsey 1998; Kinsey et al. 2010 (1948).

andere Studien, wie die von Masters und Johnson[28], trugen zu einer «Normalisierung der Sexualität» bei:
«[Sexualwissenschaftliche Untersuchungen] geben vor, Sexualität lediglich zu repräsentieren, tatsächlich aber produzieren sie (auch) Sexualität, normale Sexualität, sie geben vor lediglich das Mittelmaß zu bestimmen, statistisch, tatsächlich setzen sie (auch) einen Mindestmaßstab, performativ, indem sie klassifizieren und quantifizieren.»[29]

Sexualpraktiken, die vormals als pervers galten, wurden nun, insofern sie von vielen praktiziert wurden, als normal gelabelt, sie wurden normalisiert. Dabei rückte insbesondere ein mechanistisches Sexualitätsverständnis in den Mittelpunkt, das den Orgasmus als Garant einer befriedigenden Sexualität definierte. Oswalt Kolle, seines Zeichens «Aufklärer der Nation», der zwischen 1969 und 1972 acht sehr erfolgreiche, sexualaufklärerische Kinofilme produzierte, gab als Ziel aus «so oft wie möglich gemeinsam und gleichzeitig den Orgasmus zu erleben».[30] Das Wissen, das die Sexualwissenschaften produzierten, wurde durch die Filme von Kolle, aber auch durch massenweise erscheinende Sexualratgeber und «Erotikfilme» popularisiert und verbreitet. Beate Uhse gründete 1951 den bis dahin größten Erotik-Versandhandel und eröffnete zehn Jahre später den ersten Sexshop der Welt, das «Fachgeschäft für Ehehygiene» in Flensburg. Die «Sexwelle» ergriff Mitte der 1960er-Jahre die deutsche Öffentlichkeit. Es erschienen jede Woche zahlreiche Aufklärungsartikel in Magazinen und Zeitschriften, Erotikromane wie «Die Geschichte der O» wurden Bestseller, es eröffneten Stripteaselokale und Pornofilme fanden immer mehr Verbreitung. Sexualität und nackte (meist weibliche) Körper wurden im öffentlichen Raum omnipräsent. All diese Entwicklungen hatten eine Kommerzialisierung und Virtualisierung – also Verbildlichung – von Sexualität zur Folge. Die mit der Fokussierung auf die Lustbefriedigung in Form des Orgasmus zunehmende Entkopplung von Sexualität und Fortpflanzung wurde durch die Verbreitung der Anti-Baby-Pille ebenfalls vorangetrieben: 1961 kam in der BRD und 1965 in der DDR die Pille auf den Markt und Kinder wurden damit planbarer, zumindest für verheiratete Frauen. Erst später wurde die Pille auch für unverheiratete Frauen zugänglich.

28 Masters und Johnson 2010 (1966)
29 Eitler 2007, S. 242.
30 Gottlieb 1968.

Sexualität gewann in den 1950er und vor allem 1960er-Jahren an massiver Bedeutung für die eigene Individualität: Sie wurde zum identitätsstiftenden Merkmal.

«In Abgrenzung von den als repressiv beklagten Normen der Vergangenheit galt es, die eigene Sexualität zu entdecken: ‹Freie Liebe› qualitativ und quantitativ, die Pille, so schien es, machte es möglich.»[31]

Wie in dem Zitat bereits angedeutet, standen die beschriebenen Normalisierungs- und Liberalisierungstendenzen neben einer bürgerlich-christlichen Sexualmoral, die zu Beginn der Entwicklungen in den 1950er-Jahren auch rechtlich kodifziert war. Mit dem Paragraphen 175 waren homosexuelle Handlungen unter Männern verboten, genauso wie Abtreibung. Es gab den so genannten Kuppeleiparagraphen, der es unter Strafe stellte «durch seine Vermittlung oder durch Gewährung oder Verschaffung von Gelegenheit der Unzucht Vorschub [zu] leiste[n]». Dieser führte in der Praxis beispielsweise dazu, dass sich Vermieter oftmals einen Trauschein vorzeigen ließen, bevor sie eine Wohnung an ein Paar vermieteten. Dazu kamen weiterhin existierende patriarchale Geschlechterverhältnisse, wie Verfügungsrechte von Ehemännern gegenüber ihren Ehefrauen: Vergewaltigung war per Definition nur in außerehelichen Beziehungen möglich, was erzwungenen Geschlechtsverkehr in der Ehe legal machte. Verheiratete Frauen konnten ohne Zustimmung ihrer Ehemänner kein Bankkonto eröffnen und Ehemänner konnten das Arbeitsverhältnis ihrer Frau kündigen, wenn sie der Meinung waren, dass sie ihren häuslichen Pflichten nicht mehr genügend nachkam. Die Kirchen und das bürgerlich-konservative Lager zogen gegen den schon erwähnten Oswalt Kolle juristisch wegen der Verbreitung pornographischer Schriften zu Felde. Ein Zensurverfahren gegen den Erotikfilm «Fanny Hill» hatte 1968 erst noch Erfolg, das Urteil wurde ein Jahr später aber doch gekippt und der Film kam in die Kinos.

Die Restauration traditioneller Sexualpolitik wurde in der Nachkriegszeit von konservativ-christlichen AkteurInnen vorangetrieben, die die Verbrechen der NationalsozialistInnen mit «unsauberem» Sex verknüpften. Demnach seien die vermeintlich hemmungslosen Sexualpraktiken der direkten Nachkriegsjahre die «Sünde von heute» und gleichzeitig die

31 Eitler 2007, S. 237.

«Sünde von gestern».[32] Teilweise betrachteten konservative Kräfte die freizügige Sexualpolitik der Nazis als eine Ursache des Holocausts. Ein Großteil empfand die Wiederherstellung des «sexuellen Anstands» aber mindestens als «Heilmittel», damit die Deutschen wieder ein «Volk unter Völkern»[33] werden, also eine ganz normale Nation unter anderen. Konservative und kirchliche AkteurInnen konnten sich so als GegnerInnen des NS generieren und mit ihrem Sexualkonservatismus von eigenen Kontinuitäten und Überschneidungen ablenken.

In diesem gesellschaftlichen Klima entstand die Generation der 1968er – die «sexuelle Revolution» begann also nicht erst mit ihrem Aufbegehren, sondern setzte in gewisser Weise bereits vorher ein und fiel schnell auf fruchtbaren Boden. Die StudentInnen-Bewegung von 1968 war stark geprägt von der Auseinandersetzung mit der NS-Vergangenheit, insbesondere mit der TäterInnenschaft der Elterngeneration. Sie setzten sich mit der Frage auseinander, wie es zum Holocaust kommen konnte. Dabei spielte Sexualpolitik in ihren Überlegungen eine große Rolle: Eine der gängigen Analysen war, dass die Unterdrückung der Sexualtriebe die Nazi-Verbrechen erst möglich gemacht habe. Dabei wurde die gesamte westliche Kultur durch Sublimierung charakterisiert, d.h. durch die Unterdrückung der Sexualtriebe und ihre Transformation in kulturelle, künstlerische und anderweitig produktive Tätigkeiten. Während Freud in seiner psychoanalytischen Theoriebildung die Sublimierung noch als etwas Positives betrachtete, problematisierten die 68er Sublimierung nun als Unterdrückungsform, die es zu überwinden galt. Der Psychoanalytiker Wilhelm Reich, der unter den StudentInnen breit rezipiert wurde, vertrat bereits in den 1920/30er-Jahren die These, dass durch die Unterdrückung des Sexualtriebs autoritäre, ängstliche Charaktere, sogenannte «Charakterpanzer», entstünden, die ihren Trieb durch Gewaltausübung auslebten. Die Sexualpolitik der 1968er war demnach auch Vergangenheitspolitik.[34]

Ihre Analyse basierte auf der Vorstellung, dass die nationalsozialistische Sexualpolitik vor allem repressiv und strafend wirkte. Die StudentInnen der 1968er verstanden – anders als das bürgerlich-konservative Lager – die konservative Sexualmo-

32 Herzog 2005, S. 374.
33 Herzog zitiert hier einen bayrischen Politiker. Vgl. Herzog 2005, S. 374.
34 Vgl. Eitler 2007, S. 237.

ral der 1950er-Jahre als verwurzelt im NS. In diesem Zuge entlarvten die Studierenden die Rolle der Kirchen im NS, betonten die Kontinuitäten und sprachen ihnen die bis dahin zugestandene moralische Autorität ab.

Dagmar Herzog kommt in ihrer vielbeachteten Studie «Die Politisierung der Lust» stattdessen zu dem Schluss, dass die nationalsozialistische Sexualpolitik viel ambivalenter war. Die propagierte Sexualmoral hatte ihr zufolge durchaus – immer beschränkt durch rassistische und eugenische Vorstellungen – liberale Züge. Lustvolle, heterosexuelle Sexualität unter «Ariern» wurde gefördert, sowohl vor als auch außerhalb der Ehe. Als pronatalistische Maßnahme trieb das NS-Regime die rechtliche Anerkennung unehelicher Kinder voran, die Freikörperkultur wurde gefördert und viele v.a. junge Menschen litten an Tripper als Folge von weithin praktiziertem Sex. Nicht zuletzt waren bis 1941 Verhütungsmittel frei zugänglich. In den Grenzen des rassistischen und antisemitischen «Volksempfindens» gab es also durchaus auch einen positiven Bezug auf sexuelles Vergnügen und eine liberale Sexualmoral. Es wäre zu kurz gedacht, die Sexualmoral zur Zeit des Nationalsozialismus als rein repressiv und schamhaft zu betrachten – vielmehr wurde die traditionelle christliche Moral (kein Sex vor der Ehe, Sex nur als Mittel der Fortpflanzung usw.) vom NS-Regime auch aktiv bekämpft.

Was sowohl das konservative Lager als auch die StudentInnen gemeinsam hatten, war die zentrale Rolle, die der Sexualität – ob als «befreite» oder als «anständige» – für gesamtgesellschaftliche Entwicklungen zugeschrieben wurde. Die 1968er erachteten die «Befreiung» der Sexualität als notwendig für die Befreiung der gesamten Gesellschaft. Für einige AktivistInnen der 1968er war die Revolution zunächst vor allem eine sexuelle Revolution. Die befreite Sexualität wurde für sie zum Symbol des Widerstands gegen Kapitalismus, Imperialismus und Faschismus.[35]

Wie sollte diese «befreite Sexualität» jedoch aussehen? Die 68er-StudentInnen grenzten sich im Wesentlichen in zwei Richtungen ab[36]: Sie wehrten sich einerseits gegen die bürgerlich-konservative Sexualmoral, indem die Sexualität nicht mehr «re-

35 Eitler 2007, S. 237.

36 Eitler unterscheidet hier zwei Diskursstränge, nämlich den der «Befreiungssemantik» und der «Verblendungssemantik», gesteht aber ein, dass beide kaum voneinander zu trennen sind. Eitler 2007, S. 240.

pressiv sublimiert» werden, sondern stattdessen «nicht-repressiv entsublimiert» werden sollte. Es ging dabei um die Veränderung des Individuums, aber auch um die Veränderung der Gesellschaft als Ganzes – es ging mit den Worten von Reich um die Herstellung einer «kollektiven Atmosphäre der Sexbejahung»[37], um Befriedigung als Merkmal einer gesunden Sexualität. Dies beinhaltete das Recht auf lustvolle Sexualität und das Ausleben der sexuellen Triebe. Die AktivistInnen wollten sich von bürgerlicher Sexualmoral, Besitzdenken und Eifersucht befreien und so auch schlussendlich die Gesellschaft. Die sich gründenden Sexpol-Gruppen begriffen die bürgerliche Kleinfamilie dabei als Keimzelle der sexuellen Repression. In der Kinderladenbewegung wurden Konzepte nicht-repressiver Sexualerziehung entwickelt, die aus den Kindern antiautoritäre Persönlichkeiten machen und so eine gewalt- und herrschaftsfreie Gesellschaft in der Zukunft schaffen sollte. Es wurden alternative Wohn- und Beziehungsformen ausprobiert, bekannteste Beispiele waren dabei wohl die Kommunen 1 und 2.

Andererseits ging es aber auch gegen die Kommerzialisierung und mit Marcuse gegen die «Herrschaft des Leistungsprinzips». Die Sexualisierung der Gesellschaft galt demnach mitnichten als wirkliche Befreiung, sondern lediglich als «Scheinsexualisierung». Sie ersetzte nur alte sexuelle Tabus, um weiterhin autoritäre Charaktere zu produzieren.[38] Reimut Reiche, Vorsitzender des SDS von 1966/67 schrieb in seiner viel rezipierten Schrift «Sexualität und Klassenkampf», dass sich Sex als Ware sehr gut in das kapitalistische System einfüge, die wahren Triebe der Menschen jedoch weiterhin unterdrückt bleiben. Kommerzialisierung wurde als neues Regime, das das Sexuelle einenge und so dem herrschenden kapitalistischen System zuarbeite, betrachtet. Pornographie war für Reiche nur «Ersatzbefriedigung» – ohne die Unterdrückung der Sexualität «wäre Pornographie völlig reizlos».[39] Aus diesen Überlegungen erwuchs der Begriff der «repressiven Entsublimierung», die die sexuelle Liberalisierung bezeichnet, welche die bestehenden Herrschaftsverhältnisse – und hier war vor allem das kapitalistische System gemeint – weiterhin stützt. Marcuse setzte der so beschriebenen Unterwerfung der Sexualität die «nicht-repressi-

37 Reich zitiert nach Eitler 2007, S. 239.
38 Perinelli 2012, S. 251.
39 Eitler 2007, S. 240.

ve Sublimierung» entgegen: In Abgrenzung zu Reichs genitalem und orgasmusfixiertem Verständnis von Sexualität sollte die Gesamtpersönlichkeit erotisiert werden und den ganzen Körper als «Subjekt-Objekt der Lust» behandeln – «eine polymorph-perverse, die Partialtriebe akzeptierende Haltung gegenüber dem Anderen».[40]

Das zu befreiende Ich sollte in revolutionärer Weise sublimierende und kommerzielle Sexualität abwehren und stattdessen im Sex zu sich selbst finden. In ausdauernden Diskussionen und permanenten Selbstbespiegelungen wurde ein wichtiges Mittel zu Veränderung des Selbst gesehen. Die 68erInnen betrachteten Sex damit als Teil der Selbstverwirklichung. Sie hatten verstanden, dass ihnen auch verinnerlichte Zwänge im Weg stehen, um selbst eine «freie» Sexualität zu leben. Wenn die grundlegende Annahme lautet, dass Sexualität in einer unfreien Gesellschaft unterdrückt werde, so muss Sexualität von gesellschaftlichen Zwängen *befreit* werden, damit sie frei und natürlich ausgelebt werden kann. Sexualität hätte demnach einen essentialistischen Kern, den es freizulegen gelte, indem man sie nicht länger beschweige und tabuisiere. Der Befreiungsdiskurs der 1968er blieb damit im Modus der Naturalisierung von Sexualität verhaftet. Er trug gleichzeitig zu einer Pluralisierung von Sexualität und zu ihrer radikalen Politisierung bei. Dies ist von den beschriebenen Normalisierungs- und Verwissenschaftlichungsprozessen kaum zu trennen.[41]

Hierarchische Geschlechterverhältnisse wurden als Kategorie in den politischen Analysen der 68er-Bewegung und damit auch in den Diskursen um sexuelle Befreiung vernachlässigt. Die Fragen nach den Bedingungen und Strukturen von Ausbeutung und Herrschaft, der sich die Linken zu dieser Zeit widmeten, wurden dabei immer unter vermeintlich geschlechtsneutral gedachten Kategorien von Klassen- und Schichtzugehörigkeit analysiert. Die Frauen fragten sich zusehends, was diese Analysen mit ihrer eigenen historischen, gesellschaftlichen und ökonomischen Stellung zu tun hatten.[42] Die Interessenlagen von Frauen und Männern in den Organisationen der 68er-Bewegung gingen immer weiter auseinander.

---

40 Perinelli 2012, S. 248. Vgl. dazu auch Eitler 2007, S. 240.
41 Eitler 2007, S. 242.
42 Vgl. auch Schmincke 2015, S. 204.

Die «freie, natürliche» Sexualität war dabei zusehends eine männlich gedachte Sexualität, d.h. sie war vor allem an männlichen Bedürfnissen orientiert. Wie beschrieben, sind Orgasmus-, Genital- und Koitusfixiertheit zentral für die Sexualitätsvorstellungen großer Teile der 1968er, auch wenn es durchaus Versuche gab, diese zu überschreiten. Die Frauen in den Kommunen sprachen immer öfter vom «Lustzwang» und «Orgasmusterror», sie täuschten Orgasmen vor, um ihre Ruhe zu haben. Das viel zitierte «Wer zweimal mit derselben pennt, gehört schon zum Establishment» steht paradigmatisch für die neuen Zwänge, die die Sexualpraktiken innerhalb der StudentInnen-Bewegung auch auslösten.

Die Befreiungsdiskurse der 1968er blieben letzten Endes zu großen Teilen verhaftet in Vorstellungen von männlichen Subjekten und weiblichen Objekten auch aufgrund der spezifischen Selbstverhältnisse, die sich zu jener Zeit herausbildeten.

Während einige Frauen weiterhin versuchten, die Analysen weiblicher Lebensverhältnisse innerhalb der studentischen linken Organisationen in die Diskussion zu bringen, grenzten viele Frauen sich bewusst ab und begannen, sich autonom zu organisieren.[43] Dies führte schlussendlich zur Entstehung der Frauenbewegung, die ein eigenes Konzept von weiblicher Sexualität hervorbrachte und sexualisierte Gewalt zu einem ihrer zentralen Themen machte.

Der berühmte Tomatenwurf von Sigrid Rüger auf ihren SDS-Genossen Hans-Jürgen Krahl wird meist als Beginn der sogenannten Zweiten Frauenbewegung gefeiert. Rüger verlieh damit dem Unmut vieler Frauen Ausdruck, den die Ignoranz des SDS gegenüber der Frauenfrage entfachte, nachdem Helke Sander als Vertreterin des «Aktionsrates zur Befreiung der Frau» in ihrer Rede die Probleme der Frauen im SDS und der gesamten Gesellschaft thematisierte und die SDS-Führungsriege danach wieder zur Tagesordnung übergehen wollte.

Den Feministinnen ging es zu diesem Zeitpunkt um die Anerkennung ihrer Kämpfe und der herrschaftsförmigen Geschlechterverhältnisse innerhalb der Bewegung. Die weibliche Verantwortung für Haushalt, Familie und emotionale Arbeit in der Beziehung, chauvinistische Einstellungen der männlichen Genossen und ökonomische wie rechtliche Schlechterstellung erschwerten Frauen die gleichberechtigte Partizipation an der

43 Wildt 1987, S. 78.

68er-StudentInnenbewegung, die sie zusehends einforderten. Aus den Diskussionen entwickelte sich schließlich eine eigenständige Frauenbewegung, die ab Anfang der 1970er-Jahre große Wirkkraft entfaltete. Neben Themen wie Hausarbeit, Kinderbetreuung und ökonomische Ausbeutung wurde Sexualität von Beginn an zu einem zentralen Bereich des feministischen Aktivismus: Die Forderungen nach der Kontrolle über ihre Fortpflanzung, ihre Sexualität und ihre Körper spielten dabei eine wesentliche Rolle.

Der Kampf um «sexuelle Selbstbestimmung» wurde insbesondere durch die Kampagne für die Abschaffung des Abtreibungsparagraphen 218 angestoßen. Fast 400 prominente und nicht-prominente Frauen bezichtigten sich im Stern am 6. Juni 1971 selbst, abgetrieben und demnach eine Straftat begangen zu haben. Die Kampagne erregte großes Aufsehen und hatte eine immens mobilisierende Wirkung für die Frauenbewegung. Frauen begannen kollektive Abtreibungsfahrten in die Niederlanden zu organisieren und demonstrierten unter dem Motto «Mein Bauch gehört mir» für die selbstbestimmte Entscheidung, ob und wann sie Kinder haben wollen. Carola Wildt sieht in den Diskussionen um den Abtreibungsparagraphen einen entscheidenden Initialzünder für die umfassende Forderung der Frauenbewegung nach einem Recht auf Selbstbestimmung. Demnach hat sich hier für sie eine Auseinandersetzung entfacht,

«in deren Verlauf Frauen die Komplizenschaft zwischen dem privaten Mann zu Hause, dem Gynäkologen, dem Richter, dem ‹Pfaffen› und dem Politiker unzweifelhaft erkennen konnten. [...] Das vorenthaltene Recht auf Selbstbestimmung zeigte sich in allen Lebensbereichen von Frauen, so war also die Forderung für die freie Wahl von Frauen für oder gegen eine Abtreibung nur der Auslöser, um das ganze patriarchale Fangnetz von Unterdrückung zu erkennen.»[44]

Feministinnen kämpften im Anschluss auch für ihre sexuelle Emanzipation und eine Vervielfältigung weiblicher Sexualität: Feministische Selbsterfahrungsgruppen wurden aktiv gegen männliche Wissenschaft, besonders gegen die Medizin. Sie fingen an, eigene Erfahrungen zu besprechen, zu kontextualisieren und zu politisieren. Sie lernten in gemeinsamen Sitzungen ihren Körper kennen, betrachteten ihre Vulven und strebten danach, ihre eigenen, weiblichen Bedürfnisse zu entdecken und so eine

44 Wildt 1987, S. 80.

«neue» «weibliche» Sexualität hervorzubringen, die sich von der phalluszentrierten, männlichen Sexualität abgrenzen sollte. Besonders die Selbsterfahrungsarbeit war wichtig für die Selbstermächtigung der Frauen und ein Schritt, der die Frauenbewegung stärkte und nicht – wie manchmal moniert – dazu führte, dass die Frauen sich lediglich in ihrer Opferrolle einrichteten.[45] Dabei bildete sich eine spezifisch feministische «Politik der Erfahrung» heraus, die Subjektivität gegenüber dem Abstrakten vorzog und so das Persönliche zum Ausgangspunkt der politischen Praxis machte.[46] Es ging um die Anerkennung von Frauen als vollwertige (Rechts-)Subjekte und ihre gleichberechtigte gesellschaftliche Partizipation – und dies war für die Feministinnen der zweiten Welle nur durch die grundlegende Umwälzung der Geschlechterverhältnisse, die durch Frauenunterdrückung und Männerdominanz, geprägt waren, möglich. Der Begriff der Selbstbestimmung meinte hier noch mehr eine kollektive Ermächtigung, die über die heutige neoliberale Vorstellung von individualisierten Praktiken der Selbstverwirklichung und -optimierung hinausging.

Die Frauenbewegung hat mit ihrer radikalen Politisierung von Körper und Sexualität einen bestimmten Modus der Subjektivierung entwickelt, um Frauen die gleichberechtigte Partizipation zu ermöglichen. Sie trugen zu einer Veränderung weiblicher Selbstverhältnisse bei. Dabei befreiten sie sich nicht nur (aber auch), sondern unterwarfen sich auch neuen Normen.[47] Im Grunde hatten die meisten feministischen Vorstellungen von sexueller Befreiung der 1970er-Jahre die gleiche strukturelle Grundlage wie die Vorstellungen der 68er, von denen sie sich abgrenzten: Sie betrachteten Sexualität einerseits als Feld der Unterdrückung und gleichzeitig als das Terrain der Befreiung. Im Jahr 1977 veröffentlichte Alice Schwarzer das viel gelesene Buch «Der ‹kleine› Unterschied und seine großen Folgen», das Interviews mit Frauen über deren Erfahrungen enthält. Aus ihnen schließt Schwarzer, dass Sexualität der Dreh- und Angelpunkt männlicher Herrschaft ist:

«Sexualität ist zugleich Spiegel und Instrument der Unterdrückung der Frauen in allen Lebensbereichen.»[48]

---

45 Brückner 2014, S. 60.
46 Vgl. Schmincke 2015, S. 205.
47 Vgl. dazu auch Schmincke 2015, S. 200.
48 Schwarzer 2002, S. 10.

Feminist_innen fokussierten sich nun auf die Unterdrückung der weiblichen Sexualität und ihre Befreiung. Da (Hetero-)Sexualität dieser Analyse zufolge ein zentrales Mittel männlicher Herrschaft darstellt, müssen Frauen sich vor allem auch im Sexuellen befreien – also ihre Beziehungen und Sexualpraktiken verändern. Die beschriebenen gesamtgesellschaftlichen Prozesse der Verwissenschaftlichung der Sexualität und der Popularisierung dieses Wissens, die Sexualität als veränderbar, machbar und erforschbar begriffen, konnten Feministinnen so für ihre eigenen Ziele nutzbar machen. Sie gingen parallel zu den naturalisierenden Sexualitätsvorstellungen der 68er davon aus, dass in Frauen ein authentischer Kern weiblicher Sexualität liege, den es zu ergründen, zu entdecken und schlussendlich zu befreien gelte.[49] Durch diese feministische Version der Repressionshypothese wurden neue Normen ins Werk gesetzt, insbesondere die Aufspaltung in eine positive, weibliche, emotionale Sexualität und eine negative, männliche, destruktive und gewaltförmige Sexualität.[50] Da sich die Frauenbewegung dabei aber an der beschriebenen männlich gedachten Autonomie orientierte und diese auch für Frauen als erstrebenswert erachtete, entwickelte sich für Frauen eine doppelte Anforderung: Sie sollten einerseits emanzipiert und autonom sein, andererseits aber auch weiblich und liebenswert.

2.2 Die sexuelle Subjektwerdung oder: Wie Sexualität sozial erschaffen wird

Das neue Verhältnis zur Sexualität ist nur im Kontext einer gesamtgesellschaftlichen Tendenz zur Informalisierung zu verstehen. Aus klaren hierarchischen, autoritären Ordnungen werden in verschiedenen Lebensbereichen – etwa im Beruf oder der Familie – im Zuge der 1960er-Jahre zusehends Verhältnisse, die auch auf Kooperation und Aushandlung beruhen. Diese Prozesse bedeuteten einen schrittweisen Abbau starrer Verhaltensregeln im zwischenmenschlichen Zusammenleben und auch eine Verschiebung von äußeren zu inneren Selbstzwängen:

49 Vgl. Schmincke 2015, S. 209.
50 Vgl. Matthiesen 2007, S. 67.

«Es gibt nach wie vor Regeln, wenn auch mildere und differenziertere, deren Einhaltung nicht mehr durch Außenzwänge, sondern weitgehend durch Selbstkontrolle garantiert wird.»[51]
Damit setzt sich zusehends die Vorstellung einer Doppelstruktur des Subjekts als Sexualindividuum durch. Dieses Individuum ist gekennzeichnet durch ein inneres, triebhaftes Sexuelles, das durch eine gesellschaftlich disziplinierte Sexualität, die ebenso Teil des Individuums ist, begrenzt wird. Diese beschriebenen Subjektivierungsprozesse der Informalisierung sind nicht neu – es gab sie v.a. in kleineren Teilen gesellschaftlicher Eliten spätestens seit dem ausgehenden 18. Jahrhundert. Allerdings werden erstmals seit Mitte des 20. Jahrhunderts mit der Integration von Angestellten- und Arbeiter_innen-Familien in die Mittelschicht breite gesellschaftliche Schichten erfasst.[52]

Die Vorstellung, dass die sexuellen Begierden in unserem Inneren durch gesellschaftliche Tabus, Verbote und Disziplinierungen unterdrückt werden, bezeichnete Michel Foucault auch als Repressionshypothese. Mit dieser setzt er sich in seinen drei vielbeachteten Bänden «Sexualität und Wahrheit» aus historischer Perspektive auseinander. Ein Problem der Repressionshypothese besteht Foucault zufolge darin, dass Sexualität als natürlich, sozial vorgängig, ahistorisch und universal gültig gedacht wird. Foucault betrachtet Sexualität dagegen als gesellschaftlich geformte und hergestellte Erfahrung. Die viel kritisierten Normen, die die Sexualität beschränken, begrenzen und unterdrücken würden, bringen ihm zufolge die Sexualität als solche überhaupt erst hervor. Für Foucault ist Unterdrückung demnach gar nicht das konstitutive Element der Geschichte der modernen Sexualität. Er geht davon aus, dass moderne Sexualität gerade durch das Sprechen über sie normiert und reguliert wird. Statt sie also von einem Ort jenseits des Diskurses «hervorzuholen», indem wir sie nicht länger «unterdrücken» oder «tabuisieren», sondern über sie sprechen – erzeugen wir Sexualität erst diskursiv. Diese Diskursstrategie bezeichnet Foucault als «Wille zum Wissen», für die die Praxis des Geständnisses zentral ist:
«Die Verpflichtung zum Geständnis wird uns mittlerweile von derart vielen verschiedenen Punkten nahegelegt, sie ist uns so tief in Fleisch und Blut übergegangen, dass sie uns gar nicht mehr als Wirkung einer Macht erscheint, die Zwang auf uns

51 Korte 2009, S. 81.
52 Korte 2009, S. 77.

ausübt; im Gegenteil scheint es uns, als ob die Wahrheit im Geheimsten unserer selbst keinen anderen ‹Anspruch› hegte als den, an den Tag zu treten [...] Das Geständnis befreit, die Macht zwingt zu Schweigen [...] das sind alles traditionelle Themen der Philosophie, die eine ‹politische Geschichte der Wahrheit› umkehren müsste, indem sie zeigte, dass die Wahrheit weder von Natur aus frei noch der Irrtum unfrei ist, sondern dass ihre gesamte Produktion von Machtbeziehungen durchzogen ist.»[53]

Foucault beschreibt hier, wie das Sprechen über den Sex gerade dadurch angeregt wird, indem mit ihm Befreiung verbunden wird und damit das Sprechen als eine Strategie der Macht verborgen bleibt.

Macht wird nach Foucault in der Repressionshypothese lediglich als von außen und repressiv auf die Subjekte wirkend verstanden. Foucault entwirft dagegen einen Begriff von Macht, der diese als «eine Vielfältigkeit von Kräfteverhältnissen, die ein Gebiet bevölkern und organisieren» beschreibt, die lokal, permanent umkämpft und damit stets instabil sind:[54]

«Macht ist nicht etwas, was man erwirbt, wegnimmt, teilt, was man bewahrt oder verliert; die Macht ist etwas, was sich von unzähligen Punkten aus und im Spiel ungleicher und beweglicher Beziehungen vollzieht.»[55]

Macht ist demnach erst einmal überall vorhanden und – so paradox es klingt – ihre Voraussetzung ist die Freiheit, denn Macht ist gleichzeitig ein Handeln, das auf Handeln gerichtet ist im Sinne eines «Führens» oder «Regierens»:[56]

«Macht kann nur über ‹freie Subjekte› ausgeübt werden, insofern sie ‹frei› sind – und damit seien hier individuelle oder kollektive Subjekte gemeint, die jeweils über mehrere Verhaltens-, Reaktions- oder Handlungsmöglichkeiten verfügen.»[57]

Zugleich widersetzt sich die Freiheit der Machtausübung, denn der Macht ist Widerstand immanent – ohne Widerstand gäbe es gar keine Macht. Machtbeziehungen sind nach Foucault strategische Beziehungen, die sich von Gewalt und Zwang dadurch unterscheiden, dass sie wandelbar sind und die Subjekte in ihnen verschiedene Möglichkeiten haben, zu handeln.[58]

53 Foucault 2014, S. 63–64.
54 Foucault 2014, S. 93–94.
55 Foucault 2014, S. 94.
56 Foucault und Defert 2015, S. 256.
57 Foucault und Defert 2015, S. 257.
58 Vgl. Foucault und Defert 2015, S. 257.

Dies darf aber nicht verwechselt werden mit der Vorstellung von einem autonomen, oftmals als männlich gedachten, rationalen Subjekt, wie es zentral war für das Denken der Aufklärung und wie es bis heute «virulent geblieben» ist.[59]

Subjekte sind der Macht demnach nicht äußerlich, wie auch Widerstand der Macht nicht äußerlich ist. Foucault begreift Macht nicht nur als repressiv, er betont stattdessen ihre produktiven Wirkungen. Produktiv meint hier, dass Macht nicht als Externes eine Art Überbau bildet und Ungleichheiten hemmt oder aufrecht erhält – wo Macht wirkt, hat sie stattdessen auch unmittelbar hervorbringende Effekte: Subjekte werden erst von gesellschaftlichen Machtverhältnissen erschaffen und sind von diesen insofern von Anfang an durchzogen und strukturiert. Auch feministische Theorien haben die Widersprüchlichkeit dieser Art der Subjektkonstitution betont: So ist das Subjekt einerseits «Unterliegendes, d.h. Voraussetzung von Aktivität und Gestaltung; zum Anderen Unterlegenes, d.h. etwas, was Verhältnissen unterworfen ist».[60] Aus beiden subjekttheoretischen Zugängen lässt sich in ähnlicher Weise schlussfolgern, dass Subjekte einerseits von Diskursen erzeugt *werden* und andererseits *sich selbst (mit-)erzeugen*. Macht ist demnach auch Voraussetzung von Handeln, da sie erst Subjekte als die handelnden Akteur_innen hervorbringt:

«Eine Sexualität zu ‹haben› unterwirft eine Person einer spezifischen symbolischen Struktur, zugleich erhält sie dadurch eine jeweils relational bestimmte Sprecherinnen- oder Sprecherposition, es werden ihr spezifische Handlungsmöglichkeiten nicht nur verwehrt, sondern zum Teil auch erst eröffnet. So kann sie beispielsweise zusammen mit anderen ‹Betroffenen› für eine rechtliche Anerkennung der eigenen sexuellen Identität und ein Ende der Unterdrückung kämpfen oder entsprechende Forderungen an den (Sozial-)Staat richten.»[61]

Ich gehe also davon aus, dass Machtverhältnisse nicht lediglich von außen auf die Subjekte einwirken und sie negativ begrenzen. Stattdessen möchte ich betonen, dass Macht immer schon in Subjekte eingeschrieben ist und sie an dieser, zum Teil auch lustvoll, partizipieren.

---

59 Vgl. Becker-Schmidt und Knapp 2003, S. 125.
60 Becker-Schmidt und Knapp 2003, S. 128.
61 Bänziger et al. 2015, S. 10.

Die sexuell befreiende Praxis der 68er war vor allem durch die Aufgabe definiert, sich selbst zu ergründen, die eigenen «wahren» Bedürfnisse (inneres Sexuelles) zu erkennen und dann mit anderen Personen auszuhandeln. Mit der Geständnispraxis nach Foucault gesprochen ist das Selbst damit Priester und Beichtende zugleich geworden. Damit werden handlungsfreie, autonome Subjekte und die eigene, selbstreflektierte Arbeit am Selbst zum Ideal. Diese spezifische Vorstellung von Subjekten ist männlich gedacht, denn sie übernimmt und idealisiert ähnlich konnotierte Eigenschaften von Vernunft, Rationalität, Autonomie, Unabhängigkeit, Freiheit, Individualität. Was zu dieser Zeit als grenzüberschreitend, befreiend und selbstermächtigend empfunden wurde, und zu einem guten Teil sicher auch war, kann heute retrospektiv auch als eine fortgesetzte Verinnerlichung (männlicher) Normen verstanden werden. Die Normen gesellschaftlicher Individualisierung wirken demnach subjektivierend und das an ihnen ausgerichtete Handeln stellt sich als eigene, freiwillige und selbstgewählte Entscheidung dar.

2.3 Die Zweite Frauenbewegung und der Kampf gegen «Gewalt gegen Frauen»

Unter dem Motto «Das Private ist politisch» wurde ab Mitte der 1970er-Jahre auch das Sprechen über Erfahrungen von Gewalt wie häusliche Gewalt, sexuelle Nötigung und Vergewaltigung, möglich. Dies alles wurde unter dem Begriff «Gewalt gegen Frauen» zusammengefasst – und der Kampf dagegen wurde schnell zu einem der zentralen Anliegen der Frauenbewegung. 1976 fand das erste internationale Tribunal über Verbrechen gegen Frauen in Brüssel statt, was dem Thema und der Frauenbewegung in der BRD massiven Auftrieb gab.[62] In der Folgezeit gründeten sich die ersten ehrenamtlich betriebenen Autonomen Frauenhäuser, Notrufgruppen für vergewaltigte Frauen, Frauengesundheitszentren und Selbstverteidigungsgruppen. 1977 fand am Vorabend des 1. Mai unter dem Motto «Wir erobern uns die Nacht zurück» die erste bundesweite Frauennachtdemo statt, die auf die Gefahren für Frauen im öffentlichen Raum aufmerksam machen sollte.[63] Aus der internatio-

62 Hagemann-White 2014, S. 48, auch Wildt 1987, S. 78.
63 Hagemann-White 2014, S. 46.

nalen Frauenbewegung heraus entstanden die ersten Frauenhäuser als Zufluchtsorte für von häuslicher Gewalt betroffene Frauen. Sowohl die Notrufgruppen als auch die Frauenhausinitiativen machten Parteilichkeit mit den betroffenen Frauen sowie ihre Autonomie zu Grundprinzipien ihrer praktischen Arbeit. Die Betroffenen sollten in der Beratung erleben,

«dass sie nicht alleine sind, dass sie keine Schuld an der Gewalt haben und nicht sie, sondern der Mann sich zu schämen hätte, und dass Frauen sich gemeinsam wehren können».[64]

In der DDR gab es in dem Sinne keine Frauenbewegung «von unten», Verbesserungen für die Lebenssituation von Frauen wurden vor allem von oben verordnet. Die Anhebung der weiblichen Beschäftigungsquote und die volle politische wie soziale Partizipation waren ab Gründung der DDR zentrale gesellschaftspolitische Ziele der SED. Sie konnten aufgrund verschiedener Faktoren, u.a. aufgrund weiter bestehender gesellschaftlich verankerter Geschlechterrollen und geschlechtsspezifischer Arbeitsteilung innerhalb der Familien, nie durchgesetzt werden. Trotzdem waren die Frauen in der DDR im Vergleich zur BRD ökonomisch unabhängiger und die meisten machten die Erfahrung, neben der Familie einer Erwerbsarbeit nachzugehen. 1972 wurde die Fristenlösung für Schwangerschaftsabbrüche eingeführt und es wurden diverse sozialpolitische Maßnahmen eingeführt, die die Vereinbarkeit von Beruf und Familie sicherstellen sollten. Entsprechend des staatlichen Selbstverständnisses, dass die Befreiung und Gleichstellung der Frauen verwirklicht seien, war sexualisierte Gewalt in der DDR weitgehend tabuisiert. Eine Studie von Monika Schröttle von 1999 weist nach, dass die Gewalt in Paarbeziehungen aber ähnlich hoch lag wie in der BRD.[65]

Die zweite Frauenbewegung hat wissenschaftliche Analysen zu sexualisierter Gewalt maßgeblich beeinflusst. Die «Gewalt gegen Frauen» wurde als Ausdruck patriarchaler Geschlechterverhältnisse verstanden und als Mittel, diese zu stabilisieren und zu verfestigen.[66] Mit dem Begriff der «Gewalt gegen Frauen» sollte betont werden, dass es um mehr ging als «nur» einzelne Taten von einzelnen Männern, sondern um alle Ausdrucksformen der strukturellen Objektivierung von Frauen durch Männer,

64 Hagemann-White 2014, S. 48.

65 Schröttle 1999.

66 Vgl. Hagemann-White 2001, S. 25–26.

die diese innerhalb patriarchaler Geschlechterverhältnisse größtenteils ungestraft ausüben können. Es ging den feministischen Aktivistinnen also vor allem darum, die dahinterliegende gewaltförmige Struktur aufzuzeigen. Es ging ihnen nicht um eine Individualisierung der einzelnen Gewalttaten, da die Belastung einzelner Täter für sie im Grunde die Entlastung der Männer als Geschlecht zur Folge hatte:

«[Eine feministische Gewaltanalyse kommt] unter anderem zur politischen Schlussfolgerung ‹Jeder Mann ist ein potentieller Vergewaltiger›, nicht gemeint als empirische Aussage und nicht als eine Aufforderung, festzustellen, wer Täter ist und wer nicht; sondern gemeint als politische Herausforderung, die die Struktur und die Allgegenwart der Gewalt zeigen will.»[67]

Durch die Kontextualisierung sexualisierter Gewalt innerhalb hierarchischer Geschlechterverhältnisse trug die Frauenbewegung zu einer Enttabuisierung von «Gewalt gegen Frauen» und somit zu einer Politisierung des Themas bei, das vormals häufig als privates Problem abgetan und verharmlost wurde.[68] Die feministische Kontextualisierung sexualisierter Gewalt innerhalb patriarchaler Geschlechterverhältnisse erfüllte historisch einige wichtige Funktionen: Einerseits wurde das Verhältnis von Privatheit, Öffentlichkeit und Politik neu reflektiert und verhandelt. Zudem konnte dadurch die herrschende Geschlechterordnung als gewaltförmig angegriffen und delegitimiert werden. Es wurde umfangreiches Wissen über die psychosozialen Effekte von Gewalterfahrungen produziert und, last but not least, war die Erfahrung einer gemeinsamen (potentiellen) Betroffenheit, die alle Frauen teilten, wesentlich für die Solidarisierungen innerhalb der Frauenbewegung – über andere Ungleichheitskategorien hinweg und trotz diverser Schwierigkeiten, die sich zugleich daraus ergeben.[69]

Durch den Raum, der sich damit eröffnete, über eigene Gewalterfahrungen zu sprechen, wurde schnell deutlich: Die Vorstellung, dass Vergewaltiger vor allem Fremde sind, die nachts aus einem Gebüsch springen, entspricht nur selten der Realität. In den meisten Fällen handelt es sich bei den Tätern um Männer aus dem nahen Umfeld der Betroffenen: Väter, Onkel, Freunde der Familie, Lehrer, Sporttrainer usw. Tatsächlich ist es bis heute

67 Wildt 1987, S. 82.
68 Vgl. Petran und Thiel 2012, S. 10.
69 Vgl. Maurer 2018, S. 47.

so, dass die Mehrzahl der Täter nahe Freunde und Verwandte sind. Eine repräsentative Studie von 2004 kommt zu dem Ergebnis, dass über drei Viertel aller Sexualstraftaten gegen Frauen im sozialen Umfeld stattfinden.[70] In den USA wurden einer Studie von 2010 zufolge über 51 Prozent aller vergewaltigten Frauen von ihrem Intimpartner und fast 41 Prozent von einem Bekannten vergewaltigt.[71]

Der Mythos vom Fremdtäter ist dabei nur einer von weiteren Vergewaltigungsmythen, die ab den 1970er-Jahren verstärkt von feministischen Aktivistinnen kritisiert wurden. Sogenannte Vergewaltigungsmythen begünstigen sexualisierte Gewalt, indem sie sie relativieren, leugnen, verharmlosen und Betroffene als (mit-)schuldig denken. Die Wissenschaftlerin Martha Burt untersuchte in ihrer Studie «Cultural myths and supports for rape» von 1980 erstmals systematisch Einstellungen, die Vergewaltigungen begünstigen. Sie zählt verschiedene Mythen rund um das Thema Vergewaltigung auf, die auch heute noch aktuell sind: der Glaube, dass Frauen Sex wollen, wenn sie mit einem Mann nach Hause gehen, sich von ihm einladen lassen oder sich aufreizend kleiden; dass vergewaltigte Frauen meist promiskuitiv leben und einen schlechten Ruf haben; Frauen meist Vergewaltigungsvorwürfe erheben, weil sie sich an dem Mann rächen wollen. Burt kam in ihrer Studie zu dem Ergebnis, dass nicht nur viele US-Amerikaner_innen an solche Vergewaltigungsmythen glauben, sondern dieser Glauben auch eng verknüpft ist mit anderen Einstellungen wie Zustimmung zu traditionellen Geschlechterrollen, Misstrauen gegenüber dem anderen Geschlecht und Akzeptanz von interpersonaler Gewalt.[72]

Feministinnen geht es immer auch um eine Anerkennung und Ernstnehmen der Erfahrungen sexualisierter Gewalt, die Frauen machen. Dies mündete zum einen in der Forderung, dass die Betroffenen die «Definitionsmacht» darüber besitzen sollen, ob es sich bei einer Tat um sexuelle Gewalt gehandelt hat oder nicht. Es führte zum anderen dazu, dass sich ein erweitertes Verständnis dessen durchsetzte, was sexualisierte Gewalt überhaupt ist. Wie bereits beschrieben, zählten zum Begriff «Gewalt gegen Frauen» sehr viele Formen der Objektma-

---

70 Vgl. Schröttle et al. 2004.

71 Vgl. Black et al. 2011.

72 Burt 1980, S. 229. Eine aktuelle Studie zur Akzeptanz von Vergewaltigungsmythen ist Maxwell und Scott 2014.

chung von Frauen. Gewalt wurde nicht mehr nur als körperliche Tätlichkeit definiert. Vielmehr wurde der Begriff auf weitere Formen ausgeweitet: Strukturelle Gewalt, sprachliche Gewalt, psychische Gewalt. Damit fordern feministische Ansätze immer wieder auch juristische und gesellschaftliche Definitionen dessen heraus, was als sexualisierte Gewalt gilt und was nicht. Erst 1997 wurde erzwungener Sex innerhalb der Ehe überhaupt als Vergewaltigung anerkannt: Davor konnte Vergewaltigung und sexuelle Nötigung per definitionem nur zwischen nicht verheirateten Personen stattfinden. Dies zeigt, dass es keine objektive Definition von (sexualisierter) Gewalt gibt: Gewalt ist vielmehr das, was eine Gesellschaft darunter versteht.

2.4 Feministische Analysen sexualisierter Gewalt

Die feministischen Analysen sexualisierter Gewalt haben sich im Laufe der Zeit stark ausdifferenziert. Während sich wohl alle Feministinnen darin einig sind, dass sexualisierte Gewalt im Zusammenhang mit gesellschaftlichen Strukturen steht und viel zu oft ignoriert oder gerechtfertigt wird, herrscht Uneinigkeit darüber, wie sie erklärt und bekämpft werden kann. Dabei können zwei Pole feministischen Denkens über sexualisierte Gewalt ausgemacht werden: Liberale feministische Ansätze tendieren dazu, Vergewaltigung eher als geschlechtsneutrale Verletzung der individuellen Autonomie zu betrachten und auf den Schaden und die Folgen zu fokussieren, die Vergewaltigung für die einzelnen Betroffenen hat. Radikalere Positionen dagegen verteidigen weiterhin die These aus den Anfängen feministischer Kämpfe, nach denen sexualisierte Gewalt eine wesentliche Säule des Patriarchats bildet. Sie verorten Vergewaltigungen demnach im Kontext patriarchaler Geschlechterverhältnisse und betonen damit eher die Folgen von Vergewaltigungen für Frauen als Gruppe.[73] Sie analysieren Vergewaltigung damit vor allem als ein Mittel unter anderen, Frauen ihre Souveränität über ihren eigenen Körper vorzuenthalten und ihre sexuelle Verfügbarkeit abzusichern. In diesen unterschiedlichen Zugängen geht es also um die Einordnung von sexualisierter Gewalt in die ungleichen Geschlechterverhältnisse und welche Rolle sie darin spielt.

73 Vgl. Whisnant 2017.

Auf einer anderen Achse geht es zudem um die Frage, in welchem Verhältnis Sexualität und Gewalt im Phänomen der sexualisierten/sexuellen Gewalt stehen. Mit dem Begriff der «sexualisierten Gewalt» in Abgrenzung zu «sexueller Gewalt» soll unterstrichen werden, dass es sich hierbei weniger um eine Form der Sexualität handelt, sondern vielmehr um eine spezifische Form von Gewalt, die ähnlich wie rassistische Gewalt oder solche gegen Kinder eng mit gesellschaftlichen Machtverhältnissen verknüpft ist.[74] Sexualität wird demnach vor allem als das *Mittel* verstanden, um Macht auszuüben und weniger als *Zweck* der Gewalt. In anderen Worten: Sexualisierte Gewalt galt (und gilt) vielen Feminist_innen vor allem als Gewalt und weniger als Sexualität. Damit wird Vergewaltigung als ein Gewaltverbrechen gesehen und nicht als Verbrechen «aus Leidenschaft», z. B. aufgrund der unaufhaltbaren Lust des Vergewaltigers oder der sexuellen Attraktivität des Opfers. Feminist_innen betonen stattdessen die nichtsexuellen Motive der Täter wie Dominanz, Kontrolle, Wut, Aggression usw.

Die so beschriebene Bestimmung von sexualisierter Gewalt birgt aus feministischer Sicht jedoch Fallstricke: So kritisiert die Juristin Catherine MacKinnon, dass eine strikte Trennung von Gewalt und Sexualität normative Heterosexualität nicht mehr in Frage stelle. Diese sei jedoch inhärent gewaltvoll, «denn Sexualität wird vom Standpunkt männlicher Vorherrschaft konstruiert».[75] Sie kommt zu dem Schluss, dass Sexualität ein *zentrales* Mittel der Frauenunterdrückung darstellt:

«So lange wir sagen [Vergewaltigung und so weiter] ist ein Missbrauch von Gewalt, und nicht Sex, versäumen wir zu kritisieren, was aus Sex gemacht wurde, was uns durch Sex angetan wurde.»[76]

Das bedeutet, dass radikalfeministische Ansätze dazu neigen, eher ein Kontinuum zwischen Vergewaltigung und «normaler» Heterosexualität anzunehmen, da bereits in letzterer patriarchale Formen von Männergewalt stecken. Sie argumentieren gegen eine Auftrennung in eine vermeintlich natürliche und gute Sexualität und die schlechte Gewalt. Dies lasse Se-

74 Vgl. Zuckerhut 2010, S. 283.
75 Hakvåg 2010, S. 121.
76 MacKinnon 1987, S. 86 «So long as we say that [rape and so on] are abuses of violence, not sex, we fail to criticize what has been made of sex, what has been done to us through sex.»

xualität unschuldig und im Wesen gewaltfrei erscheinen und verschleiert so die enge Verknüpfung von Geschlecht, Macht und Sexualität.

Gleichzeitig kommt es in radikalfeministischen Ansätzen demgegenüber schnell zu einem Verständnis von (Hetero-)Sexualität, das diese als grundlegend schlecht und gewaltförmig begreift. Es ist kein Zufall, dass sich Radikalfeministinnen mit einer Analyse sexualisierter Gewalt, die die sexuelle Komponente betont, gleichzeitig oftmals in Bündnissen mit konservativ-moralisierenden Kräften befinden, die für ein Verbot von Sexarbeit und Pornographie plädieren und BDSM-Praktiken ablehnen.

Mir scheint die sexuelle Komponente in sexueller Gewalt jedoch relevant zu sein. Einerseits für die Frage, welche Effekte sie für die Betroffenen hat: Nur wenige würden wohl behaupten, dass die Folgen einer Vergewaltigung ähnlich sind wie jene, verprügelt zu werden. Auf die Täter bezogen ist es ebenfalls nicht unwichtig zu fragen, warum diese dann gerade auf sexuelle Art und Weise verletzen wollen. Nicht zuletzt ist ein Ergebnis feministischer Forschung, dass viele Vergewaltigungen ohne direkte Gewalt auskommen – v.a. deshalb war es auch eine so wichtige Forderung, das Kriterium aktiven Widerstands in der rechtlichen Bestimmung von Vergewaltigung im Strafgesetzbuch abzuschaffen. Daher ist es meines Erachtens möglich, dass der Ansatz, der Vergewaltigung zuvorderst als Gewalt und nicht als Sex versteht, zu dem verbreiteten Fehlurteil beitragen könnte, dass eine Vergewaltigung etwas mit offensichtlichem Zwang zu tun haben müsse.

Die Kulturwissenschaftlerin Mithu Sanyal wendet, wenn auch mit anderer theoretischer Grundlegung, in ähnlicher Weise gegen die Trennung von Gewalt und Sexualität ein, dass für die Verhinderung sexualisierter Gewalt eine Veränderung der Sexualkultur nötig sei – denn «die Grauzonen, in denen einvernehmliche Sexualität aufhört und Vergewaltigung anfängt, haben eine Menge mit Sex zu tun».[77] Hier liegt also ein Spannungsverhältnis vor, das – je nachdem – sexualisierte Gewalt mehr als eine Form von Gewalt oder mehr als eine Form von Sexualität versteht. Das hat meines Erachtens auch mit der Bandbreite an Erscheinungsformen sexualisierter Gewalt zu tun und dass in diesen die Aspekte von Sexualität und Gewalt unterschiedlich stark eine Rolle spielen.

77 Sanyal 2016, S. 171.

Sanyal weist außerdem auf die problematischen Effekte eines «Othering» von sexualisierter Gewalt hin. «Othering» meint hier eine Form der Distanzierung: Die Abgrenzung sexueller Gewalt von dem Eigenen und Zuschreibung als «Anderes», das mit dem Eigenen nichts zu tun hat. Dieses «Othering» ist meiner Ansicht nach mit dem Problem verbunden, sexualisierte Gewalt und heteronormative Praktiken zu stark voneinander zu trennen: Dadurch, dass Vergewaltigung zum «gesellschaftlich Anderen»[78] wird, kann es kein Teil von «uns» und damit auch nicht von «unserer Sexualität» sein. Gleichzeitig ging es der Frauenbewegung bereits darum zu betonen, dass sexualisierte Gewalt vor allem im sozialen Nahfeld der Betroffenen und entgegen hegemonialer Vorstellungen meist nicht in der Öffentlichkeit durch einen «Fremdtäter» stattfindet. Hier sehe ich eine Anschlussfähigkeit für Sanyals und auch MacKinnons Argument, sexualisierte Gewalt stärker im Zusammenhang mit heteronormativen Praktiken zu denken, ohne diese Praktiken damit als solche zu verdammen.

Gleichzeitig ist es wichtig, dass sich eine feministische Perspektive an dieser Stelle in zwei Richtungen abgrenzt: Erstens gegen das beschriebene «Othering», zweitens aber auch gegen den wirkmächtigen Diskurs, der mit dem Begriff der «Grauzone», *victim blaming*, die Entschuldung von Täter(inne)n und letztendlich die Relativierung und Verharmlosung sexualisierter Gewalt als «schlechten Sex» oder «Missverständnis» zum Ziel hat.[79] Nicht selten wird mit dem Argument, dass es ja oft so schwammig sei, was denn überhaupt sexualisierte Gewalt sei, diese letztendlich geleugnet.

Wie ich bereits beschrieben habe, wird Sexualität diskursiv erschaffen und ist somit von Anfang an durchzogen von gesellschaftlichen Machtverhältnissen. Wenn ich also davon ausgehe, dass sexualisierte Gewalt auch etwas mit Sexualität zu tun hat, so betrachte ich damit sexualisierte Gewalt auch im Kontext ungleicher Geschlechterverhältnisse (als ein Teil gesellschaftlicher Machtverhältnisse) und rücke *gleichzeitig* heteronormative Sexualität mit in den Fokus. Beides scheint mir für eine kritische Analyse des «Ja heißt Ja»-Prinzips sinnvoll zu sein.

Das Paradigma, wonach sexualisierte Gewalt vor allem patriarchaler Machtsicherung durch Männer diene, dominiert in

78 Sanyal 2016, S. 150.
79 Vgl. Alcid 2013; Ehrlich 1998; Hakvåg 2010, S. 122.

dieser Weise nicht mehr heutige wissenschaftliche und feministische Analysen im deutschsprachigen Raum.[80] Kritisiert wurde es auch dafür, dass es zu einer Reproduktion essentialisierter Geschlechtervorstellungen von Frauen als ohnmächtige Opfer und Männern als aggressive Täter führen kann, welche selbst Bestandteil hierarchischer, traditioneller Geschlechterverhältnisse und als solche Gegenstand feministischer Kritik sind.[81] Dies kann auch zu einer selektiven Wahrnehmung sexualisierter Gewalt führen, wenn die Geschlechterkonstellation nicht dem gängigen Stereotyp entspricht.[82] Gleichzeitig zeigen Prävalenzstudien, dass die Betroffenen sexualisierter Gewalt immer noch vor allem Frauen und die Täter zumeist Männer sind.[83] Vor diesem Hintergrund fragen Petran/Thiel:
«Wie kann die Betroffenheit von sexueller Gewalt auf überwiegend weiblicher Seite thematisiert werden, ohne damit einer essentialistischen Täter- und Opferkonstruktion Vorschub zu leisten?»[84]

In dem vorliegenden Buch geht es auch darum, diese Ambivalenz mitzubedenken. Zwei wesentliche Erweiterungen der Einbettung sexualisierter Gewalt in patriarchale Kontexte können hier ergänzt werden: Erstens leitet sich aus der These der sogenannten «Mittäterinnenschaft» ab, dass Frauen nicht nur passive Opfer sind, sondern sich aktiv an Gewaltverhältnissen beteiligen und Handlungsmacht besitzen.[85] Das schließt die Opferwerdung von Frauen natürlich nicht aus – diese wird aber meist als zeitlich begrenzte Situation erlebt und die Erfahrung von Ohnmacht bestimmt nicht das gesamte Leben einer Frau. Bei dem Erkennen der Mittäterinnenschaft von Frauen geht es vielmehr darum, zu ergründen, wie sich ihre Interessen mit denen von Männern verquicken können und welche Funktion diese Verwobenheit für das gesellschaftliche und private Zusammenleben von Männern und Frauen hat, was Fragen nach

80 Vgl. Hagemann-White 2001, S. 30.

81 Vgl. Petran und Thiel 2012, S. 12; Glammeier 2018, S. 105–106.

82 Vgl. dazu Hinz 2001, eine Studie zu Geschlechtsstereotypen bei der Wahrnehmung von Situationen als «sexueller Missbrauch».

83 Aktuelle Zahlen finden sich in der Einleitung in diesem Buch. Einen guten Überblick mit Zahlen bis 2001 liefert Hagemann-White 2001, S. 33–39.

84 Petran und Thiel 2012, S. 20.

85 Vgl. Petran und Thiel 2012, S. 13. Die These von der «Mittäterinnenschaft» wurde insbesondere von Frigga Haug und Christina Thürmer-Rohr in den 1980er-Jahren begründet.

der Gewaltförmigkeit dieser Beziehungskonstellation mit einbezieht.

«Mittäterschaft fragt nach dem Repertoire an Taten, Gefühlen, Handlungen, Haltungen, Auslassungen und Unterlassungen, mit dem Frauen sich in diesen Unterdrückungs- und Gewaltverhältnissen arrangieren.»[86]

Zweitens kann mit intersektionalen Analysen argumentiert werden, dass Geschlecht immer mit weiteren Machtverhältnissen verschränkt ist und «sich Gewalt [somit] in dichotomisierenden Zuschreibungen von männlichen Tätern und weiblichen Opfern nicht angemessen denken lässt.».[87] Vielmehr spielen weitere soziale Kategorien wie «Rasse», Behinderung, sexuelle Orientierung, Klasse, Alter usw. eine Rolle für die Frage, wer von sexualisierter Gewalt wie betroffen ist.[88]

Unter sexualisierter Gewalt verstehe ich «jede sexuelle Handlung, die die körperliche oder seelische Integrität einer Person verletzt und in denen Machtverhältnisse eine Rolle spielen». Dabei handelt es sich um eine selbst abgewandelte Form des Begriffs von geschlechtsspezifischer Gewalt bei Hagemann-White, mit der ich versuche, den vorherigen Überlegungen Rechnung zu tragen.[89]

Ich spreche außerdem an verschiedenen Stellen von Grenzverletzungen. Darunter verstehe ich «sexuelle Handlungen, welche die subjektive Grenze einer anderen Person verletzen». Damit ist jede Form sexualisierter Gewalt eine Grenzverletzung, aber nicht jede Grenzverletzung auch sexualisierte Gewalt. Ich gehe davon aus, dass Grenzverletzungen im Alltag nicht gänzlich zu vermeiden sind:

«Zufällige und unbeabsichtigte Grenzverletzungen (zum Beispiel eine unbeabsichtigte Berührung oder Kränkung durch eine als verletzend erlebte Bemerkung) sind im alltäglichen Miteinander korrigierbar, wenn die grenzverletzende Person

---

86 Wildt 1987, S. 85.

87 Petran und Thiel 2012, S. 13.

88 Zu «Rasse» vgl. bspw. Crenshaw 1991, S. 1241 und Sanyal 2016, S. 101–110; zu Behinderung vgl. bspw. Bundesministerium für Familie, Senioren, Frauen und Jugend 2012.

89 «...jede Verletzung der körperlichen oder seelischen Integrität einer Person, welche mit der Geschlechtlichkeit des Opfers und Täters zusammenhängt und unter Ausnutzung eines Machtverhältnisses durch die strukturell stärkere Person zugefügt wird» in Hagemann-White 1992, S. 23.

dem Gegenüber mit einer grundlegend respektvollen Haltung begegnet.»[90]

Ich verstehe eine subjektiv empfundene Grenze dabei nicht als etwas rein Individuelles, sondern ebenfalls als sozial konstruiert. Was, wann, wie und wo als Grenze verstanden wird, ist abhängig vom (historischen, kulturellen, sozialen…) Kontext. Auch Hagemann-White betont, dass «eine Grenzziehung zur Gewalt nicht ohne Rücksicht auf die soziokulturellen Regeln zu machen ist».[91] Sie weist für Analysen sexualisierter Gewalt darauf hin, dass das Vorherrschen jeweils anderer kultureller Regeln das Gewalthandeln und seine Wahrnehmung ebenfalls beeinflusst. So bestimmt «das amerikanische Ritual des ‹dating› […] die Abwehrmöglichkeiten [gegenüber sexuellen Annäherungsversuchen, R.T.] und deren Fehlen anders, als beim deutschen ‹miteinander gehen›».[92]

Aktuelle wie vergangenen Diskurse um sexualisierte Gewalt – sei es unter dem Motto «Nein heißt Nein» oder «Ja heißt Ja» – besitzen daher das Potenzial, das Verständnis davon, was als Grenzverletzung und als sexualisierte Gewalt gilt, zu verändern.

---

90 Enders et al. 2010.
91 Hagemann-White 2001, S. 24.
92 Hagemann-White 2001, S. 24.

3. Von «Nein heißt Nein» zu «Ja heißt Ja» – Debatten um einvernehmlichen Sex in den USA und Deutschland heute

3.1 Sexualität und sexuelle Gewalt heute: Eine kurze Bestandsaufnahme

Mit der Transformation der feministischen Bewegungen, der neoliberalen Modernisierung der Geschlechterverhältnisse und neuen Debatten um sexualisierte Gewalt verändern sich auch die gesellschaftlichen Vorstellungen von Sexualität und die real gelebten sexuellen Praxen. Das von Feministinnen geforderte Recht auf körperliche und sexuelle Selbstbestimmung setzte sich ab Mitte der 1970er-Jahre international mehr und mehr durch.

Die ökonomische und symbolische Geschlechtergerechtigkeit nahm in vielen Bereichen zu, Hierarchien wurden abgebaut. Der Zugang zu modernen Verhütungsmitteln hat sich verbessert. Nach der Einführung der Lebenspartnerschaft im Jahr 2001 für gleichgeschlechtliche Paare, die noch nicht alle Rechte einer Ehe zwischen Mann und Frau beinhaltete, wurde 2017 die «Ehe für alle» eingeführt. Was sich auf rechtlicher Ebene in Deutschland in den allermeisten Fällen als Liberalisierungsprozesse beschreiben lässt, ist auf gesellschaftlicher Ebene keinesfalls eine reine Fortschrittserzählung und bedarf einer komplexeren Analyse.

So ist seit den 1970er-Jahren zu beobachten, dass Sexualität immer weniger als Ort politischer Intervention als vielmehr der Sorge um sich selbst betrachtet wird. Ähnlich wie in anderen gesellschaftlichen Bereichen etablieren sich auch in Bezug auf Sexualität therapeutische Problemlösungsstrategien. Es steht nicht mehr so sehr die Veränderung gesellschaftlicher Verhältnisse, sondern vielmehr die Veränderung der Einzelnen und die Aufarbeitung ihrer spezifischen Probleme im Vordergrund.[93]

93 Vgl. dazu ausführlicher Bänziger et al. 2015.

Dies kann als Therapeutisierung oder Psychologisierung der Sexualität beschrieben werden: sexuelle Probleme erscheinen als lösbar, man benötigt nur die richtige Beratung, muss ehrlich darüber reden und zu sich selbst sein. Sexualität wurde «zu einem therapeutischen Problem, das es nicht nur durch Sagen, sondern auch durch Tun zu lösen galt».[94]

Im Nachgang der «AIDS-Krise» der 1980er-Jahre wurden «Safer Sex» und eine vorausschauende Partner_innenwahl Garanten für verantwortungsvolles, geplantes und kontrolliertes sexuelles Handeln. Es oblag nun der oder dem Einzelnen, zu entscheiden, welche Risiken eingegangen werden und die potentiellen Konsequenzen daraus zu tragen – es fand eine Individualisierung der Verantwortung für den «richtigen» Sex statt.[95]

Die gesamtgesellschaftliche Individualisierung ging mit einer wachsenden Bedeutung subjektiver (Körper-)Grenzen und des individuellen Körpers in Beziehungen und Sexualkontakten einher. Eine gelungene, erfüllte und befriedigende Sexualität wird zum Gradmesser für Glück im Allgemeinen und Beziehungsglück im Speziellen, aber auch als Gradmesser für die eigene Emanzipation, vor allem für Frauen – ganz im Sinne der beschriebenen doppelten Anforderung an Frauen, «nett» und emanzipiert zugleich zu sein.

Gleichzeitig wäre es zu kurz gegriffen, die Geschichte der Sexualität in den letzten 30 Jahren nur unter den Vorzeichen von Individualisierungsprozessen zu beschreiben. Mindestens genauso wichtig sind die normalisierenden Aspekte und die Verschiebungen in den Selbst- und Fremdführungstechniken der Subjekte. Zudem werden durch die immer weniger auf Traditionen, Institutionen und Standesschranken beruhende Partner_innenwahl sexuelle Beziehungen im Laufe des 20. Jahrhunderts mehr und mehr emotionalisiert: Ein immer wieder zu aktualisierendes Liebesbekenntnis ist notwendig, um partnerschaftliche Beziehungen aufrechtzuerhalten und zu stabilisieren.[96] Korrespondierend dazu findet eine zunehmende Ausrichtung auf Partnerschaftlichkeit und eine «Ethik des Aushandelns» statt.[97] Die gesellschaftlichen Auseinandersetzungen um sexualisierte

94 Eitler 2007, S. 243.
95 Siehe dazu ausführlicher Beljan 2015.
96 Vgl. dazu die sehr gute Studie von Illouz und Adrian 2011.
97 Vgl. Bänziger et al. 2015, S. 15.

Gewalt haben alltägliche sexuelle Praktiken immer weiter «pazifiziert» und damit kommunikativer, rational verhandelbarer und berechenbarer gemacht. Wie bereits in der Einleitung erwähnt, sprechen Gunter Schmidt und Volker Sigusch daher seit Mitte der 1990er-Jahre von einer sich etablierenden liberalen Verhandlungs- (Schmidt) oder Konsensmoral (Sigusch).[98]

«Die Verhandlungsethik lässt sich als Kennzeichen einer Gesellschaft beschreiben, deren Mitglieder kaum mehr über Möglichkeiten verfügen, sich zur Beurteilung von sexuellen Praktiken auf normative Prinzipien zu beziehen, die der Partnerschaft vollkommen äußerlich wäre. Zugleich setzt sie zu einem ‹freien› Willen befähigte Subjekte voraus.»[99]

Die Normalisierung vormals als «pervers» geltender Sexualpraktiken geht gleichzeitig mit ihrer gesellschaftlichen Einhegung einher. Homosexualität, BDSM und andere «abweichende» Sexualitäten werden heterosexuellen Normen unterworfen und so auch vermarktet. Man denke zum Beispiel an den Bestsellererfolg von «Fifty Shades Of Grey», aber auch an die Bilder von homosexuellen Paaren, die die «Ehe für alle» propagieren sollten – als Teil weißer, akademischer Mittelschicht mit Eigenheim und Kinder(wunsch). Normalisierungsprozesse lassen Heterosexualität einerseits wie eine Identität unter vielen weiteren erscheinen, sie machen sie aber auch zur normativen Vorlage, nach der andere Identitäten nun konstruiert werden.

Die Behauptung, dass sich mittlerweile eine Verhandlungsmoral in unserer Gesellschaft herausgebildet habe, darf nicht mit der Aussage verwechselt werden, sie habe sich in den Sexualpraktiken auch tatsächlich durchgesetzt. Eine Studie der Agentur der Europäischen Union für Grundrechte (FRA) von 2014 zu Gewalt gegen Frauen kam zu dem Ergebnis, dass EU-weit mehr als jede zehnte Frau seit ihrem 15. Lebensjahr bereits sexuelle Gewalt erlebt hat, jede 20. Frau vergewaltigt wurde und über die Hälfte aller Frauen sexuelle Belästigung erlebt haben.[100] Für Männer als Betroffene sexualisierter Gewalt existieren weniger Zahlen und es liegen keine repräsentativen Studien vor.[101] Aus einer Pilotstudie im Auftrag des Bundesministeriums

98 Vgl. Schmidt 1996.

99 Bänziger et al. 2015, S. 15.

100 Bundesverband Frauenberatungsstellen und Frauennotrufe (bff) 2014, S. 3–4.

101 Einen Überblick über Studien zu Jungen als Betroffene von sexualisierter Gewalt findet sich bei Puchert et al. 2004, S. 84.

für Familie, Senioren, Frauen und Jugend von 2004 geht jedoch hervor, dass ca. jeder zwölfte Mann in Kindheit oder Jugend von sexualisierter Gewalt betroffen war.[102] Nur einzelne Männer berichteten von sexuellen Übergriffen im Erwachsenenalter, wobei die Autor_innen darauf hinweisen, dass hier «die größten Hindernisse vorzuliegen [scheinen], über entsprechende Widerfahrnisse zu berichten», wozu u.a. das Fehlen einer angemessenen Sprache und auch die «Scham der Unmännlichkeit» zählen.[103]

Im offiziellen Diskurs wird nicht-einvernehmlicher Sex also geächtet und die Bedeutung von Einvernehmen wird mittlerweile mehr und mehr in rechtlichen Regelungen anerkannt. In der sogenannten Istanbul-Konvention, ein Übereinkommen des Europarats zur Bekämpfung von Gewalt gegen Frauen von 2011, stand bereits zum Zeitpunkt der aktuellen Änderung des deutschen Sexualstrafrechts, dass alle sexuellen Handlungen «gegen den erkennbaren Willen» des Opfers unter Strafe zu stellen seien. Deutschland hat die Konvention 2011 unterschrieben und nach der Strafrechtsverschärfung 2017 ratifiziert. Die Istanbul-Konvention sieht weitergehend vor, dass das Einvernehmen aus freiem Willen erteilt werden muss und nicht lediglich die Abwesenheit von einem «Nein» meinen darf.[104] Deswegen wurden in den Auseinandersetzungen um das Sexualstrafrecht nach Köln vereinzelt auch die Forderung erhoben, nicht nur «Nein heißt Nein», sondern das weitergehende «Ja heißt Ja» im Strafrecht umzusetzen, was die Istanbul-Konvention durchaus decken würde.[105]

Parallel zu diesen Veränderungen der Rechtslage sind Grenzverletzungen und sexuelle Gewalt unter bestimmten Umständen aber immer noch weithin akzeptiert. So brachte die Eurobarometer-Umfrage, eine von der EU-Kommission jährlich in Auftrag gegebene repräsentative Umfrage zu speziellen Themen in

102 Puchert et al. 2004, S. 384.

103 Puchert et al. 2004, S. 394.

104 Europarat 11.05.2011, Art. 36 Abs. 2. «Das Einverständnis muss freiwillig als Ergebnis des freien Willens der Person, der im Zusammenhang der jeweiligen Begleitumstände beurteilt wird, erteilt werden.» Siehe dazu auch den erläuternden Bericht im gleichen Dokument, Nr. 192 und 193.

105 Z.B. Herning und Illgner 2016. Monika Frommel sieht in den strafrechtlichen Änderungen von 2016 bereits einen Wechsel hin zum «Ja heißt Ja»- Prinzip. Vgl. Frommel 2016.

den Ländern der EU, im Jahr 2016 zum Thema geschlechtsspezifische Gewalt bemerkenswerte Ergebnisse zutage: Insgesamt 27 % der Befragten vertraten die Meinung, dass nicht-einvernehmlicher Sex unter bestimmten Umständen gerechtfertigt sei. Dazu zählten unter den am häufigsten genannten Umständen der Konsum von Alkohol und Drogen (12 %), sich mit nach Hause nehmen lassen (11 %), das Tragen von freizügiger Kleidung und nicht klar genug Nein sagen (jeweils 10 %). Fast ein Drittel der Befragten (31 %) stimmte außerdem der Aussage zu, dass es wahrscheinlicher ist, dass Frauen von einem Fremden vergewaltigt werden als von jemandem, den sie kennen. Mehr als ein Fünftel (22 %) stimmte mit der Aussage überein, dass Frauen Vergewaltigungsvorwürfe oftmals erfinden oder übertreiben.[106] Die Diskussionen um Kachelmann, Lohfink und im Alltag zeigen, dass in konkreten Fällen sexualisierter Gewalt diese oftmals relativiert und geleugnet wird.

3.2 «Yes means Yes» in den USA

In den USA ist die Diskussion um «Ja heißt Ja» nicht neu und wird meist unter dem Schlagwort *Affirmative Consent* (ausdrückliche Zustimmung) verhandelt. Bereits Anfang der 1990er-Jahre wurden auf Druck der feministischen Campusgruppe «Womyn of Antioch» am Antioch-College in Yellow Springs Regelungen zur Verhinderung sexualisierter Gewalt eingeführt, die dem Prinzip ausdrücklichen Einverständnisses entsprechen.[107] Die *Sexual Offense Prevention Policy* (SOPP)[108] an dem College in Ohio legt seitdem fest, dass für jeden sexuellen Kontakt alle Beteiligten ausdrückliche Zustimmung erteilen müssen. In den Regelungen des Antioch College finden sich bereits die sechs Merkmale, die meines Erachtens das Konsensprinzip bis heute im Wesentlichen bestimmen: (1) Ausdrücklichkeit: Zustimmung muss im Vorhinein kommuniziert werden. Nonverbale Zeichen der Zustimmung oder eine *safe-word-policy* müssen im Voraus verbal vereinbart werden. Schweigen bedeutet demnach keine Zustimmung. Bewusstlose und schlafende Personen können entsprechend der Ausdrücklichkeitsanforderung ebenfalls kei-

106 Europäische Kommission 2016.
107 Vgl. Mills 2014.
108 Antioch College 2016.

ne Zustimmung erteilen. (2) Verantwortungsverlagerung: Die Person, die eine sexuelle Handlung initiiert, trägt unabhängig von der Beziehung zwischen den Beteiligten und ihrer sexuellen Geschichte die Verantwortung, die Zustimmung von allen Beteiligten einzuholen. (3) Voraussetzungsfreiheit: Konsens muss für jede sexuelle Aktivität erneut eingeholt werden. Es darf keine Zustimmung vorausgesetzt werden, die nicht explizit gegeben wurde. (4) Informiertheit: Alle Beteiligten müssen wissen, wozu konkret Zustimmung gegeben wird. Alle Beteiligten sollen daher auch sexuell übertragbare Krankheiten aufdecken. (5) Zustimmungsfähigkeit: Alle Beteiligten müssen einwilligungsfähig[109] sein. Dementsprechend können stark berauschte und betrunkene Personen nicht zustimmen, ebensowenig Personen unter einem gewissen Alter oder mit bestimmten Behinderungen. (6) Freiwilligkeit: Die Zustimmung muss freiwillig, ohne Druck und Zwang gegeben werden.

Diese verschiedenen Merkmale variieren im Diskurs um das Konsensprinzip und sind mal mehr, mal weniger stark präsent und werden mehr oder weniger streng ausgelegt. Die Frage nach der präventiven Offenlegung sexuell übertragbarer Krankheiten scheint mir im deutschsprachigen Diskurs zum Beispiel generell weniger präsent als in den USA. Auch bei der Frage nach den angebrachten Kommunikationsweisen, um Ausdrücklichkeit, Voraussetzungsfreiheit und Informiertheit sicherzustellen, gibt es zum Teil sehr unterschiedliche Vorstellungen und Handlungsanweisungen.

Während die Einführung der Präventionsmaßnahmen am Antioch College damals noch in weiten Teilen belächelt wurde[110], gibt es in den USA nun seit einigen Jahren immer wieder große öffentliche Debatten um *Affirmative Consent*. Auch innerhalb feministischer Strömungen herrscht keine Einigkeit darüber, ob *Affirmative Consent* ein effektives Konzept ist, um sexualisierte Gewalt zu verhindern.[111] Anlass für die Debatten sind v.a. die zahlreicher werdenden «Yes means Yes»-Regelungen an Colleges. Mittlerweile haben in den USA über 1.400 Institutionen der höheren Bildung Regelungen, die auf *Affirmative*

109 In der SOPP bezeichnet als «unimpaired judgment», vgl. Antioch College 2016.

110 Vgl. Mills 2014.

111 Einen guten Überblick gibt Halley 2015. Bazelon sieht in der feministischen Kontroverse um *Affirmative Consent* nichts Geringeres als einen «Return of the Sex Wars», vgl. Bazelon 2015.

Consent basieren.[112] In Kalifornien wurde *Affirmative Consent* als fester Bestandteil im Sexualkundekurrikulum an staatlichen High Schools eingeführt. Bereits seit 2014 gilt dort an öffentlichen Colleges außerdem eine *Affirmative-Consent-Regel*. Das heißt, in disziplinarrechtlichen Verfahren wegen sexueller Übergriffe wird geprüft, ob ausdrückliches Einverständnis vorlag.[113] Flankiert werden die Verordnungen an den Colleges häufig von obligatorischen Bildungsmaßnahmen, die Student_innen an Colleges während ihrer Studienzeit besuchen müssen.[114]

Die Diskussion in den USA ist dementsprechend um einiges breiter und damit differenzierter als im deutschsprachigen Raum. Zu einem großen Teil drehen sich die Debatten – wie für die USA üblich – um rechtliche Probleme.[115] Hier geht es einerseits um die Frage, ob *Affirmative Consent* die Verwirklichung grundlegender rechtsstaatlicher Prinzipien gewährleisten kann. Während bei «Nein heißt Nein», so die Argumentation, die Seite der Anklage beweisen muss, dass Nein gesagt wurde und dieses dann übergangen wurde, dreht sich die Beweislast – als Folge der Verantwortungsverlagerung – im Falle von «Ja heißt Ja» um: Nun muss der_die Beschuldigte nachweisen, ausdrückliches Einverständnis eingeholt zu haben. Damit stehe die Unschuldsvermutung – jemand ist so lange unschuldig, bis das Gegenteil bewiesen wurde – grundsätzlich zur Disposition:

«Der oder die Beschuldigte beweist nur, dass er/sie ‹angemessene Schritte [unternommen hat] … um sicherzustellen, dass der Kläger ausdrücklich zustimmte›.»[116]

Diese Beweislastumkehr ist meines Erachtens aber genau eines der Ziele von Vertreter_innen von *Affirmative Consent*. Da es sowieso äußerst schwierig ist, sexuelle Übergriffe nachzuweisen, weil es oftmals keine Zeug_innen gibt und Aussage gegen Aussage steht, sind die Verfolgungs- wie auch Verurtei-

112 Vgl. Keenan 2015.

113 Ähnliche Beispiele sind «Yes means Yes»-Regelungen an staatlichen Colleges im Bundesstaat New York. Andere Bundesstaaten wollen ähnliche Regelungen erlassen. Vgl. Medina 2015. In Michigan gehört *Affirmative Consent* als sexueller Standard obligatorisch zum Unterrichtsinhalt. Vgl. Friedman 2015.

114 Vgl. León und Jackson 2015.

115 Vgl. Shulevitz 2015, einen Überblick gibt Halley 2015.

116 Young 2014 «[The accused] just demonstrate that he (or she) took ‹reasonable steps … to ascertain whether the complainant affirmatively consented›.».

lungsrate sehr gering[117]. Die Einsetzung von *Affirmative Consent* wird als ein Weg betrachtet, diese Raten zu erhöhen.[118] Damit korrespondiert, dass die neuen Regelungen für Colleges vorschreiben, die niedrigste Anforderung an den Beweis der Schuld zu knüpfen, nämlich «preponderance of evidence» – die Wahrscheinlichkeit, dass Schuld vorliegt, muss überwiegen. Das heißt, sobald die Wahrscheinlichkeit, dass der Verdächtige schuldig ist, bei 51 Prozent liegt, gilt seine Schuld als bewiesen. Zum Vergleich: Strafgerichte in den USA (und ähnlich auch in Deutschland) erachten die Schuld erst «beyond a reasonable doubt» als erwiesen – also nur dann, wenn kein begründeter Zweifel mehr besteht. Eine sehr viel höhere Anforderung, die dem Grundsatz «im Zweifel für den Angeklagten» entspricht.

Auch wenn es bei Campusregelungen lediglich um den zivilrechtlichen Bereich geht, können die Konsequenzen weitreichend sein, wenn man als schuldig befunden wird: Bei einem Verstoß gegen die SOPP am Antioch College drohen im schlimmsten Fall disziplinarrechtliche Konsequenzen einschließlich Verlust der Campusunterkunft, Zwangstherapie, Suspendierung und Exmatrikulation. In weniger ernsten Fällen können Trainings, Kontaktverbote, Platzverweise von bestimmten Campusbereichen u.Ä. verhängt werden. Die Regelungen des Antioch College gelten dabei für alle sexuellen Aktivitäten, die auf dem Campus stattfinden und für sexuelle Aktivitäten zwischen Student_innen des Colleges auch außerhalb des Campus. Aufgrund der rechtsstaatlichen Bedenken hat die Harvard Law School mittlerweile spezielle Regelungen erlassen, um beiden Seiten eine Chance auf einen fairen Prozess zu geben. So wird Beschuldigten beispielsweise ein Anwalt gestellt, wenn sie sich selbst keinen leisten können.[119]

Neben der sogenannten Beweislastumkehr und den prinzipiellen Beweisschwierigkeiten werden weitere juristische Prob-

117 Verschiedene Studien kommen zu dem Ergebnis, dass zwischen 95 % und 85 % aller stattgefundenen Vergewaltigungen in Deutschland nicht angezeigt werden. In 8 bis 15 % der angezeigten Fälle von Vergewaltigung findet eine Verurteilung statt. Vgl. Bundesverband Frauenberatungsstellen und Frauennotrufe (bff) o.A. und Britzelmeier 2016. In den USA werden schätzungsweise nur ein Viertel bis ein Drittel aller Vergewaltigungen angezeigt. Von diesen kommt es in 8 % der Fälle zur Anklage, in 3 % Fälle wird ein Prozess eröffnet und 2 % der Angeklagten werden verurteilt. Vgl. Schneider 2009, S. 813–814.

118 Vgl. Yoffe 2017b.

119 Vgl. Bazelon 2015.

leme im US-Diskurs thematisiert: Die Gefahr von Falschbeschuldigungen ist ein Thema, das auch immer wieder in Debatten um sexualisierte Gewalt in Deutschland wie zur jüngsten Verschärfung des Sexualstrafrechts eine Rolle gespielt hat. Hinter dem Argument steckt einerseits die misogyne Vorstellung, dass Frauen den Vorwurf sexualisierter Gewalt benutzen würden, um sich an ihren Ex-Freunden oder anderen Männern zu rächen und ihnen Macht und Kontrolle zu nehmen. Im Zusammenhang mit der bereits beschriebenen Beweislastumkehr stellt eine Falschbeschuldigung *rein theoretisch* im Kontext von *Affirmative Consent* jedoch tatsächlich eine Gefahr dar, da es für die Beschuldigten schwieriger ist, ihre Unschuld zu beweisen.

In den USA gibt es ebenfalls eine marginale Auseinandersetzung darum, welche Effekte «Yes means Yes» angesichts von Rassismus im Rechtssystem für z. B. beschuldigte People of Color haben kann.[120] Der Schwarze Mann, der weiße Frauen vergewaltigt, ist ein tief verankertes Bild aus Zeiten des Kolonialismus und der Sklaverei, das hier einen ungleich stärkeren Effekt haben kann:

«Da die Definition von sexuellem Übergriff, die Colleges verwenden, breiter und unschärfer geworden ist, scheint es sicherlich möglich, dass unbewusste Vorurteile manche Frauen dazu bewegen könnten, eine später bereute sexuelle Begegnung mit einem *man of different race* als Übergriff zu betrachten. Und da die Anforderungen an den Beweis eines Übergriffs herabgesetzt wurden, scheint es wahrscheinlich, dass diese Vorurteile, zusammen mit dem Mangel an Ressourcen, der viele Studierende einer Minderheit auf dem Campus betrifft, systematisch *men of color* in Urteilen benachteiligt.»[121]

Leider gibt es kaum offizielle Statistiken über die Prozesse an den Colleges, die eine Überrepräsentation von *men of color* als Beschuldigte in solchen Prozessen belegen könnten. Stattdessen wird vor allem auf Erfahrungswerte von Mitarbeiter_innen,

---

120 Vgl. bspw. Bazelon 2015; Yoffe 2017a; Murphy 2015; Traister 2015.

121 Yoffe 2017c «[A]s the definition of sexual assault used by colleges has become wider and blurrier, it certainly seems possible that unconscious biases might tip some women toward viewing a regretted encounter with a man of a different race as an assault. And as the standards for proving assault have been lowered, it seems likely that those same biases, could with the lack of resources held by many minority students on campus, might systematically disadvantage men of color in adjudication.»

die mit solchen Fällen zu tun haben, zurückgegriffen. Es wurden aber auch bereits mehrere Klagen gegen Colleges wegen rassistischer Diskriminierung von Beschuldigten in Prozessen wegen sexueller Übergriffe bekannt. Aufgrund einer solchen Klage wurden statistische Zahlen der Colgate University, einem privaten Liberal Arts College in New York State, veröffentlicht: Demnach waren im akademischen Jahr 2013–2014 die Hälfte aller Beschuldigten schwarze männliche Studenten, bei einem Anteil von 4,2 Prozent schwarzer Student_innen an der Gesamtzahl der Studierenden.[122]

Diskussionen in den USA finden aber auch jenseits dieser juristischen Fragen statt. So herrscht unter US-amerikanischen Liberalen in Bezug auf «Yes means Yes» eine grundsätzliche Skepsis gegenüber staatlichen Eingriffen in die Intimbeziehungen der Bürger_innen. Von verschiedenen Seiten, und zwar auch von einigen Feminist_innen, wird die Befürchtung geäußert, dass hier Regelungen von Seiten der Regierung geschaffen werden, die moralische Standards für sexuelle Begegnungen setzen:

«Viele Feminist_innen sagen, dass es beim ausdrücklichen Einvernehmen nicht darum geht, die Erlaubnis zu bekommen, sondern darum, sicherzustellen, dass sexuelle Begegnungen auf wechselseitigem Verlangen und Begeisterung beruhen. Niemand könnte einem solchen Ziel widersprechen. Aber die Regierung vorgeben zu lassen, wie Menschen sich in sexuellen Begegnungen verhalten sollen, ist sicher nicht der richtige Weg.»[123]

Die Argumentation hebt meist darauf ab, Einvernehmlichkeit zwar auf gesellschaftlicher Ebene als wichtigen Teil von Sexualkultur zu verankern, aber dies nicht mit repressiven Mitteln durchzusetzen, sondern mit Bildungsmaßnahmen, Trainings usw.

Ein weiterer Diskussionsstrang, der auch in diesem Buch weiterverfolgt werden wird, setzt sich mit der Frage auseinander, inwiefern Geschlechterverhältnisse, *rape culture* und (hetero-)sexuelle Skripte eine effektive Anwendung von *Affirmative Con-*

122 Vgl. Yoffe 2017c.

123 Bazelon 2015 «Many feminists say that affirmative consent is not about getting permission but about making sure sexual encounters are based on mutual desire and enthusiasm. No one could oppose such a goal. But having the government dictate how people should behave in sexual encounters is hardly the way to go about it.»

sent verhindern können.[124] Die Diskussionen werden auch um intersektionale Perspektiven erweitert. So wird in einem Artikel in einer Collegezeitung konstatiert, dass ein Ja, «das von der Kultur, in der wir aufgewachsen sind, und den Machtsystemen, die auf uns wirken, erzwungen ist»[125], auch Nein heißen kann: «Konsens ist ein Privileg und es wurde geschaffen für eine wohlhabende, heterosexuelle, cis, weiße, westliche, Männlichkeit ohne Behinderung. Wenn die Gesellschaft manche von uns gelehrt hat, so wenig Platz wie möglich einzunehmen, jede Aufmerksamkeit als schmeichelhaft aufzufassen, und wahrlich dankbar zu sein, dass überhaupt irgendjemand unsere Körper oder Liebe wollen könnte, haben wir nicht immer die Wahl, Ja zu sagen. [...] Wir können Konsens nicht für alle zugänglich machen, wenn wir nicht gleichzeitig diese Strukturen durchbrechen.»[126]

Die Autorin Jordan Bosiljevac wirft hier die Frage auf, inwiefern Zustimmung innerhalb gesellschaftlicher Machtverhältnisse überhaupt gültig sein kann. Einvernehmen basiert im Wesentlichen auf der Idee, dass das Verhältnis zwischen den Beteiligten auf Gleichheit beruht und sie ihr Nein bzw. Ja frei geben können. Die historischen Wurzeln dieser Konzeptualisierung von Einverständnis liegen in der liberalen Vertragstheorie.[127]

3.3 Das Zustimmungskonzept im deutschsprachigen Raum

Wie bereits angedeutet, sind die Debatten zu «Ja heißt Ja» im deutschsprachigen Raum lange nicht so breit und auch nicht so ausdifferenziert. Das Zustimmungskonzept findet seit etwa zehn Jahren immer mehr Verbreitung und ist mittlerweile Gegenstand kontroverser Diskussionen in Blogs, Texten und diversen weiteren Publikationen auch über (queer-)feministische

---

124 Vgl. Eschbach 2015; Lockhart 2015; Keenan 2015.

125 Bosiljevac 2015.

126 Bosiljevac 2015 «Consent is a privilege, and it was built for wealthy, heterosexual, cis, white, western, able-bodied masculinity. When society has taught some of us to take up as little space as possible, to take all attention as flattery, and to be truly grateful that anyone at all could want our bodies or love, it isn't always our choice to say yes. [...] We cannot make consent available to all if we are not simultaneously disrupting these structures.»

127 Vgl. MacKinnon 2016, S. 456–459.

Kontexte hinaus. Darüber hinaus gibt es auch eine gewisse Anzahl an journalistischen Artikeln in deutschen Medien, die sich anlässlich internationaler Gesetzgebungen (USA, aber auch Schweden und Großbritannien) mit ausdrücklichem Einverständnis – meist eher kritisch – auseinandersetzen. Im Gegensatz zum dargestellten US-Diskurs werden hier weniger stark rechtsstaatliche Bedenken angeführt, als vielmehr die sich daraus ergebende Veränderung der Sexualpraktiken moniert. Ende 2017 verschärfte Schweden das Sexualstrafrecht. Seitdem ist nicht-einvernehmlicher Sex strafbar:

«Wenn eine Person weder mit Worten noch mit eindeutigen Gesten seine Zustimmung zu sexuellen Handlungen gegeben hat, wird die Nötigung dazu illegal.»[128]

Die «Welt» bezeichnete Schweden nach Einführung dieser Regelung daraufhin als «das unromantischste Land der Welt, gleich hinter Saudi-Arabien und dem Iran»:

«Wer Sex will, muss den Plänen zufolge zwar nicht die Familie um Einwilligung bitten und die Person zuvor heiraten, wie es die Scharia vorsieht. Erforderlich ist aber ein für beide Seiten deutliches Ja zum Geschlechtsakt.»

In vielen Medien dominierte die Vorstellung, dass nun vorheriges Einverständnis eingeholt werden müsse – «am besten schriftlich» – und dies die Stimmung kaputt mache. Durch die überzeichnete Darstellung des Einverständnisses als bürokratischen Akt im Bett wird das Einholen von Einverständnis an sich lächerlich gemacht. In einigen Artikeln sorgte es für besondere Empörung, dass Einverständnis «sogar» in der Ehe, also «selbst bei der eigenen Ehefrau» vorliegen müsse.[129] An der Hervorhebung der Widersinnigkeit von «Ja heißt Ja» innerhalb der Ehe wird deutlich, wie widersinnig die Autor_innen vor allem die Vorstellung finden, dass Ehemänner nicht jederzeit Sex mit ihrer Ehefrau haben dürften.

Ein immer wieder vorgebrachtes Argument gegen die Verschärfung des Sexualstrafrechts ist auch in Deutschland die Gefahr der Falschbeschuldigung. Was jedoch als Falschbeschuldigung gelten würde, ist unklar. Es gibt kaum wissenschaftliche Studien, die Zahlen zu Falschbeschuldigungen in Fällen sexualisierter Gewalt fundiert belegen können. Für Deutschland wer-

---

128 Übersetzung aus Schuberth 2017.
129 Z. B. Anwar 2017; o.A. 2017b.

den gemeinhin Zahlen zwischen 2 und 4 Prozent benannt.[130] Meines Erachtens sind Zahlen hier aber auch nicht unbedingt relevant. Mit dem Wissen um gesellschaftlich wirksame «Vergewaltigungsmythen» lässt sich verstehen, dass das Argument der Falschbeschuldigungen vor allem dazu dient, Vergewaltigungen nicht als solche anzuerkennen. Hinter dem Vorwurf der Falschbeschuldigung steht meines Erachtens letzten Endes oftmals die Diskussion, was überhaupt als Vergewaltigung gelten soll. Im Fall Gina-Lisa Lohfink, der 2016/2017 vor Gericht verhandelt wurde, stand zur Debatte, ob Sex mit einer zu berauschten Person und Sex, der gegen den Willen der Betroffenen auf Video aufgezeichnet wird, eine Vergewaltigung sei. Das Gericht sprach die Angeklagten frei und verurteilte Gina-Lisa Lohfink zu einer Geldstrafe wegen falscher Verdächtigung. Auf dem Video, das Lohfink mit zwei Männern beim Sex zeigt, war mehrmals zu hören gewesen, wie sie «Hör auf» sagt.[131] Durch den Fall bekam die «Nein heißt Nein»-Debatte um die die Verschärfung des Strafrechts nochmals Aufwind.

Die Argumente kreisten in der medialen Debatte im deutschsprachigen Raum weniger darum, inwiefern Einvernehmen durch ein Konsensprinzip gewährleistet werden kann, sondern implizit um die grundlegendere Frage, ob Einvernehmlichkeit überhaupt ein wichtiges Ziel darstellt oder nicht eigentlich lustvollem Sex entgegensteht, weil es die Stimmung tötet. Eine emanzipatorische Kritik an ausdrücklichem Einverständnis im deutschsprachigen Kontext muss sich von einer solchen Stoßrichtung abgrenzen.

Abgesehen von diesen öffentlichen Debatten werden insbesondere innerhalb (queer-)feministischer Zusammenhänge mit dem «Zustimmungskonzept» Handlungsanweisungen for-

---

130 Vgl. dazu auch Weiser 2017; Lind 2015. Eine Studie des bayrischen Landeskriminalamtes von 2005 kommt zu dem Ergebnis, dass 7,4 % aller angezeigten Vergewaltigungen auf Falschbeschuldigungen basieren. Dies bedeutet unter Berücksichtigung der Dunkelfeldforschung, dass auf eine Falschbeschuldigung ca. 38 bis 125 tatsächlich geschehene Vergewaltigungen kommen, vgl. Lenz 2010. Der Bundesverband Frauenberatungsstellen und Frauennotrufe (bff) o.A. zitiert die Studie von Seith et al. 2009, die 100 Fälle in Deutschland untersucht haben. Als Falschbeschuldigungen gelten hier nur solche, die gerichtlich nachgewiesen werden konnten. Sie kommen auf eine Quote von drei Prozent für angezeigte Vergewaltigungen.

131 Bundesverband Frauenberatungsstellen und Frauennotrufe (bff) o.A.; o.A. 2017a.

muliert, wie ausdrückliches Einverständnis in der Praxis konkret umgesetzt werden kann. Dabei wird zum Teil eine recht strenge, dogmatische Variante vertreten, das auf klare, verbale Kommunikation und starke Verregelung setzt.[132] So sagt die Macherin der Webseite «wirliebenkonsens.com» in einem Interview mit der Mädchenmannschaft, dass es «sehr wichtig ist [...], nur verbalisierte Zustimmung als Zustimmung zu interpretieren (im Gegensatz zu nonverbaler Kommunikation)».[133] Nonverbale Zeichen der Zustimmung, damit könnten beispielsweise «Kärtchen auf dem Nachttisch» gemeint sein, gelten nur dann als wirkliche Zustimmung, wenn darüber vorher eine verbale Absprache erfolgt ist.[134] Als Negativfolie fungiert der Sex, der nicht nach dem Konsensprinzip erfolgt, und der dann oftmals gleich in die Nähe von Grenzverletzung oder sexualisierte Gewalt gerückt wird. Denn «durch Reden erfährst Du, wie weit dein Gegenüber gehen möchte und kannst potentiellen Grenzverletzungen vorbeugen».[135] In einem Video des YouTube-Kanals «Konsens in der Praxis» werden aber auch Erfahrungen mit selbst gewollten Überschreitungen eigener Grenzen thematisiert. Dabei wird keine so starke Trennlinie zwischen Konsens und Grenzverletzung gezogen.[136] Es werden also auch differenzierte und flexiblere Versionen vertreten, die Machtverhältnisse und Schwierigkeiten in der Umsetzung mitreflektieren und sich auch explizit gegen eine (zu starke) Verregelung von Sexualpraktiken aussprechen.[137]

Das Zustimmungskonzept wird im deutschsprachigen Raum innerhalb linker und/oder feministischer Kreise aber auch kritisiert.[138] So bezeichnet Paulette Gensler das Konsensprinzip in den Jungle World als «Fragenkatalog mit Vertragscharakter» und «linken Moralkodex», der jegliche Spontanität verhindere. Sie plädiert für eine Sexualität, die nicht die gesamte Zeit über in vollem Bewusstsein stattfindet, da dies einer «Sportveran-

132 Einige Beispiele hierfür sind wirliebenkonsens 2010; Wiesental 2017; Helga 2011; st_eve 2008; onyx 2012; Unterstützer_innengruppe DEFMA o.A..

133 Helga 2011, ähnliche Tendenzen zu verbalem Fragen als alleinige gültige Form der Kommunikation auch in den Videos von «Konsens in der Praxis» bei Jules 2017b; blu* 2017; Toni 2017.

134 Ähnlich auch bei blu* 2017, ab 6:50'.

135 Unterstützer_innengruppe DEFMA o.A.

136 Vgl. Jules 2017a, ab 5:30›.

137 Vgl. Kern 2018.

138 Z.B. Heider 2016 und Röggla 2015.

staltung» gleiche. Vielmehr ist ein Sinn und Zweck von Sex die Grenzüberschreitung im positiven Sinne, nämlich «sich bis zu einem gewissen Grad als autonome Person zu negieren und als Objekt zu fühlen».

Insgesamt ist das «Ja heißt Ja»-Prinzip im deutschsprachigen Raum ein eher marginales Konzept. Der erwähnte Youtube-Kanal hat pro Video beispielsweise lediglich zwischen 300 und 900 Aufrufe (Stand Oktober 2018). Ob und wie häufig das Zustimmungskonzept in der Praxis tatsächlich Anwendung findet, bleibt offen. Es ist jedoch schon so, dass das Konzept in feministischen, queeren und linksradikalen Kreisen zumindest präsent ist – durch Plakate in den entsprechenden Szenetreffs und immer mal wieder stattfindende Konsens-Workshops.

4. Das autonome Selbst: Anforderungen an eindeutige und unmissverständliche Kommunikation

Nach dem Konsensprinzip darf eine sexuelle Handlung erst dann beginnen, wenn vorher die ausdrückliche Zustimmung aller Beteiligten vorliegt. Damit die Beteiligten wissen, dass es losgehen kann, ist somit ein kommunikativer Akt erforderlich, der über die gegebene Zustimmung in Kenntnis setzt. Sexuelle Kommunikation ist also entscheidend für eine erfolgreiche Umsetzung des «Ja heißt Ja»-Prinzips. Viele Diskussionen kreisen daher um die Frage der richtigen Kommunikation: Wie kann Einverständnis effektiv ausgedrückt werden?

Mit der Fokussierung auf Kommunikationsweisen wird einerseits so getan, als sei Kommunikation zwischen Partner_innen als solche herrschaftsfrei möglich:

«Während medial vermittelte Kommunikation als einseitig und tendenziell vermachtet beschrieben wurde, schien das face-to-face geführte Gespräch das Potential der Herrschaftsfreiheit und der Selbstbefreiung zu bergen.»[139]

Es wird stillschweigend mehr oder weniger davon ausgegangen, dass die Institutionalisierung sexueller Kommunikation einen Zugewinn an Rationalität und Gleichheit bedeuten würde. Diese Ideen rekurrieren auf eine Ethik des Aushandelns, wie sie sich seit der Generation der 68er mehr und mehr etablieren und dabei die Macht- und Herrschaftsgefälle zwischen den Argumentierenden «besonders geschickt verschleiern».[140] Dabei werden neue Normen institutionalisiert, wie Kommunikation abzulaufen habe, um befreiend und demokratisch zu sein. Das Zustimmungskonzept trifft diverse normative Aussagen darüber, wann (vor jeder neuen sexuellen Handlung), wie (sexy) und durch wen (den intiierenden Part) gefragt werden

139 Verheyen 2015, S. 192.
140 Vgl. Verheyen 2015, 184 und 191.

und wie am besten geantwortet werden soll. Dadurch werden aber gesellschaftliche Normierungen nicht etwa unterlaufen, wie das Konsensprinzip es anstrebt, sondern vielmehr durch Selbstführung der Beteiligten neu ins Werk gesetzt.

Die Kommunikationsvorschläge innerhalb des Konsensprinzips führen daher meines Erachtens nur begrenzt zu dem gewünschten Effekt, nämlich der Vorbeugung von Grenzverletzungen und sexualisierter Gewalt. Dazu werde ich auf drei Punkte näher eingehen: (1) Voraussetzungsfreiheit und Informiertheit als Merkmale von Kommunikation nach dem «Ja heißt Ja»-Prinzip sollen dazu beitragen, heteronormative sexuelle Skripte zu unterlaufen. Eben jene Skripte produzieren jedoch (Selbst-)Zwänge, die eine veränderte Kommunikationsweise in den meisten Fällen nicht aufheben kann. Vielmehr werden diese durch eine vermeintlich herrschaftsfreie Kommunikation verschleiert. (2) Der Anspruch, möglichst eindeutig zu kommunizieren, mündet oftmals in der Position, Zustimmung direkt und verbal einzuholen und auszudrücken. Dies ignoriert jedoch soziale Konventionen der Alltagskommunikation und die potenzielle Verletzbarkeit der Beteiligten. (3) Die Fokussierung auf Klarheit und Eindeutigkeit der Kommunikation geht davon aus, dass Missverständnisse eine häufige Ursache für Grenzverletzungen und sexuelle Gewalt darstellen. Diese These begünstigt rechtfertigende Narrative von Täter_innen, die behaupten, nicht verstanden zu haben, dass sie eine Grenzverletzung begehen.

4.1 Voraussetzungsfreiheit und Informiertheit

Ein wesentliches Argument, das zugunsten des Konsensprinzips vorgebracht wird, ist die Verschiebung der angenommenen Ausgangslage: Während beim Grundsatz «Nein heißt Nein» von Zustimmung ausgegangen wird, so lange keine Person widerspricht oder gar Widerstand leistet, ist dies beim Zustimmungskonzept genau anders herum: Bis es zu ausdrücklicher Zustimmung kommt, wird von einem Nein ausgegangen. Im Sinne eines Rechts auf körperliche Autonomie und sexuelle Selbstbestimmung soll das Einverständnis zum Körperkontakt nicht vorausgesetzt werden, da er nicht immer erwünscht ist.

Dies gilt auch in langjährigen Beziehungen, in denen sich schon vieles eingespielt hat und daher oft unkommuniziert bleibe. So heißt es im Kompass-Handbuch, einem Ratgeber im Falle von sexualisierter Gewalt:

«Auch für Menschen, die du schon lange kennst und denen du nahe stehst, gilt das Gleiche [Zustimmung einholen, RT]. Hier ist nur oftmals eine Erschwernis, dass Vieles routiniert abläuft. Die Begrüßungsumarmung, bei U-Bahn-Fahrten die Hand auf dem Knie: Dieser ganze Körperkontakt, der irgendwie beiläufig stattfindet. Seit langer Zeit eingependelt und dadurch vermutlich nicht oft besprochen. Das ist zwar auf eine schöne Art vertraut, aber seltenst jedes Mal aufs Neue ein enthusiastisch kommunizierter Konsens.»[141]

Die Anforderung, «jedes Mal aufs Neue» Einverständnis einzuholen, kann auch als «Voraussetzungsfreiheit» bezeichnet werden: man solle «voraussetzungsfrei bleiben und sicher gehen, dass alles, was ihr untereinander ausgemacht habt und wie ihr zueinander steht noch aktuell ist».[142] Die Logik folgt der des kleineren Übels: Lieber berühre ich eine Person einmal weniger und verzichte auf Spontanität, stelle dafür aber sicher, dass ich keine Grenze verletze, indem ich vorher nachfrage. Im Sinne einer Vermeidung unerwünschter Grenzüberschreitungen ist das erst einmal nachvollziehbar. Was ergibt sich daraus, wenn *vor* jeder neuen sexuellen Handlung ausdrückliche Zustimmung einzuholen ist?

Menschen müssen dann *im Voraus* entscheiden, welchen Berührungen etc. sie zustimmen und welchen nicht. Daraus ergibt sich wiederum der Anspruch, dass Zustimmung nur dann gültig ist, wenn sie informiert ist. Die Idee der informierten Zustimmung kommt ursprünglich aus der Medizinethik und betrifft die informierte Zustimmung von Patient_innen zu an ihnen vorgenommenen, medizinischen Eingriffen.[143] Die Person, von der Zustimmung erbeten wird, soll also wissen, *wozu genau* sie ihr Einverständnis erklärt.

«Konsens schließt ein, dass beide wissen um was es jeweils geht, wenn die Entscheidung für oder gegen etwas getroffen wird. ‹Darf ich?› ist also keine Frage, die klar genug formuliert

141 N. 2013, S. 29.
142 N. 2013, S. 30.
143 Für einen Überblick zur Geschichte informierter Zustimmung siehe auch O'Shea 2011.

ist. Konsens zu bekommen dagegen schon: z. B. ‹Darf ich dir einen Zungenkuss geben?›»[144]

Daraus entstehen gleich mehrere Fragen: Wie detailliert muss die Handlung beschrieben werden und wann beginnt eine neue sexuelle Handlung, die ein erneutes Einholen von Zustimmung erforderlich macht? Bedeutet das Ja einer Person auf die oben genannte Frage die Zustimmung zu einem Zungenkuss und muss dann vor jedem weiteren Kuss erneut gefragt werden? Oder bedeutet das für die sexuelle Begegnung eine prinzipielle Zustimmung zum Zungenküssen? Informiertheit bedeutet für viele Vertreter_innen ausdrücklichen Einverständnisses ersteres:

«Außerdem ist Zustimmung zu etwas immer nur Zustimmung zu dieser einen Sache. Wenn du fragst, ob ein Kuss toll ist und du bekommst Zustimmung, ist das nicht als ‹sexuelle Sachen sind grad angebracht› zu sehen, sondern nur als Zustimmung zu diesem Kuss.»[145]

Aus dem Anspruch an Informiertheit wird also die Forderung abgeleitet, dass für jede neue sexuelle Handlung Zustimmung einzuholen sei. Dabei gibt es unterschiedliche Verständnisse darüber, wann eine neue sexuelle Handlung beginnt. Die Unterstützer_innengruppe DEFMA schreibt auf ihrem weitverbreiteten Plakat zum Zustimmungskonzept, dass dies jeweils subjektiv verschieden ist:

«Zustimmung wird als das freiwillige und ausdrückliche Einverständnis aller Beteiligten zu einer spezifischen sexuellen Handlung definiert. Ab wann genau eine sexuelle Handlung beginnt, wird sehr subjektiv wahrgenommen, daher: besser zu viel als gar nicht fragen.»[146]

Die Frage, wann eine neue sexuelle Handlung beginnt und wie kleinteilig hier vorgegangen werden müsse, wird in Blog-Kommentaren kontrovers diskutiert.[147] Während einige dafür plädieren, dass Zustimmung zu einer bestimmten Berührung auch Zustimmung zu Handlungen, die gemeinhin als ähnlich intim empfunden werden, impliziere (z. B. Küssen und durchs Haar streichen), kritisieren andere dies als normative Setzung,

---

144 wirliebenkonsens 2010 (Fehler im Original). Informiertheit ist auch bspw. Thema im Interview mit Jules 2017a ab ca. 2:15' .

145 wirliebenkonsens 2010.

146 Unterstützer_innengruppe DEFMA o.A.

147 Vgl. bspw. Diskussionen unter dem Beitrag von st_eve 2008.

die davon ausgeht, dass bestimmte Körperzonen für Menschen eine ähnlich intime Bedeutung haben.[148]

Danach wäre nur dann «wirkliche» Voraussetzungsfreiheit gegeben, wenn keinerlei Annahmen über unterschiedliche «Intimitätslevel» sexueller Handlungen vorliegen würden. Die Begriffe «Schritt», «Level» oder «Niveau» finden in diesem Zusammenhang häufiger Verwendung. So wird beispielsweise eine Referentin für schulische sexuelle Bildung in den USA folgendermaßen zitiert:

«Wir versuchen ihnen ausdrücklich zu zeigen, dass Sex einen Dialog beinhalten muss, [...] Dass sie darüber reden müssen, *bei jedem Schritt, den sie gehen.*»[149] (Hervorhebung durch RT)

«Jeden Schritt den sie gehen» setzt voraus, dass es sich bei sexuellen Handlungen um einen Weg von A nach B handeln würde, auf dem unterschiedliche, bereits festgelegte und voneinander abgrenzbare Schritte zurückgelegt werden. Solche und ähnliche Formulierungen werden in vielen Texten zum Zustimmungskonzept problematisiert, da sie von bestimmten (hetero-)sexuellen «Skripten» ausgingen, die aber gerade Teil des Problems seien:[150]

«Konsens ist sexy, weil Sexualität dynamisch und lebendig ist. Es fühlt sich nicht immer das Gleiche toll an, jeder Moment ist anders und neu. Festgelegte Skripte werden dem nur selten gerecht.»[151]

Die Theorie sexueller Skripte geht davon aus, dass Sexualität sozial erlernt ist. Im Wesentlichen heißt das, dass Menschen kulturell vermittelt bekommen, was überhaupt als sexuell gilt, was angemessenes sexuelles Verhalten beinhaltet und wie man in sexuellen Begegnungen vorgeht.[152] Diese Skripte werden von den Einzelnen internalisiert, angepasst und können dann in sexuellen Begegnungen Anwendung finden.[153] Für heterosexuelle

148 Vgl. dazu auch Montanaris Überlegungen zur Grenze als räumliche Metapher der Nähe: Montanari 2017, S. 35.

149 Medina 2015 «We're trying to show them very explicitly that sex has to include a dialogue, [...] that they have to talk about it each step of the way.»

150 Vgl. bspw. die Diskussionen unter dem Beitrag von st_eve 2008.

151 wirliebenkonsens 2010.

152 Jozkowski et al. 2014, S. 905.

153 Vgl. Frith und Kitzinger 2001, S. 210 und dort auch die kritische Diskussion dieser Theorie.

Kontakte gilt gemeinhin ein traditionelles Skript, dessen Dynamik eine Situation schafft,

«in der von Männern erwartet wird, Frauen nach ihrer Einwilligung zu fragen, von den Frauen wird erwartet, dass sie den Sex ablehnen, zumindest anfangs, und Männer sollen solche Ablehnungen ignorieren und weiterhin das Ziel einer sexuellen Begegnung verfolgen».[154]

Trotz der Geschlechterstereotype, die diese Art von Skript suggeriert, stellen Studien fest, dass auch Frauen durchaus Sex initiieren und Männer Zustimmung geben.[155] Voraussetzungsfreiheit und die sich daraus ergebende Informiertheit sollen derart normative Vorstellungen von Sexualität aufbrechen, indem sie jegliche «Schritte» individuell verhandelbar machen. Eine voraussetzungsfreie Kommunikation und die Pflicht, eine informierte Entscheidung zu treffen, so das Ideal, würden den Raum öffnen, um eigene, individuelle Wünsche zu erkennen, zu artikulieren, mit der anderen Person zu verhandeln und – nach gegebenenfalls erfolgter Einigung – zu erfüllen.

Ich möchte an dieser Stelle aber stattdessen argumentieren, dass genau jene «Skripte» eine voraussetzungsfreie Kommunikation schwierig machen. Obwohl die Vorschläge zum Einholen einer informierten Entscheidung bei jeder neuen sexuellen Handlung die Existenz heteronormativer Vorstellungen von Sexualität reflektieren und unterlaufen wollen, wird ihrer Wirkungsweise nur unzureichend Rechnung getragen.

Ausgangspunkt für die Forderung nach Voraussetzungsfreiheit und Informiertheit ist hier die Vorstellung von einem sexuellen Subjekt, das ein «wahres», von Herrschaft befreites Inneres habe, dass es hervorzuholen gelte, um «voraussetzungsfrei» zu ergründen, welche Wünsche es hat. Durch die voraussetzungsfreie Aushandlung zwischen den Beteiligten entstünden so individuelle sexuelle Begegnungen, in denen als Ergebnis «genau das passiert»[156] was sie wollen, also frei von irgendwelchen erlernten Skripten. Dabei werden die Skripte als den Einzelnen äußerlich gedacht, also als von außen aufgezwungen. In der Denkweise des Zustimmungskonzepts

154 Jozkowski et al. 2014, S. 905 «... in which men are expected to ask women for their consent, women are expected to refuse sex, at least initially, and men are expected to ignore such refusals and continue to pursue a sexual encounter.»

155 Vgl. Jozkowski et al. 2014, S. 905.

156 N. 2013, S. 28.

könnten die Skripte daher abgelegt werden, wenn vor jeder einzelnen Handlung gefragt und ausgehandelt wird, was als nächstes dran ist.

Verschiedene Studien sind zu dem Ergebnis gekommen, dass v.a. Frauen allein dadurch, dass sie sich in eine bestimmte Situation begeben haben, die Ablehnung von Sex als schwierig bis unmöglich empfinden.[157] So beschreibt die Teilnehmerin einer Studie, dass sie es zum Beispiel bereits als gegebenes Einverständnis zum Sex betrachtete, mit einem Jungen allein dessen Wohnung zu betreten:

«Naja, die Tatsache, dass ich da war und dass ich meiner Freundin nicht sagte, sie solle mich heimbringen oder einem der Typen, die nüchtern waren, dass sie mich heimbringen, weißt du ... Irgendwie weil ich kein großes Ding daraus gemacht habe, dass ich da halt allein mit ihm war ... weißt du, weil ich geblieben bin und nichts zu der komischen Situation gesagt habe, da mit einem Typen allein zu sein, den ich eben zweimal davor getroffen habe, das war irgendwie so, wie der Sache zuzustimmen.»[158]

Den darauffolgenden Sex betrachtete sie aus diesem Grund nicht als Vergewaltigung, obwohl sie im Verlauf der Begegnung sogar Nein sagte. Dies scheinen aber sogar recht wenige Frauen zu tun: Wenn Frauen flirten, bestimmten körperlichen Kontakt zulassen oder selbst initiieren, im Auto eines Jungen mitfahren, sich von ihm nach Hause bringen lassen, sich Drinks ausgeben lassen u. Ä. kann dies dazu führen, dass sie sich zu sexuellen Handlungen verpflichtet fühlen.[159] Sie beschreiben dies häufig wie einen *point of no return* – ein Punkt, an dem sie nicht mehr zurück können, da sie so weit «mitgegangen» sind. Ob diese dargestellten sexuellen Konventionen tatsächlich als «Skripte» verstanden werden können, sei dahingestellt. Es scheint jedoch plausibel, dass bestimmte Situationen innerhalb heterosexueller

157 Vgl. Gavey 1992, S. 333–334; Powell 2008, S. 178; Burkett und Hamilton 2012, S. 823–824.

158 Peterson und Muehlenhard 2007, S. 83 «Well, the fact that I was there and wasn't telling my friend to take me home or telling one of the guys there that was sober to take me home, you know... . Kind of by not making a big deal out of, like being alone in there with him... . You know, by staying and by not saying anything about the awkward situation of being alone in there with a guy that I just met like twice before, that was kind of like consenting to it.»

159 Vgl. Burkett und Hamilton 2012, S. 822–823.

Begegnungen von Frauen als faktischer Zwang zum Sex empfunden werden, ohne dass Druck, geschweige denn Zwang von Männern ausgeübt wurde.[160] Vergewaltigungsmythen – Frauen wollen Sex, wenn sie zu einem Mann ins Auto steigen usw. – haben Frauen internalisiert und kommen entsprechend in sexuellen Begegnungen zur Anwendung – obwohl es massiv zu ihrem Nachteil ist.

Ähnliches lässt sich für Sex innerhalb intimer Beziehungen feststellen. Aushandlungen von Zustimmung sind hier ebenso beeinflusst von sozialen Normen, die ein Einverständnis mit ungewollten sexuellen Handlungen begünstigen. Frauen berichten, dass sie aus der Annahme, in einer (heterosexuellen) Beziehung müsse man in einer bestimmten Frequenz Sex haben, mit ihrem Freund schlafen, auch wenn sie keine Lust dazu haben.[161] Sie fühlen sich oftmals schuldig, wenn sie nicht sexuell verfügbar sind. Selbst wenn sie davon ausgehen, dass es kein Problem wäre, den Sex abzulehnen, können diese Schuldgefühle dazu führen, dass sie sich trotzdem verpflichtet fühlen, ihren Freund zu befriedigen. Dies trifft insbesondere auf Situationen zu, in denen sie ihren Partner als sexuell erregt wahrnehmen.[162] Oftmals beschreiben Frauen es auch als einen Akt aus Liebe bzw. um ihren Partnern einen Gefallen zu tun:

«Es muss gar nicht so sein, dass sie dich unter Druck setzen. Es kann genauso gut sein, dass du sie so sehr liebst, dass du einfach alles für sie tun willst, um sie glücklich zu machen.»[163]

Dies entspricht tradierten Geschlechterrollen, nach denen Frauen die Bedürfnisse anderer über ihre eigenen stellen sollen im Sinne von Fürsorge und Empathie.

Doch nicht nur Frauen können aufgrund einschränkender Geschlechterrollen und heteronormativer Regeln an ungewollten sexuellen Handlungen mitwirken. So können sich Männer beispielsweise unter Druck gesetzt fühlen, Sex zu initiieren, um ihre Männlichkeit zu beweisen, da männliche Sexualität im *male sexual drive discourse* sowie auch entsprechend des oben

---

160 Vgl. auch Gavey 1992, S. 337–339; Beres 2014, S. 382.

161 Vgl. bspw. Gavey 1992, S. 332; Burkett und Hamilton 2012, S. 825–826.

162 Burkett und Hamilton 2012, S. 826–827.

163 Powell 2008, S. 176. Zu diesen Ergebnissen kommen bspw. auch Burkett und Hamilton 2012 und Gavey 1992. «It might not be that they're pressuring you, it might just be like you love them so much that you just want to do anything for them and make them happy.»

beschriebenen traditionellen Skripts als aktiv, begehrend und aggressiv konstruiert wird.

Die Psychologin Wendy Hollway unterscheidet zwischen drei verschiedenen heteronormativen Diskursen: Im *male sexual drive discourse* wird Männern ein biologisch bedingter, unersättlicher Sexualtrieb zugeschrieben, weshalb sie ständig auf der Suche nach Sex seien und sexuelle Befriedigung bräuchten, sobald sie einmal erregt wurden. Männliches Begehren wird dabei als «dominante treibende Kraft» verstanden.[164] Potenz und Virilität werden als dem Männlichen inhärent und «natürlich» konstruiert, während Weiblichkeit mit einem niedrigeren Begehren assoziiert wird. Frauen wird in dem Diskurs vor allem eine *gatekeeper*-Rolle zugeschrieben. Ihnen wird die Verantwortung dafür übertragen, männliches Begehren zu begrenzen und zu kontrollieren. Weibliches sexuelles Begehren besteht demzufolge vor allem darin, männliche Sexualität zu befriedigen:

«Die daraus resultierende geschlechtsspezifische Konstruktion von Sexualität und Begehren ist die Folgende: Männer begehren Sex, und Frauen sollen begehren, begehrt zu werden.»[165]

Durch diese heteronormativen Konstruktionen wird weibliches Begehren unsichtbar bzw. gilt schlichtweg als inexistent.[166]

Der *have/hold discourse* verortet Sex im Kontext einer monogamen Beziehung, wobei Frauen diejenigen sind, die eher nach einer verbindlichen Beziehung suchen. Empirische Befunde zeigen, dass Frauen diesen Diskurs internalisiert haben, indem sie ihr eigenes sexuelles Begehren an romantische Heterosexualität koppeln.[167] Sie versuchen über sexuelle Attraktivität und Befriedigung ihrer männlichen Partner, diese an sie zu binden. Die israelische Soziologin Eva Illouz hat eindrücklich gezeigt, wie in einer veränderten Ökonomie liberalisierter Heiratsmärkte bestehende ökonomische und politische Machtgefälle zwischen den Geschlechtern stabilisiert und zu einer «emotionalen Herrschaft von Männern über Frauen» geführt hat.[168]

---

164 Vgl. Hakvåg 2010, S. 123.

165 Hakvåg 2010, S. 124 «The resulting gendered construction of sexuality and desire is the following: men desire sex; women should desire to be desired.»

166 Vgl. u.a. Burmakova 2013, S. 19; Gavey 1992, S. 328–329; Hakvåg 2010, S. 124.

167 Vgl. Hakvåg 2010, S. 124–125.

168 Illouz und Adrian 2011.

Im *permissive discourse* ist es Frauen wie Männern erlaubt, Sex außerhalb einer Liebesbeziehung zu haben und ihr sexuelles Begehren zu befriedigen, aber es wird eine Version von Sex aufrechterhalten, die in den *male sexual drive discourse* eingebettet ist.[169] Dies zeigt sich besonders deutlich an einem immer noch virulenten sexuellen Doppelstandard, nach welchem Frauen mit mehreren Sexualpartner_innen anders bewertet werden als promiskuitive Männer. Der alte Doppelstandard, nach welchem Sex außerhalb der Ehe nur für Männer akzeptabel war, wurde somit abgelöst durch einen neuen, bedingten Doppelstandard, der außerehelichen Sex toleriert, aber die Bedingungen für Frauen stärker einschränkt als für Männer.[170]

Die Effekte der drei beschriebenen heteronormativen Diskurse lassen sich pointiert so zusammenfassen:

«Durch diese Diskurse ist Frauen (und Männern) eine beschränkte Anzahl von Subjektivitäten zugänglich, die wenig Raum bieten für frauenzentrierte sexuelle Aktivität, die nicht phallozentristische (männliche) Sexualität fördert.»[171]

In einer Studie der feministischen Kriminologin Anastasia Powell beschreiben zwei junge Männer sehr explizit den Einfluss gesellschaftlicher Erwartungen auf ihr sexuelles Handeln:

«Joel (18 Jahre): Es geht darum, die Initiative zu ergreifen, wir sind diejenigen, die es funken lassen, und sie sind die Personen, die sich zurücklehnen und es genießen. Ich meine, es ist als ob es eine ungeschriebene Regel gibt, dass der Typ da ist, um ihr ne gute Zeit zu verschaffen, du weißt, was ich meine.

Dan (20 Jahre): Allein der Druck, der äußere Druck denke ich, die Erwartung cool zu sein. Du sollst das tun, du sollst Mädchen schlecht behandeln und sie küssen oder was auch immer und sie dann vergessen, abschleppen halt.»[172]

---

169 Vgl. Beres und Farvid 2010, S. 379.

170 Muehlenhard und McCoy 1991, S. 448.

171 Beres und Farvid 2010, S. 379 «Through these discourses, a restrictive set of subjectivities becomes available to women (and men) with little space for female-centred sexual activity that does not promote phallocentric (male) sexuality.»

172 Powell 2008, S. 176 «Joel (18 years): It's just taking the initiative, we've just got to be the one to find the spark, and they're the person that just sits back and enjoys it, I mean, it's like there's an unwritten rule that the guy's meant to show her a good time, if you know what I mean.
Dan (20 years): Just the pressures, the external pressures I guess, you know expectations to be cool. You've got to be doing that, you've got

Die reine Antizipation einer Verpflichtung aufgrund bestimmter verinnerlichter sozialer Normen reicht hier aus, dass Frauen wie Männer an von ihnen eigentlich unerwünschten sexuellen Handlungen einvernehmlich mitwirken. Dabei ist die Kapazität, solcherlei Pflichtgefühle überhaupt zu reflektieren, beschränkt. Powell weist in diesem Zusammenhang darauf hin, dass männliche Vorherrschaft nicht nur durch körperliche Gewalt, sondern auch durch «symbolische Gewalt» (Bourdieu) abgesichert wird, indem tradierte Geschlechternormen, patriarchale Werte und dominante Diskurse als «normal» und «natürlich» akzeptiert werden. Diese «symbolische Gewalt» findet oftmals auf einem vorbewussten Level statt, indem «die geschlechtsspezifischen Spielregeln und die Strukturierung heterosexueller Begegnungen eine ausdrückliche sexuelle Zurückweisung in vielen Fällen ausschließen».

Das bedeutet, dass soziale Akteur_innen in symbolischen Gewaltverhältnissen aus der Notwendigkeit eine Tugend machen: Sie lehnen ab, was ihnen sowieso verweigert wird oder – wie in diesem Fall – «wählen» das Unausweichliche.[173] Genau dies beschreiben Frauen, wenn sie davon sprechen, dass sie aufgrund bestimmter Handlungen an einem Punkt sind, wo es auf Sex hinausläuft und dieser sich für sie als unausweichlich darstellt. Studien beschreiben auch, dass Frauen aus Angst, dass ihr Nein nicht gehört wird, zustimmen.[174] Um den unerwünschten Sex danach nicht als Vergewaltigung anerkennen zu müssen, leisten sie keinen Widerstand, sondern täuschen ihren Willen zum Sex vor:

«Denn da ist immer die Angst, dass du nein sagen könntest und es dennoch weitergeht, und, da du physisch unterlegen bist, würdest du ja vergewaltigt, und das wäre dann schlimm.»[175]

Hier handelt es sich um eine besonders perfide Situation: Aus Angst, ein Nein würde keinen Effekt haben, erfolgt Zustimmung zu ungewolltem Sex. Die beschriebene Angst, das Gegenüber höre nicht auf ein Nein, kann auch in einer Kon-

---

to be treating girls badly and you know kissing them or whatever and just forgetting them, scoring I guess.»

173 Powell 2008, S. 173. Bourdieu nennt dies auch *amor fati* – die Liebe zum Schicksal.

174 Vgl. Gavey 1992, S. 334; Powell 2008, S. 175.

175 Gavey 1992, S. 334 «Because there is always that fear that you could say no and it would carry on anyway, and, and being physically less, and then you'd be raped sort of thing, and then it would be terrible.»

senssituation auftauchen. Aus Angst, dass ein nicht gegebenes Ja – was im Rahmen von ausdrücklichem Einverständnis nichts anderes ist, als ein Nein – übergangen wird, wird Zustimmung erteilt.

Dazu kommt ein spezieller, postfeministischer Diskurs, der – im Sinne einer modernen, aufgeklärten, «sex-positiven» Einstellung – Sex *generell* als gut und als erstrebenswert bewertet. Er konstruiert das Bild der emanzipierten, empowerten Frau, «eine junge, attraktive, heterosexuelle Frau, die bewusst und wohlüberlegt mit ihrer sexuellen Macht spielt und immer Lust auf Sex hat.»[176]

Die Verknüpfung von Empowerment und «always up for sex» führt dabei unvermeidlich zu Widersprüchen. Ja zu sagen wird vor diesem Hintergrund erstrebenswert. Man zeigt damit, dass man ein erfülltes Sex-Leben hat – als Beweis dafür, empowert, modern und attraktiv zu sein. Das gesellschaftlich dominante Bild von «Girl Power» vermittelt, dass Frauen die individuelle Wahl und Macht haben, für ihre (sexuellen) Bedürfnisse einzutreten. Das führt dazu, dass Frauen im Sinne von «Girl Power» ihre Handlungsweisen als selbst gewählte, freie Entscheidung präsentieren.[177] Dabei werden aber *ebenfalls* wirksame sexuelle und geschlechtliche Normen verschleiert, die Einfluss auf diese Entscheidungen haben. Im Rahmen des *permissive discourse* ist es Frauen schließlich nicht gleich möglich, ihre Sexualität auszuleben, sondern sie werden gleichzeitig sanktioniert, wenn ihre Sexualität «über die Stränge schlägt». Diese nebeneinander existierenden Anforderungen an Frauen modernisieren die bereits im Zuge der zweiten Frauenbewegung sich etablierenden Ansprüche, nach denen Frauen als solche zwar emanzipiert und autonom, gleichzeitig aber noch weiblich, und damit liebenswert und sorgend sein sollen.

Die Behauptung, durch ausreichendes Nachfragen «voraussetzungsfrei» in sexuellen Begegnungen zu agieren, negiert und verschleiert die Voraussetzungen, die bereits in den Beteiligten angelegt sind. Als in gesellschaftliche Machtverhältnisse verstrickte Subjekte sind die Beteiligten bereits durch sexuelle Skripte und Geschlechterrollen geprägt, insofern sie diese in

176 Gill 2008, S. 437 «... a young, attractive, heterosexual woman who knowingly and deliberately plays with her sexual power and is always ‹up for› sex.»

177 Burkett und Hamilton 2012, S. 829.

sexuellen Begegnungen auch aktiv ausagieren. Die Vorstellung von «Voraussetzungsfreiheit» behauptet, dass sexuelle Skripte erst in der sexuellen Begegnung selbst beginnen würden zu wirken. Sie werden dort zwar durch das Tun der Beteiligten immer wieder neu hergestellt, befinden sich aber bereits vorher «in» den Subjekten und bestimmen mit, was als neue sexuelle Handlung bzw. was als sexuelle Handlung überhaupt betrachtet wird, welche als angemessen – und demnach erfragbar – und vom eigenen Selbst als erwünscht empfunden wird.

Vor diesen Hintergründen erscheint es mehr als fraglich, ob die Forderung, aktiv Zustimmung einzuholen, bevor es zu Berührungen kommt, ausreicht, um die beschriebenen, als so wirkmächtig empfundenen beziehungsweise auch vorbewussten (Selbst-)Zwänge unterlaufen zu können. In den oben beschriebenen Szenen ist die Frage nach Zustimmung an einem empfundenen *point of no return* keine Garantie dafür, dass bspw. eine Frau bei Nicht-Wollen das Ja vorenthält. Unbenommen kann die verbale Frage «Willst Du Sex mit mir haben?» in Einzelfällen den Raum eröffnen, um ein Nein zu formulieren, das man ohne diese Frage nicht formuliert und stattdessen implizit eingewilligt und «mitgemacht» hätte.

Fühlt sich aber eine Frau verpflichtet, Sex zu haben, weil sie bis zu diesem Punkt mitgewirkt hat, so ist für mich nicht nachvollziehbar, warum sie in dieser Situation zwar kein Nein formulieren, stattdessen aber ein Ja verweigern würde. Allein das aktive Einholen von Zustimmung verändert das beschriebene Gefühl zur Verpflichtung als solches nicht. Zugespitzt formuliert könnte ein gegebenes Ja in solchen Situationen sogar als Selbstvergewisserung des Parts, der die Zustimmung einfordert, verstanden werden.

(Hetero-)Sexuelle Normierungen in Form von «Skripten» und tradierte wie moderne Geschlechterbilder wirken sowohl in lockeren sexuellen Begegnungen als auch in Liebesbeziehungen. Vor allem Frauen, aber auch Männer beteiligen sich mehr oder weniger *aktiv* an ungewollten sexuellen Handlungen und stimmen diesen zu. Vor diesem Hintergrund ist es meines Erachtens wenig relevant, ob diese Zustimmung negativ – durch ein Nicht-Tun, wie im Prinzip «Nein heißt Nein» – konzipiert ist oder positiv – durch ein aktives Ausdrücken von Einverständnis.

4.2 Frage der Kommunikationsweisen: Verbal oder nonverbal?

Ein wesentlicher Dreh- und Angelpunkt in Diskussionen zu ausdrücklichem Einverständnis ist die Frage, ob dieses verbal kommuniziert werden muss oder auch nonverbale Signale ausreichend sind. Da das Konsensprinzip von der initiierenden Person erfordert, *sicherzustellen,* dass keine Grenzen verletzt werden, muss Zustimmung unmissverständlich und eindeutig erfolgen und vorher eingeholt werden.

Als häufiges Argument für die Position, dass verbal kommuniziert werden müsse, dient die Behauptung, dass sich die körperlichen Reaktionen, die auf Erregung hindeuten, sich nicht von solchen, die von Angst verursacht werden, unterschieden: «Eine verängstigte Person kann: schwitzen, schneller und schwerer atmen, blinzeln, Herzklopfen haben ... Eine erregte Person kann: schwitzen, schneller und schwerer atmen, blinzeln, Herzklopfen haben ...»[178]

Da die angenommene Ununterscheidbarkeit zu Falschinterpretationen führen könne, sei «[d]irekt nachfragen, zuhören und die Antwort respektieren der sicherste Weg, zusammen einen guten Abend zu haben».[179]. Direkt und verbale Kommunikation als Ausdruck von Zustimmung wird im Konsensprinzip häufig favorisiert und als einzige Option dargestellt, um herauszufinden, was die andere Person will:
«Stell dir vor, du bist auf einer Party und flirtest. Liegt ein Knistern in der Luft? oder interpretierst du es nur in die Situation hinein? und selbst wenn: was schließt du daraus? Es gibt *nur eine Möglichkeit* das rauszufinden: Drüber reden.»[180] (Hervorhebung durch RT)

Auch Bloggerin Helga von «Wir lieben Konsens» vertritt diese Position in einem Interview:
«Sehr wichtig ist es, nur verbalisierte Zustimmung als Zustimmung zu interpretieren (im Gegensatz zu nonverbaler Kommunikation).»[181]

---

178 st_eve 2008.
179 st_eve 2008.
180 st_eve 2008.
181 Helga 2011; ähnlich auch bei Kapfer 2011; Toni 2017, 5:40'; Jules 2017a, 5:1'; Jules 2017a, 5:40' und 6:50'; FV Gewi 2015.

Nonverbale Kommunikation führe, so ein häufiges Argument, stärker zu Missverständnissen und falschen Interpretationen als direkte, verbale Kommunikation.

Kritiker_innen dieser «Verbalisierungsanforderung» wenden sehr häufig ein, dass eindeutige, verbale Kommunikation vor oder während des Sexes die Erotik und die Stimmung töte.[182] So hält Slavoj Žižek entgegen, dass ausdrückliche Zustimmung die Situation enterotisiere, denn «[d]er bloßen Struktur erotischen Wechselspiels wohnt etwas inne, das sich der direkten formalen Erklärung von Zustimmung oder Absicht entzieht».[183] Er zitiert dazu den Dialog aus dem englischen Arbeiterklasse-Film «Brassed Off»:

«‹Kommst du noch auf einen Kaffee mit rauf?› Auf seine Antwort: ‹Da gibt's ein Problem – ich trinke keinen Kaffee› antwortet sie mit einem Lächeln: ‹Kein Problem. Ich hab' keinen da.›»[184]

Nach Žižek erfüllt solch ein indirektes Sprechen eine wichtige Funktion im Sexuellen: es schützt vor potenzieller Verletzung, indem, wie in diesem Fall, zum Sex eingeladen wird, «ohne Sex jemals zu erwähnen». Dies ermöglicht den Beteiligten, das Gesicht zu wahren, wenn die Avancen nicht erwidert werden. Die Person kann dann einfach so tun, als habe die Einladung nie stattgefunden, bzw. hätte schon immer nur dem Kaffee gegolten (wobei das zugegebenermaßen in dem zitierten Beispiel nicht mehr möglich wäre). Es macht es der Gegenseite außerdem leichter, Sex abzulehnen, ohne dies explizit auszudrücken und damit zu riskieren, jemanden zu verletzen. Sie kann so tun, als würde sie die sexuelle Einladung überhören oder, wenn sie sich noch unsicher ist, die Einladung annehmen und dann immer noch zurückziehen, ohne etwas zu riskieren. Diese Art des Sprechens gibt den Beteiligten die Möglichkeit, ihre wahren Absichten zu verbergen und sie – gemäß jeweils geltender kultureller Normen – trotzdem so anzudeuten, dass sie verstanden werden *können*:

«Menschen sind oft sehr zurückhaltend darin, ihre Absichten offenzulegen. Stattdessen neigen sie zu Verhaltensweisen, die auf sexuelle Absichten hindeuten, die aber auch einfach nur als

---

182 Vgl. u.a Greenhalgh 2013, S. 23; Miria 2013; Žižek 2015; Young 2014.

183 Žižek 2015.

184 Žižek 2015.

freundschaftlich verstanden werden können. Sich so zu verhalten, bietet Menschen einen gewissen Schutz vor Verlegenheit oder Ablehnung […].»[185]

Direkte verbale Kommunikation als Mittel sexueller Aushandlung wird von vielen als unangenehm empfunden, da es das Gefühl von Verletzlichkeit verstärkt, indem es verlangt, die inneren Wünsche und Bedürfnisse als solche direkt zu äußern. Die Einzelnen setzen sich dadurch außerdem dem Risiko aus, mit einer direkten Ablehnung konfrontiert zu sein – eine unangenehme Erfahrung, die gern vermieden werden möchte.[186]

Der Anspruch, direkt und verbal zu kommunizieren, wie er innerhalb des Konsensprinzips in weiten Teilen formuliert wird, trägt daher der beschriebenen Verletzlichkeit der Beteiligten und ihrem Bedürfnis nach Schutz nicht Rechnung. Es geht vielmehr von einem autonomen Selbst ohne soziale Bezüge oder emotionale Abhängigkeiten aus, das eigene Wünsche mit dem Gegenüber artikulieren und rational verhandeln kann.

Das Argument, direkte Kommunikation zerstöre die Stimmung, wird oftmals vorschnell verworfen, indem es nicht ernst genommen wird. So heißt es auf einem feministischen Blog in einem Text darüber, was man selbst zu einer Konsenskultur beitragen kann, unter dem Punkt «Verhandle Sex!»:

«Ab und zu kommt es mal vor, dass du an jemanden gerätst, der solche Dinge nicht verhandeln will und Dinge sagt wie ‹Ich hätte gewollt, bevor du mit deiner Frage die Stimmung verdorben hast.› Dann lass das bei dieser Person eben mit dem Sex. Ihr Problem.»[187]

Manche Befürworter_innen des Konsensprinzips reagieren aber auch so darauf, indem sie konstatieren, dass ausdrückliche Kommunikation durchaus sexy und erotisch sein kann.[188] Durch Übung könne man «sexy fragen» und die Spannung sogar noch steigern:

185 Lindgren et al. 2008, S. 423 «People are often reluctant to reveal their intentions overtly. Instead, people may engage in behaviors that hint at their sexual intentions but could easily be interpreted as friendly. Using such behaviors provides people with some protection from embarrassment or rejection […].»

186 Vgl. Humphreys 2004, S. 210; dies ist auch vielfach Thema in den Videos des Youtube-Kanals «Konsens in der Praxis» (2017).

187 feminismus101.de 2012.

188 Für den US-Kontext bspw. Friedman 2015; rosiefranklin 2013 und im deutschen Diskurs bspw. Pickhardt 2016b; onyx 2012; st_eve 2008; Toni 2017; wirliebenkonsens 2010.

«Du willst mir das Shirt ausziehen? Frag mich! Mach da kein großes Ding draus, pack deine Sexstimme aus, bitte um Zustimmung. […] Fragt, fragt sexy, fragt nach Zustimmung!»[189]

Dies scheint eine Art Hilfskonstruktion zu sein: Indem man die «Sexstimme» einsetze, sollen die potenziell enterotisierenden Effekte eindeutiger Kommunikation abgemildert werden. Der Blogger René Pickhardt formuliert einen fiktiven Dialog, wie innerhalb des Konsensprinzips auch eine sexuelle Verführung stattfinden kann, indem eine vorherige Vereinbarung getroffen wird.[190] In dem Dialog einigen sich zwei Personen auf safe words, die eine gespielte ablehnende Geste von tatsächlicher Ablehnung unterscheiden sollen:

«[…] Person x: ‹Dennoch würde ich gerne auch mal einen Kick im Schlafzimmer haben und versuchen dich zu verführen, wenn du dich rar machst und zurück ziehst.›

Person y: ‹Oh, das ist spannend, durch die Ungewissheit entstünde ja noch mal ein ganz anderer Reiz!›

Person x: ‹Auf jeden Fall. Doch ich kann nicht wissen, wenn du NEIN sagst, ob du dich bedrängt fühlst, wenn ich weiter mache oder ob du nur spielen wolltest. Es macht mir Sorgen somit aus Versehen deine Grenzen zu überschreiten.›

Person y: ‹Das kann ich verstehen, ist aber ein lösbares Problem. Ich gebe dir hiermit bis ich es mir anders überlege meinen Konsens die Initiative zu ergreifen und auch mal eine ablehnende Geste von mir zu übergehen, allerdings nehme ich mir das Recht heraus das Signalwort MAYDAY oder SOS zu verwenden. Damit kann ich dir signalisieren, dass es für mich gerade nicht angenehm ist und ich mir wünsche, dass du aufhörst.›»[191]

Das so verabredete Rollenspiel erinnert an die *safe-word-policy* in BDSM-Kontexten, in denen solche Vereinbarungen gang und gäbe sind.[192] Sie ersetzen jedoch nicht die oben beschriebene Uneigentlichkeit und Verletzungsoffenheit in Situationen sexu-

---

189 st_eve 2008.

190 Pickhardt 2016b.

191 Pickhardt 2016a.

192 Die BDSM-Szene wird oft als positives Beispiel angeführt, da hier Grenzen im Vorhinein klar kommuniziert werden, vgl. u.a. Theißl 2015. Auch wird immer wieder auf das *safe word* hingewiesen, das jede sexuelle Handlung sofort zum Erliegen bringe würde. Zumindest im englischsprachigen Raum gibt es Kritik an diesem positiven Bild, da es sexualisierte Gewalt innerhalb der BDSM-Community verschleiern würde, vgl. Barker 2013.

eller Verführung. Eine zuvor getroffene Verabredung verändert die Ausgangsbedingungen, unter denen die Beteiligten zusammenkommen. Wenn Person y in dem zitierten Dialog von dem «ganz anderen Reiz» spricht, der durch die «Ungewissheit» entstünde, so ist durch die verbale Verabredung die Ungewissheit für beide Seiten nicht mehr real in dem Sinne, wie sie es ohne das vorherige Gespräch wäre. Letztendlich handelt es sich dabei um ein Spiel, in dem allen Beteiligten bereits von Anfang an sicher sind, dass Zustimmung vorliegt.

Ungewissheit und Unplanbarkeit ist für viele im Sexuellen eine Quelle der Aufregung und auch der Erregung:

«Wenn sie den ‹natürlichen› Verlauf sexueller Begegnungen diskutierten, betonten viele Student_innen die Aufregung, die damit verbunden ist, nicht zu wissen, was der nächste Schritt des Gegenübers sein wird, oder wie sich der Verlauf sexueller Ereignisse in einer bestimmten Nacht abspielen wird.»[193]

Demnach gehört für viele zur Sexualität dazu, dass diese spontan, impulsiv und ungehemmt stattfindet. Eine sorgfältig geplante und vorbesprochene sexuelle Begegnung wird daher häufig als nicht erstrebenswert empfunden.

Zudem ist fraglich, ob es sich bei dem Vorschlag von Pickhardt überhaupt noch um das «Ja heißt Ja»-Prinzip handelt. Denn im Grunde wird nach dem fiktiven Gespräch Zustimmung vorausgesetzt, bis eine Person ein *safe word* einsetzt, eine rote Karte zeigt – oder auf andere wie auch immer verabredete Weise ihr Nein zum Ausdruck bringt. Das entspricht in der realen Praxis dem «Nein heißt Nein»-Prinzip. Es erfüllt weder die Kriterien der Verantwortungsumkehr noch der Informiertheit oder Voraussetzungsfreiheit.

Diverse Studien zu der Frage, wie sexuelle Zustimmung in der realen Praxis kommuniziert wird, kommen zu dem Ergebnis, dass sexuelle Zustimmung eher nonverbal als verbal und eher indirekt als direkt geäußert wird.[194] Die Anforderung, Ablehnung oder Zustimmung direkt und verbal zu formulieren entspricht daher nicht den Alltagskonventionen. Nun könnte man

193 Humphreys 2004, S. 220 «When discussing the ‹natural› progression of sexual encounters many students stressed the excitement involved in not knowing what the next move from a partner may be or how the progression of sexual events will play out on any given night.»

194 Vgl. für einen Überblick Beres 2014, S. 375 Ansonsten auch die Ergebnisse bei Powell 2008, S. 173; Burkett und Hamilton 2012, S. 821; Kitzinger und Frith 1999, S. 300.

einwenden, dass es ja auch das Ziel des Konsensprinzips ist, die existierenden Alltagskonventionen in sexueller Kommunikation zu verändern und eben nicht beizubehalten. Ich argumentiere hier aber, dass die Ignoranz gegenüber diesen Alltagskonventionen die breite Anwendung des Zustimmungskonzepts verhindert und eine Veränderung der sexuellen Kommunikation dadurch im Wege steht.

Nicht nur im Kontext von Sexualität, sondern generell im Alltag wird die direkte Kommunikation eines Neins als schwierig empfunden:

«Menschen haben oftmals Schwierigkeiten, Einladungen oder Angebote abzulehnen, das ist in allen Altersgruppen und in einer Vielzahl von Gegebenheiten so.»[195]

Daher sind es nicht nur Frauen, die es aufgrund ihres Geschlechts, Alters oder der Situation schwierig finden, mit einem klaren Nein sexuelle Avancen abzulehnen. Es ist vielmehr allgemeine kulturelle Praxis, auch über den sexuellen Bereich hinaus, Ablehnung implizit und indirekt, mit Notlügen, Ausreden und Ähnlichem zu formulieren, um das Gegenüber nicht zu verletzen. Personen formulieren Ablehnung oftmals so, dass sie zwar gerne wollten, aber nicht können, da äußere Umstände es verhindern. Die berühmte Ausrede, man habe Kopfschmerzen, um eigentlich zu sagen, dass man keinen Sex will, ist ein gutes Beispiel dafür, wie diese kommunikative Norm auch in sexuellen Situationen wirksam sein kann.

Präventionsmaßnahmen gegen sexuelle Gewalt und Grenzverletzungen in Form von sogenannten *refusal skill trainings* schlagen oftmals ein direktes Nein als effektivste Form vor, sexuelle Ablehnung zu kommunizieren. Dieses Nein soll nicht weitergehend erklärt werden bzw. maximal mit der Begründung, gerade nicht zu wollen. Damit ignorieren und übergehen diese Trainings wesentliche alltagskommunikative Regeln.[196] Es bleibt zu fragen, wie effektiv solche Programme dann sein können. Wie die Teilnehmerin einer Studie formuliert:

«Nur nein zu sagen in einer Beziehung ist nicht genug, wenn du eine gute Beziehung hast.»[197]

195 Kitzinger und Frith 1999, S. 297 «It is common for people to experience difficulty in refusing invitations or declining offers, at whatever age, and across a wide variety of situations.»

196 Kitzinger und Frith 1999, S. 306.

197 Kitzinger und Frith 1999, S. 304 «[J]ust saying no in a relationship is not enough if you've got a good relationship.»

Daher bewerten verschiedene Autor_innen Präventionsprogramme gegen sexualisierte Gewalt mit einem «Just Say No»-Ansatz als «zutiefst problematisch»[198]. Diese Programme betrachten ein Nein oftmals als *nicht ausreichend*, da es als *token resistance* gelesen werden könne.

Einige Studien haben das Auftreten von *token resistance* untersucht, meist allerdings nur mit weiblichen Stichproben. In der Gesamtheit belegen empirische Befunde, dass *token resistance* meist im Rahmen fester Beziehungen und sehr selten bei ersten Verabredungen stattfindet.[199] Es konnte auch keine eindeutig höhere Verbreitung unter Frauen nachgewiesen werden.[200] In einigen Studien dazu berichteten ca. 40 % der Frauen, dass sie mindestens einmal in ihrem Leben *token resistance* angewendet haben. In der Fachliteratur werden verschiedene Gründe für *Token Resistance*-Verhalten angegeben: Einerseits der sexistische Doppelstandard, nach denen Frauen nicht als promiskuitiv oder «leicht zu haben» erscheinen wollen, aber Männer dafür belohnt werden, wenn sie viele Sexualpartnerinnen haben. Desweiteren wird es mit Unsicherheiten darüber, wie weit man gehen möchte erklärt, aber auch mit dem Wunsch, die Kontrolle über die Situation zu behalten oder diese zu verlangsamen.[201] Es bleibt aber wichtig festzuhalten: In den allermeisten Fällen wird kein *token resistance* angewendet.[202]

Refusal skill trainer weisen darauf hin, dass ein Nein immer auch von entsprechend eindeutigen nonverbalen Gesten und Mimiken (z. B. Verlassen des Raums, ernster Gesichtsausdruck,

---

198 Kitzinger und Frith 1999, S. 306.

199 Wendt 2010, S. 222.

200 Wendt 2010, S. 221.

201 Vgl. Denes 2011, S. 416; Wendt 2010, S. 222–223.

202 «Women are not commonly or consistently using token resistance, and thus men should not assume that no mean actually yes.», Denes 2011, S. 417; Vgl. auch Muehlenhard und McCoy 1991, S. 460: Die Autor_innen kritisieren den Begriff token resistance und schlagen vor, stattdessen scripted refusal zu benutzen. Sie argumentieren, dass token resistance wie eine bewusst manipulative Handlung klinge, während scripted refusal eher auf die dahinter liegenden heteronormativen Skripte Bezug nehme. Zudem erscheint resistance (Widerstand) wie eine körperliche Handlung, während refusal (Ablehnung) eher mit verbaler und nonverbaler Kommunikation in Verbindung gebracht werden, was dem Phänomen mehr gerecht werde. Ich werde in diesem Buch trotzdem token resistance benutzen, auch wenn ich den Einwänden der Autor_innen zustimme, da es der Begriff ist, der sich in der wissenschaftlichen Fachliteratur durchgesetzt hat, vgl. auch Muehlenhard 2011, S. 676.

Ohrfeige...) begleitet werden solle, um unmissverständlich zu sein. Die Psychologinnen Celia Kitzinger und Hannah Frith vertreten die Position, dass ein verbales Nein *nicht notwendig* ist, um Ablehnung effektiv, d.h. für das Gegenüber verständlich, auszudrücken. Sie zeigen anhand von Konversationsauszügen, wie Ablehnungen durch kleinste Signale sofort verstanden werden und daher erwartet werden kann, dass Ablehnungen, die nach allen Regeln der Alltagskommunikation artikuliert werden, auch in sexuellen Situationen verstanden werden.[203] Sie kommen daher zu dem Schluss:

«Wir würden behaupten, dass junge Frauen auf eine Weise kommunizieren, die in anderen Zusammenhängen normalerweise als Ablehnung verstanden wird und dass es nicht die Angemessenheit ihrer Kommunikation ist, die hinterfragt werden sollte, sondern die Behauptung ihrer männlichen Partner, dass sie nicht verstünden, dass diese Frauen keinen Sex wollen.»[204]

Sie führen weiter aus, dass die Ursache für sexualisierte Gewalt nicht ist, dass Männer sexuelle Ablehnung nicht *verstehen*, sondern dass sie die Ablehnung «nicht mögen». Dies könne man nicht dadurch ändern, dass man die Kommunikationsweise von Frauen ändert.

Nun betrifft dies klassische Präventionsmaßnahmen, die auf dem Grundsatz «Nein heißt Nein» fußen. Wie verhält es sich mit Verbalisierungsanweisungen, die auf dem «Ja heißt Ja»-Prinzip basieren? Immerhin geht es hier weniger um die Formulierung eines Neins als vielmehr um den Ausdruck eines Jas. Meines Erachtens greifen die Bedenken auch hier, so lange direkte und verbale Kommunikation eingefordert wird. Soll die Antwort auf eine direkte Frage nach Zustimmung eine nette Ablehnung sein, stellen sich wiederum genau die gleichen Probleme wie bei «Nein heißt Nein». Es schafft so eine Situation, die es den Beteiligten schwierig macht, adäquat zu reagieren. Da Menschen dazu neigen, ihr Gegenüber nicht verletzen zu wollen, und dies gilt aufgrund ihrer Intimität insbesondere für sexuelle Situationen, werden sie sich trotzdem schwer damit

---

203 Vgl. Kitzinger und Frith 1999, S. 308–309.

204 Kitzinger und Frith 1999, S. 309–310 «[W]e would suggest that young women are communicating in ways which are usually understood to mean refusal in other contexts and it is not the adequacy of their communication that should be questioned, but rather their male partners› claims not to understand that these women are refusing sex.»

tun, ein Ja nicht zu geben und eher versuchen, ihre Ablehnung indirekt zu kommunizieren.

In Anbetracht der konversationsanalytischen Thesen von Kitzinger/Frith führt das Einfordern direkter, verbaler Kommunikation meines Erachtens eher zu einem verstärkten Druck auf die Personen, im Sinne eines sozial erwünschten Verhaltens ein sozial erwünschtes Ja zu geben. Anders als mit der aus dem Film zitierten Kaffee-Einladung gibt eine direkte Frage nur begrenzt Raum, um eine den sozialen Konventionen entsprechende «nette» Ablehnung zu formulieren, die das Gegenüber möglichst nicht verletzt.

Unter den Vertreter_innen von ausdrücklichem Einverständnis finden sich jedoch auch Positionen, die nonverbaler Kommunikation mehr Bedeutung beimessen:

«Denke ich, Zustimmung muss ausdrücklich verbal erfolgen? Weißt du ... nein. Ich denke um zu erfahren, ob dein_e Partner_in einverstanden ist, solltest du nach dem Vorhandensein positiver Zeichen schauen (ja heißt ja) statt nur auf das Nichtvorhandensein negativer Zeichen (nein heißt nein).»[205]

Für die Bloggerin «rosiefranklin» ist der Unterschied zwischen «Nein heißt Nein» und «Ja heißt Ja» also vor allem der, dass man bei letzerem nach positiven Indikatoren sucht, die Zustimmung signalisieren. Sie hat dabei einen recht weiten Begriff davon, was solche Indikatoren sein können. So schlägt sie vor, darauf zu achten, ob die eigene Körpersprache vom Gegenüber gespiegelt wird:

«Ist dein_e Partner_in einverstanden, wirst du sehen, dass er dir bei Sachen entgegenkommt, dass sie deine Berührungen erwidert... [...] Wenn dein_e Partner_in zurückweicht, von der Erwiderung dazu übergeht, lediglich deine Berührung zu erlauben: Hör auf und frage mit Worten nach.»[206]

In diesem Fall wird die Schwelle zu ausdrücklicher Kommunikation sehr niedrig angesetzt. Es geht um subtile Zeichen der Annäherung und Distanzierung, die vermitteln, ob Konsens be-

---

205 rosiefranklin 2013 «Do I think consent has to be explicitly verbal? Ya know... no. I do think to know about your partner's consent, you should look for the presence of positive indicators (yes means yes) rather than just the absence of negative indicators (no means no).»

206 rosiefranklin 2013 «If your partner is consenting, you will see them meeting you halfway on stuff, responding to your touch... [...] If your partner pulls away, [...], *goes from meeting you halfway to merely allowing your touch*: stop and check in with words.»

steht. Auch die Bloggerin Miria findet, dass «in 99 % der Fälle» anhand der nonverbalen Kommunikation bemerkbar ist, was gefällt oder nicht.[207] Dies entspricht auch den bereits beschriebenen Erkenntnissen zu Alltagskommunikation. Nonverbale Signale werden dabei manchmal in solche unterschieden, die eher «spontan» geäußert werden, wie beispielsweise Stöhnen oder eine Veränderung der Bewegung, und solchen, die eine bewusste Entscheidung erfordern, beispielsweise das eigene Entkleiden oder Sich-auf-jemanden-Setzen.[208] Dabei werden erstere als weniger starke Indikatoren gewertet, da sie auch ohne bewussten Willen der Person auftreten können, der aber Voraussetzung für ausdrückliche Zustimmung ist.

Schwierig ist die Frage, wie der Anspruch auf Informiertheit bei nonverbaler Kommunikation erfüllt werden kann. Ein Aufeinander-zu-Bewegen wie im obigen Beispiel von rosiefranklin lässt für beide Seiten offen, was als Nächstes passieren wird und kann somit streng genommen nicht als informierte Zustimmung gewertet werden. Der Blog «Wir lieben Konsens» schlägt dahingehend folgende Lösung vor:

«Wenn ihr auf nonverbaler Ebene Konsens findet (Kärtchen auf dem Nachttisch?) müsst ihr euch zuvor darüber geeinigt haben, was Signale von Konsens sind, was nicht, was genau welche Signale bedeuten und so weiter. Denn Konsens heißt, dass alle Beteiligten wissen, um was es geht.»[209]

Im Gegensatz zum oben beschriebenen Vorschlag von Pickhardt, Stoppzeichen zu verabreden, werden hier im Vorhinein Absprachen über nonverbale Signale getroffen, die Zustimmung bedeuten. Das heißt, Zustimmung ist erst dann gegeben, wenn eines der verabredeten Zeichen gegeben wurde. Erst bei einer grünen Karte, einem Kopfnicken oder einem sonstigen verabredeten Signal darf mit der sexuellen Handlung begonnen werden. Diese Position entspricht auch den Regelungen des Antioch College.[210]

Anastasia Powell schlägt vor, dass Präventionsmaßnahmen, statt vor allem klare, verbale Kommunikation in sexuellen Be-

---

207 Miria 2013.

208 Vgl. Malm 1996, S. 155.

209 wirliebenkonsens 2010, ähnlich auch bei Unterstützer_innengruppe DEFMA o.A.

210 «Use of agreed upon forms of communication such as gestures or safe words is acceptable but must be discussed and verbally agreed to by all parties before sexual activity occurs.», Antioch College 2016.

gegnungen zu trainieren, auch nonverbale Zeichen mit einbeziehen sollten:

«Sie sollten das Ziel haben, junge Frauen wie auch junge Männer zu unterstützen und zu ermutigen, auf die Körpersprache des Partners zu achten sowie auf die Art und Weise in der Menschen ihr Einverständnis oder Nicht-Einverständnis zum Sex weniger explizit kommunizieren können.»[211]

Dies würde zudem den Vorteil haben, die Verantwortung für das Vorhandensein von Einverständnis nicht einfach nur umzudrehen im Sinne einer einseitigen Verantwortungsverschiebung auf die «initiierende Seite», sondern diese stattdessen auf alle Beteiligten verteilen und zudem real praktizierten Kommunikationsweisen von Zustimmung im (sexuellen) Alltag Rechnung tragen.

Der Anspruch, Zustimmung verbal und direkt zu kommunizieren, wie in vielen Publikationen zum Zustimmungskonzept eingefordert, wird alltagsweltlichen Kommunikationsweisen nicht gerecht. Er ignoriert die Verletzbarkeit und das daraus resultierende Schutzbedürfnis der Beteiligten bzw. ihrer Angst davor, das Gegenüber zu verletzen. Es setzt somit stillschweigend auf emotional unabhängige sexuelle Subjekte, die mutig genug sind, direkte Fragen zu formulieren, damit eine direkte Ablehnung zu riskieren und gegebenenfalls auch hinnehmen zu können. Implizit leistet der Anspruch an Verbalisierung außerdem der Vorstellung Vorschub, nonverbale oder weniger eindeutige Kommunikation von Ablehnung führe zu Missverständnissen, weil sie nicht erkannt werden könne. Mit diesem Punkt werde ich mich im Folgenden noch einmal eingehender beschäftigen.

4.3 «Misskommunikation» als Ursache sexualisierter Gewalt?

Wie dargestellt drehen sich die Debatten um die Verbalisierungsanforderung im Wesentlichen um die Frage, welche Form der Kommunikation eindeutiger, unmissverständlicher und klarer sei. Viele Maßnahmen zur Prävention vor sexualisierter Ge-

211 Powell 2008, S. 181 «[They should] be directed towards promoting and encouraging both young women and young men to pay attention to a partner's body language, and to the ways in which people may communicate their consent or non-consent to sex less explicitly.»

walt zielen ebenfalls darauf ab, klare und unmissverständliche Kommunikation zwischen den Beteiligten herzustellen. Entweder wird versucht, die Teilnehmer_innen zu befähigen, eindeutig Nein zu sagen («Nein heißt Nein») oder ein klares Ja vor Beginn der sexuellen Aktivität einzuholen («Ja heißt Ja»).[212] Beiden Versionen liegt die These zu Grunde, dass die Ursache für Vergewaltigung bzw. sexuelle Übergriffe in missverständlicher Kommunikation läge. Dies trifft so auch auf das Zustimmungskonzept zu. So formuliert st_eve im mädchenblog:

«Wie können wir unsere Sexualität so gestalten, dass es *danach* nicht heißen muss: ‹Oh, das tut mir leid, das habe ich nicht gewusst/gemerkt/gespürt/gehört/gesehen!›? Ich schlage vor: Um Erlaubnis fragen, statt um Vergebung zu bitten.»[213]

Hier wird suggeriert, dass eine sexuelle Grenzverletzung dadurch entstanden ist, dass die Ablehnung der betroffenen Person in irgendeiner Weise unentdeckt blieb. Das Zustimmungskonzept soll v.a. der Prävention vor sexualisierter Gewalt dienen. Verbale Kommunikation und sexualisierte Gewalt werden an verschiedenen Stellen als quasi Entweder-Oder gegenübergestellt:

«Jede_r wird andere Erwartungen an die Situation haben. Klar ist es möglich, dass eure deckungsgleich sind, es wäre dann erst Recht tragisch, wenn es zu ungewollten Grenzüberschreitungen käme, *nur weil ihr nicht geredet hättet* ...»[214] (Hervorhebung durch RT)

Auch auf dem Plakat der Gruppe DEFMA findet sich eine Formulierung, die das Zustimmungskonzept ebenfalls als vorbeugend begreift:

«Übergriffiges Verhalten, Grenzverletzungen und sexualisierte Gewalt können Traumata bei den Betroffenen auslösen – deswegen ist es wichtig, bei jeder sexuellen Handlung mit der_dem Partner_in zu kommunizieren. Durch Reden erfährst du, wie weit dein Gegenüber gehen möchte und kannst potentiellen Grenzverletzungen vorbeugen.»[215]

Die Umsetzung des Zustimmungskonzepts soll also Grenzverletzungen verhindern, indem es vor Fehlkommunikation

---

212 Vgl. O'Byrne et al. 2008, S. 171; Kitzinger und Frith 1999.

213 st_eve 2008. Ähnlich auch Keenan 2015.

214 st_eve 2008. Ein ähnliches Zitat im gleichen Text ist auch dieses: «Wenn Leute annehmen, dass kein Nein zu hören heißt, voll durchstarten zu können, kann das fatal enden.»

215 Unterstützer_innengruppe DEFMA o.A.

schützt. In dieser Logik wird Vergewaltigung als (extremes) Beispiel von Misskommunikation zwischen Menschen verstanden, die nicht fähig sind, ihre jeweiligen Signale richtig zu interpretieren. Den theoretischen Grundstein dafür lieferte die Soziolinguistin Deborah Tannen mit ihrem 1990 erschienenen Buch «You just don't understand: Women and men in conversation». Tannen vertritt darin eine Theorie, nach der Männer und Frauen in zwei unterschiedlichen und in sich geschlossenen Kommunikationskulturen aufwachsen und die sich daraus ergebende fehlende Vertrautheit mit dem jeweils gegengeschlechtlichen Kommunikationsstil zu Misskommunikation führe.[216] Im Gegensatz zu anderen Forschungen, auf die sie sich auch beruft, sieht sie auch keine sukzessive Angleichung der Kommunikationsstile im Erwachsenenalter.[217] Das Buch wurde vor allem von feministischer Seite kritisiert.[218] Ein wesentlicher Vorwurf lautete, dass Tannen mit ihrem Modell ein defizitäres Bild von weiblicher Kommunikation zeichne und Entschuldigungen für männliches Sprachverhalten zur Verfügung stelle. Dies erlaube es, «Fragen des Unterschieds statt Fragen der ungleichen Machtverteilung hervorzuheben».[219] Die Überthematisierung von Unterschieden diene so der Reproduktion hierarchischer Geschlechterverhältnisse. Während nach dem Modell der Misskommunikation Männer das Nein einer Frau als ein Ja verstehen, weil diese das so in ihren gleichgeschlechtlichen Kontexten gelernt hätten, wird aus feministischer Perspektive dagegengehalten, dass die These von der Misskommunikation eher dazu dient, das Übergehen des Neins zu rechtfertigen und zu entschuldigen.[220]

Zu der Frage, ob es geschlechtsspezifische Unterschiede in der Kommunikation von sexuellem Einverständnis gibt, liegen unterschiedliche Resultate vor: Eine Studie von Hall (1998) kam zu dem Ergebnis, dass sich keinerlei Unterschiede finden lassen und Ablehnung wie Zustimmung unabhängig vom Geschlecht meist nonverbal ausgedrückt werden.[221] Andere Resultate zeigen, dass Frauen eher dazu tendieren indirekt verbal ihre Zu-

216 Freed 1992, S. 145–146.
217 Freed 1992, S. 146.
218 Hinweise auf Texte, die sich kritisch damit befassen, finden sich bei Freed 1992.
219 Freed 1992, S. 148.
220 Freed 1992, S. 148, auch Ehrlich 1998; Hickman und Muehlenhard 1999.
221 Nach Jozkowski et al. 2014, S. 906.

stimmung zu kommunizieren, während Männer eher dazu neigen, auf nonverbalem Weg zu kommunizieren.[222] Die Befragten in der Studie von Jozkowski et al. (2014) gaben dagegen an, eigene Zustimmung häufiger verbal als nonverbal auszudrücken, aber eher auf nonverbale Signale ihrer Partner_innen zu achten, um Einvernehmlichkeit bei ihnen festzustellen. Frauen tendierten dabei mehr dazu, verbal Einverständnis auszudrücken und auch verbale Signale zu interpretieren, während Männer eher auf nonverbale Zeichen achten und diese nutzen, um eigene Zustimmung auszudrücken.[223]

Dies korrespondiert meines Erachtens mit geschlechtsspezifischen sozialen Erwartungen. Wie oben dargestellt, kann indirekte Kommunikation – verbal wie nonverbal – vor einer Verletzung des Gegenübers bewahren. Indirekte Kommunikation erschwert aber ebenso, eigene Bedürfnisse einzufordern. Einfühlsamkeit und Empathie sind Eigenschaften, die eher weiblichen Rollen zugeschrieben werden, während Egoismus und Durchsetzungsfähigkeit als männlich konnotierte Eigenschaften gelten.[224] Zudem lassen sich diese Ergebnisse auch im Rahmen heteronormativer Diskurse erklären. Wenn, wie der *male sexual drive discourse* nahelegt, die Beteiligten von Vornherein davon ausgehen, dass Konsens bei Männern sowieso vorliegt, so werden Männer es eher nicht für nötig empfinden, diesen extra zu kommunizieren und Frauen in heterosexuellen Begegnungen entsprechend dieser Vorstellung auch seltener nachfragen. Auf der anderen Seite könnten Frauen eher, da sie in diesem Konzept als *gatekeeper* gedacht werden, davon ausgehen, dass sie verbal gefragt werden sollten, um die Möglichkeit zu haben, zuzustimmen oder abzulehnen. Zudem bemerken Jozkowski et al.
«Vielleicht fragen Männer nicht immer verbal nach Konsens – insbesondere Männer, die die Stereotypen von Männern als Initiatoren und Frauen als Gatekeeper von Sexualität akzeptieren – weil sie annehmen, dass sie dafür verantwortlich sind, die sexuelle Interaktion voranzubringen und dass Frauen dafür verantwortlich sind, klar zu kommunizieren, wenn sie nicht einverstanden sind.»[225]

---

222 Vgl. Hickman und Muehlenhard 1999; O'Byrne et al. 2008; Powell 2008..

223 Jozkowski et al. 2014, S. 913.

224 Vgl. z.B. Gavey 1992, S. 342–343.

225 Jozkowski et al. 2014, S. 913 «Perhaps men – especially men who accept the stereotypes of men as sexual initiators and women as sexual

Das stimmt auch mit der Beobachtung überein, nach der Männer verbale sexuelle Kommunikation oftmals als Hinweis dafür nehmen, dass sie etwas falsch gemacht haben:

«Sie fühlten, daß, wenn ihr Partner mit ihnen während sexueller Aktivitäten sprach, ihre Erwartungen über die ‹normale› Abfolge sexueller Ereignisse durcheinander kamen. In andren Worten, Sprechen und Sex standen im Gegensatz zueinander.»[226]

Nun ist die Frage, ob die beschriebenen Unterschiede in den Kommunikationsstilen, die in einigen Studien beobachtet wurden, zu unbeabsichtigten Grenzverletzungen führen können. Die Linguistin Alice Freed betont, dass allen Menschen unabhängig von ihrem Geschlecht und anderen sozialen Kategorisierungen unterschiedliche Kommunikationsstrategien zur Verfügung stehen und diese je nach Kontext und kommunikativem Ziel auch anwenden können. Sie kommt zu dem Schluss,

«... dass Konversationsstrategien wie Unterbrechen, Stille, Unaufrichtigkeit sowohl Solidarität oder Macht vermitteln können, Intimität oder Unabhängigkeit, Verbundenheit oder Status, was abhängig von einer hohen Zahl nicht-linguistischer Faktoren ist [...] und wenn wir alle diese Formen und Stile zu unterschiedlichen Zeiten zu verschiedenen sozialen Zwecken nutzen, dann verstehen wir offensichtlich vollkommen.»[227]

Die von mir hier zitierten Studien zu sexueller Kommunikation beschreiben Kommunikationsweisen zwar durchaus als vergeschlechtlicht, gehen aber dennoch davon aus, dass diese gegenseitig verstanden werden, und stützen somit die These von Freed.[228] So wird in einer Studie gezeigt, dass junge Männer durchaus in der Lage sind, sexuelle Ablehnung durch subtilste Kommunikationsstrategien, die auch im Alltag Verwendung fin-

---

gatekeepers – may not verbally ask for consent because they assume that they are responsible for advancing the sexual interaction and women are responsible for clearly communicating nonconsent.»

226 Humphreys 2004, S. 210 «They [die befragten Männer, RT] felt that if their partner was talking to them during sexual activity, then their expectations about the ‹normal› sequence of sexual events was disrupted. In other words, talking and sex were antithetical to each other.»

227 Freed 1992, S. 149–150 «... that conversational strategies such as interruption, silence, and indirection can convey either solidarity or power, intimacy or independence, connection or status, depending on a large number of nonlinguistic factors [...] and if we all make use of these forms and styles at varying times for divergent social purposes, then obviously we understand perfectly.»

228 O'Byrne et al. 2008, S. 177.

den, zu verstehen. Dazu zählen um Sekundenbruchteile verlängerte Pausen, Kurz-Angebundensein, bestimmte Körpersprache, klischeehafte Antworten, Entschuldigungen, Abmilderungen, Relativierungen usw.[229] Darüber hinaus wenden sie solche Strategien auch selbst an, um Ablehnung auszudrücken.[230] Die Autor_innen weisen nach, dass an keiner Stelle ein explizites Nein nötig ist, um Ablehnung zu verstehen.[231] Geht es jedoch um die Erklärung sexueller Übergriffe, so rechtfertigten die Teilnehmer der Studie diese mit «insufficient knowledge» (unzureichendem Wissen), und zwar unabhängig davon, ob verbale oder nonverbale Kommunikation stattgefunden hat:
«Indem er die rhetorische Frage aufwirft ‹wann nein nein bedeutet und wann ja ja bedeutet› verweist Kyle [Teilnehmer der Studie, RT] darauf, dass Zustimmungen und Ablehnungen, sogar in ihrer direktesten Form ‹ja› und ‹nein› flexibel verwendet werden können, um gegenteilige Effekte zu erzielen (z. B. token refusal oder token acceptance). […] So gelingt es, sexuelle Ablehnung, auch eindeutige und direkte Ablehnung, als widersprüchliche, und damit fehlinterpretierbare, ‹Signale› zu konstruieren.»[232]

Interessant ist an dem Zitat, dass hier der Teilnehmer der Studie nicht nur klar formulierte Ablehnung («when does no mean no») als ambivalent beschreibt, sondern ebenso Zustimmung («when does yes mean yes»). Daran zeigt sich, dass es in dem Fall für die Behauptung eines Missverständnisses zur Rechtfertigung sexueller Grenzverletzungen keine Rolle spielt, ob direkt oder indirekt und ob Zustimmung oder Ablehnung kommuniziert wurde.

Die Idee, dass Vergewaltigung sich in «Missverständnissen» gründe, würde bedeuten, dass ausdrückliches Einverständnis dann effektiv zur Prävention sexualisierter Gewalt beitragen

229 O'Byrne et al. 2008, S. 177. Ähnlich bei Kitzinger und Frith 1999.

230 O'Byrne et al. 2006, S. 141.

231 O'Byrne et al. 2008, S. 178, auch Kitzinger und Frith 1999; Bazelon 2015.

232 O›Byrne et al. 2008, S. 178–179. «By posing the rhetorical question, ‹when does no mean no when does yes mean yes›, Kyle [Teilnehmer der Studie, RT] draws on the fact that acceptances and refusals, even in their most direct forms of ‹yes› and ‹no›, can be flexibly employed to achieve opposite effects (e.g. token refusals and token acceptances). […] This works to construct sexual refusals, even apparently clear and direct refusals, as ambiguous ‹signals› and therefore as readily subject to misinterpretation.» Siehe dazu auch Ehrlich 1998.

kann, wenn alle Beteiligten die moralische Relevanz von Zustimmung anerkennen würden.[233] Mit anderen Worten, die Voraussetzung für die Wirkmächtigkeit des Zustimmungskonzepts ist, dass die Beteiligten einvernehmlichen Sex haben wollen. Wie bereits dargestellt, besagen feministische Analysen sexualisierter Gewalt, dass diese die Funktion hat, mit sexuellen Mitteln Macht auszuüben und Herrschaft zu sichern. Das bedeutet, dass es den Täter_innen darum geht, *keine* Zustimmung zu haben bzw. dass diese mindestens irrelevant ist. Als Gegenentwurf dazu symbolisiert sexuelle Gewalt für Sanyal nicht den Triumph der Macht, sondern entsteht viel mehr an ihren Bruchstellen. Sexuelle Gewalt ist somit ein Ausdruck von Machtlosigkeit. Demnach seien Vergewaltiger nicht die «Sturmtruppen», sondern die «Ausschussware» des Patriarchats.[234] Egal ob eine Funktion sexualisierter Gewalt der Umgang mit Machtlosigkeit oder aber die Ausübung von Macht ist – in beiden Fällen wird diese erst dadurch erfüllt, dass *gegen* den Willen des Opfers agiert wird oder dieser keine Rolle spielt, da es darum geht, Macht zu sichern.

Gleichzeitig gehe ich davon aus, dass sexualisierte Gewalt auch etwas mit heteronormativer Sexualität zu tun hat und diese auch Elemente von Gewalt in sich trägt. Deswegen denke ich, dass einzelne Bereiche von «Grauzonen» sexueller Grenzverletzungen oder auch sexueller Gewalt durch Präventionskonzepte, die auf direkte Kommunikation setzen, verändert werden könnten.

Mit dem gender-neutralen Anspruch des Zustimmungskonzepts verschwinden zwar zu großen Teilen die geschlechtsspezifischen Zuschreibungen, die in der Theorie von Tannen stecken. Die grundsätzliche These von Misskommunikation als Ursache sexualisierter Gewalt bleibt aber erhalten:

«Die Kommunikation zu verbessern ist weder ein notwendiges noch ein ausreichendes Ziel für Programme zur Prävention von Vergewaltigungen. Eine primäre Aufgabe ist es, das Modell der Fehlkommunikation in bestehenden Programmen neu zu konzeptualisieren, nicht als *Grundlage* einer Präventionsstrategie gegen Vergewaltigungen, sondern als *einen eben jener Vergewaltigungsmythen*, die in der Praxis dazu dienen können, se-

233 Siehe zu diesem Einwand auch die journalistischen Beiträge von Bogle 2014 und Dusenbery 2014.

234 Vgl. Sanyal 2016, S. 140.

xuelles Verhalten, das Zwang ausübt, zu befördern, zu dulden und zu entschuldigen»[235]

Die Autor_innen begreifen also die Erklärung sexueller Grenzverletzungen mit Misskommunikation als einen Vergewaltigungsmythos, der sexualisierte Gewalt sogar eher begünstigt statt verhindert. Sie schlagen dagegen vor, die Rede von Misskommunikation als Ursache sexualisierter Gewalt als Vergewaltigungsmythos in Präventionsprogrammen zu thematisieren. Dies kann meines Erachtens auch die oben beschriebenen Rechtfertigungsstrategien von Täter_innen aufzeigen.

Eine andere Position nimmt Anastasia Powell ein. Sie interpretiert das Misskommunikationsmodell so, dass traditionelle Gendernormen und heteronormative sexuelle Skripte dazu führen, dass sexuelle Begegnungen «Bedingungen hervorbringen können, in denen Sex unter Druck und ungewollt stattfindet».[236] Sie verknüpft hier die These der Misskommunikation mit sozialen Bedingungen:

«Ein theoretisches Verständnis, das Verhandlung über sexuelle Begegnungen und Einverständnis als eine genderspezifisch geprägte Praxis versteht, die eher spontan gelebt wird, als explizit verbal verhandelt, trägt dann wesentlich zu vorhandenen ‹Fehlkommunikations›-Analysen der ‹Grauzone› sexueller Gewalt bei.»[237]

Als Konsequenz schlägt sie vor, dass Präventionskampagnen alle dazu sensibilisieren sollten, verschiedene Arten und Weisen zu erkennen, in welchen sexuelle Ablehnung und Zustimmung ausgedrückt wird. Dies, so Powell, bezieht sich vor allem auf

235 Schewe zitiert nach O›Byrne et al. 2008, S. 189«‹[I]mproving communication› is neither a necessary nor a sufficient goal for rape prevention programmes. A primary task, then, is to re-conceptualize the miscommunication model within existing programmes, not as a *basis* for rape prevention strategies but *as one of* the very rape myths that may serve, in practice, to promote, condone and exculpate coercive sexual behaviour.»

236 Powell 2008, S. 181.

237 Powell 2008, S. 181 «A theoretical understanding, then, of the negotiation of sexual encounters and consent as an embodied gendered practice, which is lived in the moment rather than explicitly verbally negotiated, significantly contributes to existing ‹miscommunication› analyses of the ‹grey area› of sexual violence. It exposes the gendered symbolic violence potentially in play in experiences of pressured or unwanted sex, which situate both young women and young men in a position where pressure to have sex can happen, whether or not the coercion was actually intended.»

nonverbale Strategien, da diese am häufigsten angewendet werden, um Zustimmung oder Ablehnung in sexuellen Begegnungen auszudrücken. Außerdem nimmt es alle Beteiligten, Männer und Frauen, in die Verantwortung, statt sie nur einseitig zu platzieren.

Zusammenfassend lässt sich festhalten, dass die Kriterien der Voraussetzungsfreiheit und der Informiertheit zu problematischen Anforderungen an die Kommunikation von Zustimmung führen, die die Selbstzwänge, die durch heteronormative Vorstellungen von Sexualität entstehen können, zu wenig berücksichtigt und damit nicht zu den gewünschten Effekten führt. Zudem ignoriert die Anforderung, über Konsens direkt und verbal zu kommunizieren alltagskommunikative Regeln. Nicht zuletzt kann die hinter dem Zustimmungskonzept liegende Annahme, die Ursache sexualisierter Gewalt sei Misskommunikation, die durch klarere Kommunikation ausgeräumt werden könne, Entschuldungsnarrative von Täter_innen verstärken, die Grenzverletzungen / sexualisierte Gewalt als unbeabsichtigt darstellen.

Mit den dargelegten Ergebnissen diverser Studien stelle ich in Frage, ob direkte und verbale Kommunikation zwischen Sexualpartner_innen *per se* die gewünschten Effekte hat, nämlich Grenzverletzungen und sexuelle Gewalt zu verhindern. Wenn vergeschlechtlichte Herrschaftsverhältnisse, und hier insbesondere sexuelle Skripte und heteronormative Ordnungen, bereits uns als sexuelle Subjekte erschaffen und strukturieren, so setzen Kommunikationsanforderungen nicht nur zu spät an. Sie verwässern auch genau jene Subjektwerdung innerhalb gesellschaftlicher Machtverhältnisse, indem sie so tun, als könnten die Subjekte sie durch eine neue Kommunikationsweise überwinden. Ich denke daher, dass die Wirksamkeit von «Ja heißt Ja» als stark eingeschränkt angesehen werden muss.

5. Aktive Männer und passive Frauen: Die (Re-)Produktion von Heteronormativität

Der Philosoph John Kleinig definiert die innere Struktur, oder auch Grammatik, von Zustimmung als «A erteilt B das Einverständnis, C zu tun». Damit konstruiert Kleinig Zustimmung als reaktive Handlung: B schlägt etwas vor und A erteilt in Reaktion darauf die Zustimmung (oder lehnt diese ab). Diese Struktur kann auch als «giver-receiver grammar»[238] bezeichnet werden, um zu betonen, dass eine Person Zustimmung gibt und eine andere sie erhält. Kleinig beschäftigt sich mit der Frage, was alles über A, B und C wahr sein muss, damit Zustimmung nach seiner Definition gegeben ist. Einerseits muss A zustimmungsfähig sein. Durch die Initiative von B wird dessen Zustimmung (und Zustimmungsfähigkeit) bereits vorausgesetzt.[239] Die Frage, wann Zustimmungsfähigkeit vorhanden ist, ist auch immer wieder Thema in Texten zum Konsensprinzip. Andererseits ist die Zustimmung von A nötig, damit B die moralische Erlaubnis hat, Handlung C tun. Das wird auch als «moralische Transformationskraft» von Zustimmung bezeichnet.[240] Im Diskurs um ausdrückliches Einverständnis wird als Begründung für eine Verschiebung von «Nein heißt Nein» zu «Ja heißt Ja» oftmals genannt, dass die Verantwortung damit bei den Personen liegt, die die Grenzverletzung begangen haben. Sie müssen dafür sorgen, dass sie Zustimmung für ihr Handeln erhalten. Diese Verantwortungsverlagerung ist eine Konsequenz aus der gesellschaftlich verbreiteten Vorstellung, dass die Betroffenen (Mit) Schuld haben an dem, was ihnen widerfahren ist – sie hätten sich anders kleiden, klarer Nein sagen oder sich wehren müssen. Konzepte von ausdrücklichem Einverständnis weisen die Verantwortung für Grenzverletzungen und sexualisierte Gewalt stattdessen klar den Täter_innen zu. B muss als Initiator_in der Handlung also dafür Sorge tragen, Zustimmung von A einzuholen, also Einvernehmlichkeit herzustellen. Ich werde im Folgen-

238 Greenhalgh 2013, S. 11.
239 Vgl. Kleinig 2009, S. 6.
240 Siehe Hurd 1996.

den argumentieren, dass die *giver*- und *receiver*-Positionen im Zustimmungskonzept vergeschlechtlicht sind und das Zustimmungskonzept daher heteronormative Strukturen stabilisieren kann, statt sie zu unterlaufen.

5.1 Die Frage der Zustimmungsfähigkeit queeren

Alle Konzepte von ausdrücklichem Einverständnis problematisieren die Frage, wann eine Person zustimmungsfähig ist. Dabei werden im Wesentlichen der Einfluss von Alkohol und Drogen, sowie Bewusstlosigkeit und Schlaf thematisiert. Das Plakat der Gruppe DEFMA schreibt dazu:

«Eine schlafende Person kann niemals zustimmen! [...] Die Zurechnungsfähigkeit wird nicht nur durch Drogen beeinflusst, sondern u.a. auch durch körperliche und emotionale Zustände. Eine aufgrund von Alkohol oder Drogen sehr benommene Person kann möglichweise nicht mehr zustimmen.»[241]

Seltener spielen das Alter oder eine Behinderung der Beteiligten eine Rolle:

«*Keine* informierte Entscheidung treffen können Kinder und Schlafende. Bei Betrunkenen, Berauschten oder Menschen mit Lernschwierigkeiten ist in Abhängigkeit von der Situation zu entscheiden, ob eine informierte Entscheidung vorliegt, grundsätzlich ist das aber sehr schwierig und es ist sinnvoll, im Nachhinein darüber zu reden, ob es gut war.»[242] (Hervorhebung im Original)

Es herrscht Einigkeit unter den Befürworter_innen von ausdrücklichem Einverständnis, dass schlafende und stark berauschte Personen nicht zustimmen können. Wie stark Personen berauscht sein müssen, um als nicht zustimmungsfähig zu gelten, wird unterschiedlich bewertet und zum Teil auch nicht klar formuliert.

Die Diskussion um Zustimmungsfähigkeit bezieht sich in Texten zum Konsensprinzip immer auf A als die Zustimmung gebende Person. Die Bedingung der Zustimmungsfähigkeit soll demnach eine Schutzfunktion für A erfüllen, wenn A aufgrund o.g. Einflüsse die Folgen der eigenen Zustimmung nicht abse-

241 Unterstützer_innengruppe DEFMA o.A..
242 wirliebenkonsens 2010.

hen kann oder nicht mehr zu klarem Denken in der Lage ist. In diesen Fällen wäre die Zustimmung als nicht gültig anzusehen.

Kleinig bezeichnet Zustimmungsfähigkeit als *Competence Condition*. Ihm zufolge leitet sich diese Bedingung im Wesentlichen daraus ab, dass Zustimmung Verantwortung voraussetzt – und eine Person nur dann Verantwortung übernehmen kann, wenn sie u.a. fähig ist zuzustimmen.[243] Diese Fähigkeit ist nach Kleinig eingeschränkt bei Kindern und Jugendlichen, die sie erst mit höherem Alter schrittweise erhalten. Außerdem können Benommenheit aufgrund von Drogen, psychische Krankheit, Behinderung und Schmerzen die Zustimmungsfähigkeit beeinflussen. Diese Auffassungen – sowohl von Kleinig als auch von Befürworter_innen des Zustimmungskonzepts – korrespondieren mit etablierten Rechtsauffassungen zur Einwilligungsfähigkeit. Demnach muss eine einwilligende Person «nach seiner geistigen und sittlichen Reife imstande sein, Wesen, Bedeutung und Tragweite des fraglichen Eingriffs zu erkennen und sachgerecht zu beurteilen».[244] Einwilligungsfähigkeit spielt insbesondere im Medizinrecht eine Rolle, wo Heilbehandlungen als körperliche Eingriffe eine Einwilligung der Patient_innen nach ärztlicher Aufklärung erfordern.[245] Die Bestimmung der Einwilligungsfähigkeit ist darüber hinaus jedoch äußerst umstritten, es existieren keine rechtlichen Altersgrenzen und sie muss im Einzelfall geprüft werden.

Besonders in Bezug auf Alter ist die *Competence Condition* wichtig, da kindliche Sexualität grundverschieden ist von erwachsener Sexualität und eine gleichberechtigte Beziehung zwischen Kindern und Erwachsenen als Voraussetzung für einvernehmliche Sexualität von Vornherein unmöglich ist.[246] Auch in Bezug auf Alkohol und Drogen ist der Hinweis sicherlich sinnvoll, dass bei zu hohem Konsum eine Einschränkung der Zustimmungsfähigkeit vorliegen kann. Dies gilt aber nicht nur für die Person, die nach Zustimmung gefragt wird, sondern für alle Beteiligten.

Eine Forderung des «Ja heißt Ja»-Prinzips lautet, dass B von einer sexuellen Handlung mit A ablassen soll, wenn die Gefahr

243 Vgl. Kleinig 2009, S. 13.

244 Rengier zitiert nach Antioch College 2016; o.A. o.A.

245 § 630d BGB. Zur Einwilligung in Körperverletzungen allgemein vgl. § 228 StGB.

246 Vgl. Quindeau 2014, S. 35–37. So existieren auch rechtliche Schutzaltersgrenzen bei sexuellen Handlungen, vgl. §§ 176, 180, 182 StGB.

besteht, dass A aufgrund von Rausch etc. nicht fähig ist zuzustimmen.

«Alkohol oder Drogen können verändern, inwiefern eine Person noch fähig ist, ‹Nein› zu sagen. Ist eine Person nicht mehr definitiv zurechnungsfähig heißt das, es ist deutlich angebrachter, sie sicher nach Hause zu bringen, als jetzt Avancen zu starten.»[247]

Forschungen im US-Kontext zeigen, dass besonders an Colleges sexualisierte Gewalt häufig in Zusammenhang mit starkem Alkoholkonsum auftritt.[248] Es scheint mir durchaus plausibel, anzunehmen, dass in vielen Fällen alle Beteiligten stark berauscht sind und daher von fehlender Zustimmungsfähigkeit auf allen Seiten ausgegangen werden kann. Ich finde es daher auch wichtig, auf die meines Erachtens hier zugrunde liegenden *strukturellen* Ursachen für Alkoholkonsum hinzuweisen. Vor allem junge Menschen wollen mit Alkohol eigene Hemmungen beseitigen, die sie in ihrer Selbstwahrnehmung in einer erfüllten und befriedigenden Sexualität behindern.[249] Frauen benutzen Trunkenheit auch als Rechtfertigung für Sex außerhalb von Liebesbeziehungen und entziehen sich so der «Verantwortung» für non-konformes Verhalten. Dies kann als eine Form von Selbstschutz vor dem weiter oben beschriebenen Doppelstandard für promiskuitive Frauen interpretiert werden:

«Wenn Alkohol als Grund genannt wird, unverbindlichen Sex zu haben, kann das die Funktion erfüllen, den unverbindlichen Sex von Frauen akzeptabler zu machen. Das zeigt deutlich, wie Frauen das Thema unverbindlicher Sex in einem kulturellen Kontext verhandeln, in dem auf Grundlage eines permissiven Diskurses von ihnen erwartet wird, sexuell ‹befreit› (und ‹prinzipiell› in der Lage, offen Gelegenheitssex zu haben) zu sein, aber nicht *zu* sexuell zu sein oder zu viele Sexualpartner zu haben»[250]

Damit stellen die Autor_innen eine Verbindung her zwischen den Selbstpräsentationen der befragten Frauen innerhalb eines

247 N. 2013, S. 27.

248 Vgl. Abbey 2011.

249 Vgl. Beres und Farvid 2010, S. 385.

250 Beres und Farvid 2010, S. 385 «Using alcohol as the reason for engaging in casual sex can function to make women's casual sex more acceptable. This highlights women's negotiation of casual sex in a cultural context where they are expected to be sexually ‹liberated› (and ‹technically› able to engage in casual sex *openly*) based on the permissive discourse but not be *too* sexual or have too many sexual partners.»

permissive discourse und den damit zusammenhängenden Vorstellungen von weiblicher und männlicher Sexualität, die durch solche Erzählungen untermauert werden.

Wird als Bedingung einer erfolgreichen Kommunikation allein die Zustimmungsfähigkeit von A betont, besteht die Gefahr, traditionelle Geschlechterrollen zu reproduzieren, nach denen Frauen schutzbedürftig und tendenziell wehrlos bzw. nicht zustimmungsfähig sind und Männer damit die sind, die immer verantwortlich und bewusst handeln können. Ich denke stattdessen, dass ein Hinweis auf Zustimmungsfähigkeit, die den Schutz aller Beteiligten zum Ziel hat, hier starre Vorstellungen aufbrechen kann, ohne asymmetrische Geschlechterverhältnisse außer Acht zu lassen.

In diesem Zusammenhang wird meines Erachtens Sanyals Forderung nach einer Umdefinition von Verletzlichkeit interessant. Sanyal argumentiert mit Judith Butler dafür, Verletzlichkeit nicht mehr als «das Andere» anzusehen, sondern in das Konzept des Eigenen aufzunehmen. Es gehe darum

«ein verletzliches Ich zu denken, das durch die Wahrnehmung der eigenen Verletzlichkeit fähig wird, Empathie für die Verletzlichkeit anderer zu empfinden, ohne diesen ihren Subjektstatus absprechen zu müssen. […] Dadurch verwandelt sich Verletzbarkeit von einer Schwäche in eine Ressource, in etwas, das uns zutiefst menschlich macht.»[251]

Will man Zustimmungsfähigkeit bei allen Beteiligten als wichtige Frage thematisieren, so könnte dies beispielsweise konkret bedeuten, den Zustimmung gebenden Part (A) darin zu bestärken, Zustimmung zu verweigern, wenn der initiierende Part (B) als zu berauscht wahrgenommen wird. Es könnte auch bedeuten, B nicht nur in Hinblick auf den Schutz von A zu adressieren, sondern auch in Hinblick auf den eigenen Schutz. Dies würde alle Beteiligten als potentiell verletzlich darstellen und alle Beteiligten als potentiell fähig ansehen, verantwortlich und empathisch zu handeln.

Vorstellungen davon, wer von den Beteiligten verantwortlich handelt und bei wem die Frage der Zustimmungsfähigkeit thematisiert wird, hängen eng zusammen. Wer zustimmungsfähig ist, kann auch Verantwortung tragen. Wer eventuell nicht zustimmungsfähig ist, kann eventuell auch keine Verantwortung tragen. Im Zustimmungskonzept wird die Zustimmungsfähigkeit

251 Sanyal 2016, S. 146–147.

der initiierenden Person nicht in Frage gestellt und gleichzeitig wird ihr auch einseitig die Verantwortung zugeschrieben.

5.2 Gegen victim blaming *und* gegen weibliche Ohnmacht: Die Frage der Verantwortung

Ein wesentliches Argument für die Favorisierung von «Ja heißt Ja» gegenüber «Nein heißt Nein» lautet, dass die Personen, die sexuelle Handlungen initiieren, dafür die Verantwortung tragen sollen, dass sie mit ihren Handlungen nicht die Grenzen anderer verletzen.[252] Begründet wird dies damit, dass häufig die Opfer für die ihnen widerfahrenen Übergriffe verantwortlich gemacht werden:

«Grenzüberschreitungen dieser Art passieren immer wieder, und die Schuld wird letztlich den Frauen gegeben, denn sie hätten ja Nein sagen können. Unsere angebliche sexuelle Befreiung ist auf ein Nein zusammengeschrumpft.»[253]

«Nein heißt Nein» impliziere eine «Täter-Opfer-Umkehr», nach der Personen solange die Verantwortung für die Verletzung ihrer Grenzen trügen, wie sie diese nicht aktiv mit einem «Nein» verteidigten. Stattdessen sollen nach dem Prinzip «Ja heißt Ja» Personen präventiv aktiv werden, um eine Grenzverletzung zu verhindern, bevor sie überhaupt stattfindet, indem Zustimmung von den weiteren Beteiligten eingeholt wird. Wurde ein Übergriff begangen, so liegt die Verantwortung dafür bei der Person, die ihn begangen hat. So schreibt der «mädchenblog» über das Konsensprinzip:

«[D]ieses nach Zustimmung suchende Prinzip verlegt im Sinne der Definitionsmacht die Verantwortung nach einem Übergriff zum_zur Täter_in. So muss nicht die betroffene Person gefragt werden: ‹Warum hast du nichts gesagt?!›, sondern die Frage wird an den_die Täter_in gestellt und lautet nun: ‹Hast du aktive Zustimmung bekommen, bevor du irgendwas getan hast?!›»[254]

---

252 Das übersetzt sich auch in eine Vielzahl von Regelungen an US-Colleges. Für einen Überblick über verschiedene Ordnungen, die eine klare Verantwortungszuweisung an den «sex proponent» enthalten, *Affirmative Consent* abzusichern («ensure») – siehe Fußnote 76 in Gruber 2016a, S. 434.

253 Kapfer 2011.

254 st_eve 2008.

Dies bedeutet analog auch eine Verlagerung der Hauptzielgruppe von Präventionsmaßnahmen gegen sexuelle Gewalt: Während man im Sinne von «Nein heißt Nein» häufig darauf fokussiert hat, wie Menschen – häufig Frauen – klar und unmissverständlich Nein sagen können und somit auf eine Verhaltensänderung der potentiell Betroffenen abzielten,[255] geht es im Rahmen von «Ja heißt Ja» nun darum, Menschen in ihrer Rolle als Initiator_innen und damit als potentielle Täter_innen anzurufen, indem man ihnen beibringt, Zustimmung vom Gegenüber einzuholen. Ich plädiere hier für eine Differenzierung auf zwei Ebenen: Einerseits adressiert der Slogan «Nein heißt Nein» durchaus auch potenzielle Täter_innen, indem diese dazu aufgefordert werden, ein Nein zu hören, ernst zu nehmen – also nicht als *token resistance* abzutun – und sich entsprechend zu verhalten. Gleichzeitig denke ich nicht, dass Aufklärung darüber, was potenzielle Opfer tun können, um Übergriffe gegen sich selbst zu verhindern, gleichbedeutend damit ist, ihnen die Schuld zu geben. Die US-amerikanische Journalistin Emily Bazelon bemerkt dazu analog, dass eine Warnung an Frauen, dass Rausch (intoxication) die Gefahr, sexuell belästigt zu werden, erhöht, nicht heißt, sie für das Verhindern von Übergriffen verantwortlich zu machen.[256] Daher verschiebt sich meines Erachtens von «Nein heißt Nein» zu «Ja heißt Ja» vor allem das Verständnis davon, wer *aktiv* ist im Akt der Zustimmung: Während es bei «Nein heißt Nein» diejenigen Personen sind, die eine Grenze ziehen wollen (sie müssen Nein sagen), sind es bei zweiterem alle Beteiligten (sie müssen Ja einholen bzw. Ja sagen).

Doch zurück zu der Frage der Verantwortung. Das Bild der wehrlosen und sich stets in Gefahr befindlichen Frauen zeigt sich z. B. in diesem Zitat:

«Die Gesetzgebung zum Thema ausdrückliches Einverständnis dreht sich nicht nur um die 20 % der jungen Frauen und Mädchen, die als Überlebende eines Übergriffs zurechtkommen müssen. Es geht um das tägliche Leben von 100 % der Frauen, die niemals ganz sicher über ihre körperliche Unversehrtheit sein können.»[257]

---

255 Vgl. Powell 2008, S. 170.

256 Vgl. Bazelon 2014.

257 León und Jackson 2015 «Affirmative consent legislation isn't just about the more than 20 percent of young women and girls who will have to live as assault survivors. It's about the 100 percent of women who have to live every day, never quite certain of their physical safety.»

Für die Autor_innen sind alle Frauen, die einmal sexualisierte Gewalt erlebt haben, «Überlebende»[258] und jede Frau schwebe täglich in der Gefahr, dass ihre körperliche Unversehrtheit verletzt wird. Diese Bilder, die die beständige Warnung vor Vergewaltigungen einschließen, kritisiert Sanyal als eine der «Initiationen in die Geschlechterverhältnisse».[259] Demnach lernen Mädchen und Frauen so, dass sie «vergewaltigbar» und verletzlich sind und sich entsprechend verhalten sollten. Spiegelbildlich lernen Jungen, so Sanyal weiter, mit Mädchen besonders vorsichtig und rücksichtsvoll umzugehen.[260] Diese Eigenschaften gelten gleichzeitig als «unmännlich», weshalb Susan Bordo diese paradoxe Anrufung auch als «Double Bind der Männlichkeit» bezeichnet. Eindrückliches Beispiel dafür ist die Geschichte der Journalistin Courtney Sender, die in ihrem Artikel «He Asked Permission to Touch, but Not to Ghost» sexuelle Begegnungen mit einem Typen beschreibt, der sie ständig nach Zustimmung fragt. Zunächst findet sie das seltsam, schließlich lässt sie sich aber mehr und mehr darauf ein. Als sie auch beginnt, ihn nach Konsens zu fragen, passiert folgendes:

«Er war verblüfft. ‹Ich frage dich das,› sagte er. ‹Warum?› ‹Weil ich derjenige bin, der dich dazu zwingen könnte, etwas zu tun, was du nicht tun willst›, sagte er. ‹Nicht andersherum…›»[261]

Ihr Gegenüber begründet mit seiner körperlichen Überlegenheit als Mann, weshalb nur er nach Zustimmung fragt – eine Frau kann ihm ja nichts antun, da sie schwächer ist. Meines Erachtens wird an seiner Reaktion erstens sichtbar, wie die geschlechtsspezifische Rollenverteilung im Zustimmungskonzept gedacht ist und zweitens wird auch deutlich, dass damit jeweils eine Position der Wehrhaftigkeit und Stärke bzw. der Wehrlosigkeit und Schwäche verbunden ist. Sender fragt sich daraufhin in ihrem Essay:

«War es angesichts unser vollkommen auf Einverständnis beruhenden Interaktion wichtig, wer stärker war? Konnten wir uns nicht als zwei gleichwertige menschliche Wesen behandeln, von denen jeder intime Handlungen suchte und ihnen zustimmte?

258 Zur kritischen Diskussion des Begriffs «Überlebende» siehe Sanyal 2016, S. 88–100.

259 Sanyal 2016, S. 12.

260 Sanyal 2016, S. 12.

261 Sender 2018 «He was taken aback. ‹I ask you that,› he said. ‹Why?› ‹Because I'm the one who could make you do something you don't want to do,› he said. ‹Not vice versa.›»

War das nicht die schöne Sache, die er mir beibrachte, dass wir völlig menschlich zueinander sein konnten, nachfragen, und dabei ja und nein respektieren?»[262]

Indem die Autorin fragt, ob man sich nicht einfach wie zwei gleiche Menschen behandeln könne, versucht sie, die vergeschlechtlichten Aspekte auszublenden, die aber meines Erachtens *strukturell* in Zustimmung angelegt sind – wenn auch oftmals nicht so offensichtlich wie in ihrer Geschichte.

Die Aufforderung innerhalb des Zustimmungskonzepts, «lieber einmal zu viel» nachzufragen und die Grenzen der_des Anderen zu achten, erscheinen vor den gegebenen Geschlechterverhältnissen nicht mehr so geschlechtsneutral, sondern viel mehr besonders an Männer gerichtet. Sie fügen sich somit in die beschriebenen tradierten Geschlechtervorstellungen ein. Eine Kritik an der einseitigen Verantwortungsverlagerung beinhaltet, dass sie die Gefahr berge, Betroffene – und somit meist Frauen – als hilflose Opfer zu sehen. So findet sich in der Online-Kommentarspalte zu einem Artikel in dem feministischen Magazin «an.schläge» zum Zustimmungskonzept folgender Einwand:

«Ich mag es nicht mich als Opfer der Männer zu sehen, die aufhören müssen unsere Bedürfnisse zu ignorieren oder gar zu verletzen. Jeder Sex, den wir mit einem Mann haben, wo wir auf unsere Bedürfnisse bestehen, kommt vermutlich der Frau nach uns zu gute. Ich möchte mich nicht drauf verlassen müssen, dass Männer lernen, dass Frauen beim Sex nicht nur dazu da sind um ihren Penis irgendwo reinzustecken. Mir gefällt diese Ohnmachtsposition nicht. Ich möchte, dass wir uns untereinander ermutigen für unsere Bedürfnisse und unsere persönlichen Grenzen einzustehen.»[263]

Die Kommentatorin spricht hier einen wichtigen Punkt an: Die einseitige Verschiebung der Verantwortung an den initiierenden (und männlich gedachten) Part impliziert das Bild von ohnmächtigen Frauen, die auf den verantwortungsbewussten und selbstreflektierten Umgang der Männer «angewiesen» seien. Sylvia schlägt als Gegenstrategie kollektive, weibliche Selbs-

262 Sender 2018 «Given our wholly consensual interaction, did it matter who was stronger? Couldn't we treat each other as two equal human beings, each of whom had invited and agreed to intimate acts? Wasn't that the beautiful thing he was teaching me, that we could be fully human to each other, checking in, honoring yes and respecting no?»

263 Sylvia, Kommentar unter Kapfer 2011.

termächtigung («untereinander ermutigen») vor. Auch Ulrike Heider schlägt in eine ähnliche Kerbe und führt zur Reform des deutschen Sexualstrafrechts im Jahr 2016 aus:

«Das neue Gesetz [lässt] erwachsene Frauen ebenso schutzbedürftig erscheinen wie Behinderte, Kinder oder Jugendliche unter 18 Jahren. Freiheit und Selbstverantwortung als Voraussetzungen nicht nur weiblicher Emanzipation, sondern auch eines erfüllten Liebeslebens werden dabei vergessen. [...] Die Vorstellung von der hilflosen Frau in den Köpfen der Gesetzesveränderer wird ergänzt durch die vom Mann als einem allzeit bereiten Belästiger oder Vergewaltiger.»[264]

Heider deutet Verantwortung hier positiv im Sinne von Selbstverantwortung als Voraussetzung weiblicher Emanzipation und befriedigender Sexualität. Das kann im Anschluss an Simone de Beauvoir als die feministische Forderung verstanden werden, «dass Frauen nicht länger im Status des ‹Anderen› verharren und der Immanenz verhaftet bleiben sollten, sondern ihr Subjektsein und ihre Autonomie realisieren»[265] sollen, was bedeutet, auch für sich selbst und die eigene Entfaltung Verantwortung zu übernehmen. Heider hat hier einen etwas anderen Begriff von Verantwortung als der, der dem Argument der Verantwortungsverlagerung im Zustimmungskonzept zugrunde liegt. Bei diesem geht es weniger um Verantwortung für die Verwirklichung der eigenen Autonomie, als vielmehr um Verantwortung dafür, moralisch zu handeln, aber auch um Verantwortung für das Gegenüber und dessen Grenzen. Das hat auch damit zu tun, dass im Konsensprinzip zwei Ebenen vermischt werden. Auf der einen Seite geht es dem Zustimmungskonzept um *präventive* Verhinderung von Grenzverletzungen und Gewalt, und dementsprechend um die Verantwortung für die sexuelle Handlung überhaupt bzw. die *potenzielle* Grenzverletzung. Gleichzeitig dreht sich das Argument gegen *victim blaming* nicht um potenzielle, sondern um bereits geschehene, konkrete Übergriffe und um die Frage, wer Verantwortung für diese trägt.

Ich denke, dass hier eine Unterscheidung von Schuld und Verantwortung sinnvoll sein könnte. Während zwar alle Beteiligten für die Einvernehmlichkeit sexueller Handlungen im Sinne einer Vermeidung von Grenzüberschreitungen *prospektiv* – also auf die Zukunft gerichtet – verantwortlich sind, trifft die Schuld

264 Heider 2016.
265 Vgl. Wendel 2003, 100.

nach einer tatsächlich begangenen Grenzverletzung, also *retrospektiv,* die Person, die die Grenze verletzt hat. Eine solche Unterscheidung würde einerseits die potenzielle Handlungsmacht aller Beteiligten mitdenken und könnte gleichzeitig gegen den Vergewaltigungsmythos Stellung beziehen, nach dem die (weiblichen) Betroffenen für die ihnen zugefügte sexualisierte Gewalt (mit-)verantwortlich zu machen sind.[266]

Es wird deutlich, dass das Argument der Verantwortungsverschiebung eine *giver-receiver*-Grammatik von Zustimmung voraussetzt. Das Argument basiert nämlich auf der Vorstellung, dass es eine Person gibt, die verantwortlich ist, die Zustimmung einer anderen Person einzuholen. Das impliziert weiterhin die Annahme, dass bei sexuellen Handlungen immer einen aktiv-initiierenden und einen reaktiv-empfangenden Part gibt, die beide innerhalb heteronormativer Diskurse geschlechtlich konnotiert sind.

Hennessy zufolge kontrolliert Heteronormativität das Begehren zwischen einem sexuellen Subjekt und einem sexuellen Objekt. Gemäß einer vergeschlechtlichten Hierarchie werden sexuelle Subjekte dabei als männlich konstruiert und stehen über sexuellen Objekten, die wiederum als weiblich gedacht werden.[267] Damit sind Männer und Frauen in heteronormativen Diskursen unterschiedlich positioniert.

Die innere Grammatik von Zustimmung, wie Kleinig sie beschreibt und wie sie im Diskurs um ausdrückliches Einverständnis auch mehrheitlich verstanden wird, muss vor dem Hintergrund heteronormativer Vorstellungen innerhalb der Gesellschaft als vergeschlechtlicht interpretiert werden. Demnach sucht ein aktives männliches Subjekt die Zustimmung eines reaktiven weiblichen Subjekts.[268]

Sexual consent wird auch in wissenschaftlicher Literatur häufig als gegendert wahrgenommen, und zwar insofern, als dass Frauen Männern Zustimmung geben.[269] So wird in Studien oftmals erforscht, wie Frauen Zustimmung geben und Männer Zustimmung wahrnehmen, selten aber umgekehrt oder innerhalb homosexueller Situationen zwischen zwei Frauen oder zwei Männern. Folgen dieser vergeschlechtlichten Zuschreibun-

266 Vgl. Burt 1980, S. 223.
267 Vgl. Wagenknecht 2007, S. 18.
268 Vgl. Greenhalgh 2013, S. 11.
269 Beres 2007, S. 96.

gen sind unter anderem, dass männliche Zustimmung immer vorausgesetzt wird. Männer werden als permanent begehrend angesehen und daher sexuelle Handlungen initiierend. Dies setzt Frauen in die Position, immer nur auf Männer zu reagieren und Grenzen zu setzen, beziehungsweise zu entscheiden, ob sie partizipieren wollen oder nicht. Es lässt entsprechend wenig Raum für die Vorstellung und Anerkennung von weiblichem Begehren und die Initiierung von Sex durch Frauen und korrespondiert mit heteronormativen Vorstellungen von Sexualität des beschriebenen *male sexual drive discourse.*[270]

Teilweise werden in der Literatur zu *sexual consent* auch genderneutrale Begriffe benutzt, aber die erläuternden Beispiele spiegeln dann die gleichen vergeschlechtlichten Zuschreibungen wider.[271] Dazu bemerkt die Geschlechterforscherin Beres in Hinblick auf sexualisierte Gewalt:

«Zustimmung als genderabhängig zu verstehen spiegelt die gegenderte Natur sexueller Gewalt wider – sehr viel mehr Frauen leiden unter der Gewalt durch ihre männlichen Partner als umgekehrt. Ein Ansatz, der die sexuellen Skripte heterosexueller Beziehungen berücksichtigt, legt nahe, dass Männer meist sexuelle Handlungen initiieren und Frauen reagieren, indem sie diese Initiative entweder ablehnen oder annehmen.»[272]

Leerstellen eines solchen gegenderten Verständnisses von Zustimmung sind dementsprechend jedoch homosexuelle Aktivitäten, Sex mit mehreren Partner_innen und sexuelle Handlungen, die von Frauen initiiert werden. Diese Formen von Sexualität bleiben in der Forschung daher auch weitgehend unterbelichtet und es gibt wenige Einsichten dahingehend, wie in solchen Kontexten Zustimmung verhandelt wird.[273]

Aus diesen Überlegungen ergibt sich das auch aus anderen Bereichen bekannte Spannungsverhältnis zwischen der Ausblendung von Machtverhältnissen und ihrer Reproduktion: Entweder werden vergeschlechtlichte Zuschreibungen durch eine

---

270 Beres 2007, S. 97.

271 Beres 2007, S. 96.

272 Beres 2007, S. 96–97 «The gendered assumption of consent is reflective of the gendered nature of sexual violence – many more women suffer violence at the hands of their male partners than vice versa. A sexual script approach to heterosexual relations suggests that men most often initiate sexual activity while women respond to men by either refusing or accepting the initiation.»

273 Eine der wenigen Ausnahmen bildet die Studie von Beres et al. 2004.

geschlechtsneutrale Formulierung des Zustimmungskonzepts ausgeblendet und so verschleiert, was meines Erachtens im Moment die Tendenz ist. Oder man benennt die dahinter liegenden Machtverhältnisse und Geschlechterbilder und riskiert so, Geschlechterbilder festzuschreiben und zu reproduzieren.

In einer interessanten Studie von 2010 wurde die Handlungsmacht von Frauen in Bezug auf Sex außerhalb von Beziehungen untersucht und hier der Blick darauf gelenkt, wie diese Frauen «ethisch» handeln. Dabei beziehen die Autor_innen sich auf den Begriff der Ethik bei Foucault. Dieser unterscheidet zwischen Moralität als eine Frage von gesellschaftlichen Normen des «Erlaubten» und Ethik als eine Praxis der Selbstgestaltung.[274] Freiheit stellt dabei eine wichtige Bedingung für Ethik dar. Die Autor_innen konstatieren, dass manche Menschen je nach sozialer Verortung mehr oder weniger beschränkt sind in ihren Freiheiten und somit in ihren Möglichkeiten, ethisch zu handeln, also sich selbst zu verwirklichen. Foucault verwendet den Begriff der *rapport á soi* und bezeichnet damit eine Form der Beziehung, die man zu sich selbst haben *sollte*. Damit konstituieren Individuen sich selbst als moralische Subjekte ihrer eigenen Handlungen in einer gegebenen Gesellschaft. Diese Form der Beziehung benötigt nicht nur Wissen über das eigene Selbst, sondern auch Selbstreflexion:

«Diese Reflektion setzt voraus, dass die Individuen nicht nur darüber nachdenken, wie sie sich angesichts einer bestimmten Handlung fühlen, was sie sich wünschen und was ihnen Lust bereitet, sondern ebenso darüber, wie vorherrschende Darstellungen (und Diskurse) über Sexualität einen Einfluss auf ihr eigenes Verständnis von Sexualität haben.»[275]

Diese Form der Selbstreflexion, die hier angesprochen ist, ist sehr voraussetzungsvoll: Die Einzelnen sollen die eigene Position in der Gesellschaft verorten und wie dominante Diskurse ihr Verständnis von Sexualität – und ich würde hier ergänzen: ihre sexuellen Vorlieben und Praktiken – beeinflussen. Folgt man dieser Überlegung, so ergibt sich daraus für sexuelle Bildung und für Präventionskonzepte speziell die praktische Forderung,

---

274 Beres und Farvid 2010, S. 378.

275 Beres und Farvid 2010, S. 378 «This reflection requires that individuals reflect not only on how they feel about a particular act, their desires and pleasures, but also reflect on how dominant cultural representations (or discourses) of sexuality have an impact on their own understanding of sexuality.»

Kenntnisse über gesellschaftliche (Geschlechter-)Verhältnisse und heteronormative Diskurse zu vermitteln, um zu einer solchen Selbstreflexion zu befähigen.

Die Autor_innen kommen in der Studie nun zu der Erkenntnis, dass heteronormative Diskurse die Möglichkeiten von Frauen, ethisch innerhalb sexueller Begegnungen zu handeln, einschränken können. Gleichzeitig stellen sie verschiedene Strategien bei den Befragten fest, die heteronormative Diskurse nicht nur bestärken, sondern auch aufbrechen und in Frage stellen. Als eine Form der «Sorge um sich Selbst» beschreiben sie das Setzen von Grenzen, zum Beispiel was die Benutzung von Verhütungsmitteln angeht oder wann Sex stattfindet. In einem tradierten heteronormativen Rahmen kann dies als typische *gatekeeper*-Funktion von Frauen interpretiert werden, die dafür Sorge tragen, männliches Begehren zu begrenzen. Dies ist ähnlich wie der Ansatz des «Nein heißt Nein»-Prinzips, welcher die Rolle von Frauen auf die der Grenzzieherinnen festlegen kann. Eine Strategie der Selbstsorge, die diese tradierten Diskurse unterläuft, ist das aktive Einfordern sexueller Befriedigung durch die befragten Frauen. So sagt eine Befragte aus der Studie, Karen, im Interview Folgendes:
«Ich habe kein Problem damit, mir beim Sex nachzuhelfen, damit ich komme. Denn manche Männer sind gut darin, manche Männer wissen was sie tun und du musst dich um nichts sorgen. Aber andere Männer sind völlig ahnungslos. Vor allem vielleicht Männer, die noch nicht so erfahren sind. Und deshalb habe ich überhaupt kein Problem damit, dass es um mich geht. Und ich weiß, dass ich kein Problem damit habe, zu sagen ich will dies und das tun.»[276]

Karen beschreibt hier, dass sie «kein Problem» damit hat, zu sagen, was sie will oder sich während des Sex mit anderen selbst zu befriedigen. Sie handelt damit aktiv und drückt eigenes sexuelles Begehren aus. In einem heteronormativen Kontext, der männliches Begehren in den Mittelpunkt stellt, ist eine solche Strategie dazu geeignet, tradierte Annahmen über weibliche Sexualität aufzubrechen und Frauen selbst als begehrende

276 Beres und Farvid 2010, S. 383 «I don't mind like, like helping myself get off when I'm having sex cause some guys are good at it, some guys know how to do it and you don't have to worry about it, but some guys are totally clueless, especially, maybe not so experienced guys and so I don't have an issue at all with for me it's for me and I know that I don't have a problem with [saying] I want to do this I want to do that.»

und aktive Subjekte zu begreifen. Dies ist auch etwas, was das Prinzip von «Ja heißt Ja» gegenüber «Nein heißt Nein» eher beinhalten kann, da es alle Beteiligten, und somit auch Frauen, wie oben beschrieben als aktiv handelnd versteht. Zudem kann – selbst in tradierten gegenderten Kategorien gedacht – in Hinblick auf die Existenz weiblichen Begehrens eine weibliche Rolle, die Ja-Sagen beinhaltet, mehr empowern, als eine Rolle, die auf Nein-Sagen beschränkt ist. Dies ist prinzipiell ein großer Vorteil des Zustimmungskonzepts.

Desweiteren beschreiben die Autor_innen ein Feld der sexuellen Ethik, die sie als «Sorge um andere» bezeichneten. Dieses Thema spielte laut Studie am seltensten in den Schilderungen der Frauen eine Rolle. Es ging dabei vor allem um Erzählungen, die sich interessanterweise auf das Sicherstellen von Zustimmung bei dem männlichen Partner bezogen. So beschrieben zwei der befragten Frauen, wie sie auf verschiedene verbale und nonverbale Weisen versuchten zu erfahren, ob der Sex einvernehmlich ist. Die Autor_innen interpretierten dies folgendermaßen:

«Diese beiden Frauen durchbrechen den *male sexual drive discourse* subtil, indem sie auf diese Art nachfragen. [...] Keine anderen Frauen haben auf diese Weise nach dem Wunsch oder der Bereitschaft ihres Partners nach Gelegenheitssex gefragt. Betrachtet man das Vorherrschen des *male sexual drive discourse*, überrascht es nicht, dass es relativ wenig Berichte über diese Art von ‹Sorge um andere› in den Erzählungen der Frauen über Gelegenheitssex gibt.»[277]

Damit beziehen die Autor_innen das Ergebnis auf heteronormative Diskurse, in welchen Zustimmung bei Männern häufig bereits vorausgesetzt wird, und die dazu beitragen können, dass Frauen sich weniger in der Verantwortung sehen, Zustimmung einzuholen.

Die beschriebene Grammatik der Zustimmung setzt eine Person, die Sex «gibt» und eine andere Person, die Sex «bekommt» voraus. Diese Grammatik ist vor dem Hintergrund heteronormativer Verhältnisse nicht geschlechtsneutral, sondern denkt die erste Position vor allem als weiblich und die zweite als

277 Beres und Farvid 2010, S. 389 «These two women subtly disrupt the male sexual drive discourse by engaging in this type of checking. [...] No other women questioned their partner's desire or readiness for casual sex in this way. Considering the prevalence of the male sexual drive discourse, it is not surprising that there were relatively few accounts of this type of ‹care for the other› in the women's casual sex stories.

männlich. Sowohl das «Nein heißt Nein»-Prinzip als auch das Zustimmungskonzept stellen diese *giver-receiver*-Grammatik nicht in Frage. Stattdessen trägt die Art und Weise der Thematisierung von Zustimmungsfähigkeit dazu bei, die Zustimmung gebende Personen als potenziell verletzlich und in Gefahr zu verstehen, während Zustimmungsfähigkeit und damit rationales und verantwortungsvolles Handeln bei der Zustimmung erhaltenden Person als gegeben vorausgesetzt wird. Die einseitige Verantwortungsverschiebung, die Teil des Konsensprinzips ist, kann weiterhin einen stabilisierenden Effekt auf tradierte Geschlechtervorstellungen haben, nach denen Frauen Opfer ohne Handlungsoptionen und Männer machtvolle Täter sind.

Es gibt jedoch Ansätze, die versuchen, die beschriebene Grammatik sexuellen Einvernehmens zu durchbrechen.

Exkurs: Kollaborative Ansätze als Versuch der Infragestellung von Heteronormativität

Die Journalistin Leonie Kapfer schreibt im feministischen Magazin an.schlaege, dass Sex «wie alle anderen gemeinschaftlichen Tätigkeiten auch als etwas verstanden werden [muss], das aktive Teilnahme aller Involvierten verlangt».[278] Weiter heißt es dann:

«Sex ist nicht Penetration, sondern Zusammenspiel. Und um das zu erreichen, sollten wir endlich eine Sprache für unsere Sexualität finden. Denn Konsens will erfragt werden. Nur wenn ich mein Gegenüber frage, ob es etwas ebenfalls will, kann ich ein Ja zur Antwort bekommen. Und nur ein Ja kann Konsens herstellen.»[279]

Hier schrumpft die eingeforderte aktive Teilnahme auf ein Ja zusammen. Margarete Stokowski problematisiert diese Vorstellung von aktiver Teilnahme in einem Interview. Es gehe nicht nur um Ja oder Nein, sondern vielmehr um die Frage, *welchen* Sex man wolle:

«Vielleicht hören wir ja irgendwann auf, über Nein oder Ja zu sprechen. Was war denn die Frage, worauf das Ja die Antwort sein sollte? War die Frage: Willst du Sex? Ja? Oder ist die Frage: Willst du das? Oder das? Und das? Und das und das und das?

---

278 Kapfer 2011.
279 Kapfer 2011.

Freiheit ist keine Frage von ja oder nein, sondern von so oder so. Oder so. Oder so.»[280]

Die Frage also, wie aktive Teilnahme jenseits von einem Ja aussehen könnte, ist durchaus auch im deutschsprachigen Diskurs präsent – wenn auch nur am Rande. Zudem geht es auch um die Frage, wie die dargestellte heteronormative Grammatik durchbrochen werden kann. Entgegen der Vorstellung, dass (meist) Männer Frauen um Zustimmung bitten, formuliert die Autorin Katja Lewina in einem Artikel, warum sie Männer nach Konsens fragt:

«Ich mache das, auch wenn es Männer waren, die Frauen über Jahrtausende sexuell unterdrückt und ausgebeutet haben. Auch wenn viel zu viele von ihnen es offensichtlich bis jetzt nicht lassen können, Frauen ungewollt mit ihren Schwänzen zu behelligen. Auch wenn wir verzweifelt nach den wenigen Stecknadelköpfen suchen, die kein #MeToo-Label tragen. Ich mache das, weil es richtig ist. Weil niemand ungefragt den Körper eines*r anderen erobern sollte, egal welches Geschlecht er*sie hat, egal wie sehr er*sie das in diesem Augenblick auch möchte. Und weil es entgegen der landläufigen Meinung auch Männer gibt, die sich nicht wohl oder unter Druck gesetzt fühlen und das nicht artikulieren können. Konsens geht in alle Richtungen.»

Lewina benennt hier einerseits den patriarchalen Kontext, in dem wir heute Sex haben, sie sieht es aber gleichzeitig als wichtig an, bei Männern nicht per se Zustimmung anzunehmen oder dass sie gegebenenfalls ein Nein artikulieren würden.

Im englischsprachigen Raum existieren weitergehende, zum Teil recht ausformulierte Ansätze zu diesen Fragen, die ich im Folgenden unter dem Sammelbegriff «kollaborative Ansätze» fasse.[281]

Einen der ersten Ansätze für ein «kommunikatives Modell von Sexualität» legte Lois Pineau in ihrem weit rezipierten Aufsatz «Date Rape: A Feminist Analysis» vor. Sie grenzt sich von einem Vertragsmodell von Sexualität ab, nach welchem der aktive, aggressive Mann einer passiven, unterwürfigen Frau einen sexuellen Vertrag vorschlage, den sie lediglich annehmen oder ablehnen kann. Sie stellt heraus, dass diesem Konzept weibliche Machtlosigkeit zugrundeliegt und damit die Ungleichheit

280 Stokowski in Mayer 2017; ähnlich auch Theißl 2015.

281 Vgl. bspw. Greenhalgh 2013; Millar 2008; Bussel 2008.

zwischen Männern und Frauen inhärent ist.[282] Während das Vertragsmodell vor allem das Ergebnis in den Blick nimmt und sich wenig dafür interessiert, wie die Aushandlung vonstattengeht, möchte Pineau in ihrem kommunikativen Ansatz hervorheben, dass alle Beteiligten verpflichtet sind, die Interessen aller zu berücksichtigen. Sie analogisiert kommunikative Sexualität mit einer guten Konversation:

«Solch eine Sichtweise verortet den vertraglichen Akt von sexuellem Einverständnis, der anderswo als Handlung verstanden wird, innerhalb eines Kommunikationsprozesses, in dem Einverständnis Teil einer Reihe von Beziehungsdiskursen ist.»[283]

Moore und Reynolds kritisieren Pineaus Ansatz unter Rückgriff auf Tannen, dass geschlechtsspezifische Kommunikationsweisen existieren. Sie folgen dabei nicht ihrer These, dass Frauen und Männer sich deshalb nicht verstehen können, heben aber heraus, dass geschlechtsspezifische Sozialisation dazu führe, dass Frauen und Männer aus unterschiedlichen Motiven heraus kommunizieren: Während Männer dazu neigen, sich selbst in einer sozialen Hierarchie zu verorten und Kommunikation benutzen um ihre Position darin zu verbessern, tendieren Frauen dazu, Kommunikation dazu zu nutzen, nahe Beziehungen aufzubauen. Moore und Reynolds schließen daraus, dass solch ein kommunikatives Modell daher seine Grenzen habe, zumindest aber komplexer zu entwerfen sei, als Pineau es tut.[284]

Es haben sich, teilweise als Weiterentwicklung des Modells von Pineau, weitere Ansätze innerhalb des Diskurses um *Affirmative Consent* entwickelt, die Zustimmung eher als einen kollaborativen, also gemeinschaftlichen, Prozess verstehen. Nach Greenhalgh ist vor allem in feministischen Räumen die Tendenz zu beobachten, Zustimmung weniger wie eine bloße «Unterschrift» zu verstehen, als vielmehr nach einer Form der «equal collaboration» zu suchen. Daher werde Zustimmung immer häufiger mit verschiedenen Attributen wie «healthful», «good», «meaningful» oder eben «enthusiastic» versehen, die das, was über das Unterschreiben hinausgeht, beinhalten sol-

282 Vgl. Moore und Reynolds 2004, S. 37.

283 Moore und Reynolds 2004, S. 38 «Such a view locates the contractual act of sexual consent, represented elsewhere as action, within a process of communication, where consent is one part of a set of relational discourses.»

284 Moore und Reynolds 2004, S. 38.

len.[285] Aufgrund der dargestellten Geschlechterzuschreibungen innerhalb der *giver-receiver*-Struktur vermutet Greenhalgh hinter der Grammatik von Zustimmung den ‹politisch aufgeladensten Aspekt› in der Debatte um eine Definition.

Ein Verständnis von *Affirmative Consent* als gegenseitige Kollaboration verändert nach Greenhalgh die grundlegende Beziehung zwischen den involvierten Personen und somit die Grammatik von Zustimmung, da keine *giver*- und *receiver*-Positionen mehr vorhanden sind.

Thomas Millar schlägt in seinem Aufsatz «Towards a Performance Model of Sex» eine Rekonzeptionalisierung des hegemonialen Sexualitätsverständnisses vor.[286] Nach Millar liegt der Vorstellung, ausdrückliche Zustimmung sei ein simples «get a yes», ein hegemoniales Verständnis von Sex als Ware zugrunde:

«Wir leben in einer Kultur, in der Sex weniger eine Handlung als eine Sache ist: Eine Substanz die gegeben, gekauft, verkauft oder gestohlen werden kann, die einen Wert und eine Angebot-und-Nachfrage-Kurve hat.»[287]

In diesem sogenannten *Commodity Model* sei Sex wie ein Ticket, das Frauen haben und Männer versuchen zu bekommen. Damit ist es inhärent heteronormativ und reproduziert patriarchale Rollenvorstellungen von Männern und Frauen, so die Kritik von Millar:

«Das Warenmodell geht davon aus, dass eine Frau etwas Wertvolles verliert, wenn sie Sex hat. Wenn sie zu viel Sex hat, steht sie ohne etwas Wertvolles da. Es nimmt darüber hinaus an, dass Sex, der früher in ihrem Leben stattgefunden hat, mehr wert ist, als der spätere. Wenn sie zu Beginn viel Sex hat, wird das, was ihr bleibt von anderen Menschen geringgeschätzt werden.»[288]

Was ist dann mit gleichgeschlechtlichem Sex? Millar konstatiert, dass auch hier je nach Position (penetrierend/umschlie-

285 Greenhalgh 2013, S. 11.

286 Vgl. Millar 2008.

287 Millar 2008, S. 30 «We live in a culture where sex is not so much an act as a thing: a substance that can be given, bought, sold or stolen, that has a value and a supply-and-demand-curve.»

288 Millar 2008, S. 38 «The commodity model assumes that when a woman has sex, she loses something of value. If she engages in too much sex, she will be left with nothing of value. It further assumes that sex earlier in her history is more valuable than sex later. If she has a lot of sex early on, what she has left will not be something people will esteem highly.»

ßend) der beteiligten Personen diese als weiblich oder männlich konstruiert werden:

«Eine Denkweise, die in diesem Modell feststeckt, kann von einem ‹Wer ist das Mädchen›-Konzept ausgehen, dass immer penetrierender Geschlechtsverkehr stattfindet und dass Weiblichkeit dem umschließenden Partner zugeschrieben wird.»[289]

Im *Commodity Model* wird sexuelle Aushandlung nicht als gemeinsamer, kreativer Prozess, sondern als Geschäft («bargaining process») verstanden, bei dem jede Seite versucht, so viel wie möglich in ihrem eigenen Interesse herauszuschlagen bzw. Zugeständnisse macht. Damit analysiert Millar sexuelle Aushandlung als eine Transaktion von Eigentum, die als solche marktüblichen Logiken unterworfen ist. Millar schließt, dass die Form meist nicht für beide Seiten von Vorteil ist und abhängig von der Verhandlungsposition, in der sich die Beteiligten jeweils befinden. Er schlägt stattdessen vor, Sex nicht als Ware zu sehen, sondern als kollaborative Performance, die zum Vorteil aller sei. Greenhalgh bezeichnet diese Konzeption auch als *consent-as-collaboration*.[290]

«Wie das Warenmodell impliziert das Perfomanzmodell eine Verhandlung, jedoch nicht eine ungleiche oder feindselige. Die Verhandlung ist ein schöpferischer Prozess, in dem etwas aus einer Reihe von verfügbaren Elementen geschaffen wird.»[291]

Damit beinhalte Aushandlung nicht mehr ein Aktions-Reaktions-Schema, nach dem ein Vorschlag unterbreitet wird, zu dem Ja oder Nein gesagt werden kann, sondern «a set of available elements», über die gemeinsam verhandelt wird. Ein derartiger kollaborativer Prozess involviere nach Millar eine Kommunikation über Vorlieben und die verschiedenen Dinge, die die Beteiligten mögen oder nicht mögen. Damit, so Millar weiter, eröffne dieser Ansatz auch Räume jenseits des heteronormativem Paradigmas. Es normalisiere das interaktive Wesen von Sexualität und lasse jede sexuelle Begegnung zu einer individuell einzigartigen werden, die von den Körpern der Betei-

---

289 Millar 2008, S. 36 «[T]hinking mired in this model may assume a ‹who's the girl› conception that penetrative sex always occurs and that feminity should be imputed to the enveloping partner.»

290 Greenhalgh 2013, S. 19.

291 Millar 2008, S. 38 «Like the commodity model the performance model implies negotiation, but not an unequal or adversarial one. The negotiation is a creative process of building something from a set of available elements.»

ligten, ihren Geschichten und Präferenzen beeinflusst sei.[292] Im Konzept von *consent-as-collaboration* ist dabei die ausdrückliche und aktive Teilnahme aller Beteiligten grundsätzlich vorausgesetzt.

Bei dem *Performance Model* von Millar bleibt jedoch unklar, wieso ein Aushandeln mehrerer Optionen jenseits einer Aktion-Reaktions-Struktur unterschiedliche Verhandlungspositionen der Beteiligten außer Kraft setzen sollte. Ich sehe bei diesem Ansatz die Gefahr, dass soziale Kontexte, die von heteronormativen Diskursen geprägt sind, wieder verschleiert werden.

Wie ich mit Eva Illouz weiter oben ausgeführt habe, streben Frauen auf den heutigen liberalen «Heiratsmärkten» und der dort etablierten Logiken eher nach stabilen Beziehungen. Wenn die hegemoniale Vorstellung gleichzeitig beinhaltet, dass Sex zur Stabilität einer Beziehung beiträgt, so kann dies dazu führen, dass Frauen in (heterosexuellen) Beziehungen *strukturell* in einer schlechteren Verhandlungsposition sind. Parallel können Männer im *male sexual drive discourse* dazu verleitet sein, sexuelles Begehren vorzutäuschen, um kulturellen Erwartungen an Männlichkeit zu entsprechen. Kurz gesagt, räumt die Art und Weise, wie was verhandelt wird, nicht den sozialen und kulturellen Kontext, in dem die Beteiligten sich begegnen, aus. Eine Konzentration auf kollaborative Aushandlung kann den Eindruck vermitteln, dass sich *allein* durch das Verfahren die Beziehung der Beteiligten ändern kann. Geht es darum, sexuelle Handlungen zu finden, die in gegenseitigem Interesse liegen, so ist das ein wünschenswerter Anspruch, da dann alle Beteiligten davon profitieren. Gleichzeitig aber wird dethematisiert, wo diese Interessen überhaupt herkommen.[293] Zudem ist fraglich, ob ein Aushandlungsprozess, wie Millar ihn beschreibt, überhaupt zu einem Ergebnis führt, das diesem Anspruch genügt.

Dazu sind die weitergehenden Überlegungen von Greenhalgh interessant. Sie problematisiert die Prämisse des *giver-receiver*-Modells, nach welchem die Aushandlung immer ein konkretes Ergebnis («outcome») haben muss. Nach Greenhalgh gibt es zwei grundsätzlich verschiedene Rechtfertigungen für die Suche nach Konsens: Es kann einerseits als effektiver Weg verstanden werden, um ein Ergebnis zu erzielen, das im Inter-

292 Millar 2008, S. 39.

293 Mehr dazu im folgenden Kapitel.

esse aller Beteiligten ist. Dies spiegele sich, so Greenhalgh, im feministischen Slogan «Consent is sexy» wider, wobei hier das Ziel von Konsens (guter) Sex wäre.[294] So antworten Befürworter_innen des Zustimmungskonzepts auf den Einwand, es würde die Stimmung töten, gern damit, dass stattdessen Zwang die Stimmung töten würde. Greenhalgh zitiert eine weitere Vertreterin von *Affirmative Consent*, die davon spricht, dass Konsens einen sicheren Raum schaffe, in welchem es nicht mehr wichtig sei, Ergebnisse zu produzieren, was die beste Voraussetzung dafür sei, die schöneren Ergebnisse zu erzielen (in diesem Fall also besseren Sex). Greenhalgh kritisiert, dass in beiden Fällen immer noch die gleiche Zielsetzung vorhanden sei – nämlich (guten) Sex herzustellen. Eine zweite Möglichkeit sei es aber, die Aushandlungsphase, die sie als *Groan Zone* bezeichnet, als Selbstzweck zu verstehen. Demnach wäre Konsens nicht dazu da, um am Ende ein Endergebnis oder eine Entscheidung in irgendeiner Form zu erzielen, sondern um in einer bestimmten, eben kollaborativen, Art und Weise miteinander etwas (in diesem Fall Sex) auszuhandeln:

«Eine kollaborative Grammatik benötigt einen offenen Raum in dem Ergebnisse nicht vorbestimmt sind, in dem kein letztendlicher ‹deal› garantiert ist.»[295]

Das heißt in der Konsequenz, dass am Ende einer sexuellen Aushandlung im Sinne eines *consent-as-collaboration* nach Greenhalgh vielleicht kein Sex steht und dass es darum auch gar nicht geht. Greenhalgh grenzt sich hier stark vom «consent-is-sexy-approach» ab. Nach Greenhalgh könne Kommunikation im Sinne des Konsensprinzips *tatsächlich* die Stimmung ruinieren und ebenfalls den gewünschten Sex «verschlechtern» oder gar verhindern.[296] Sie plädiert daher dafür, nicht mit dem Argument aufzuwarten, Konsens habe besseren Sex zur Folge:

«Wenn wir betonen, dass *Consent-as-collaboration* bessere Ergebnisse erzielt, sind wir vom alten Instrumentalismus vereinnahmt, der uns hindert zu würdigen, dass eine Toleranz der Aushandlungsphase, und ein Bekenntnis zum ‹Raum für Dia-

294 Greenhalgh 2013, S. 22.

295 Greenhalgh 2013, S. 23 «[A] collaborative grammar demands an open space in which outcomes are not predetermined; in which no eventual ‹deal› is guaranteed.»

296 Vgl. Greenhalgh 2013, S. 23.

log› an sich herausragende Eigenschaften von feministischem Einverständnis sind.»[297]

Greenhalgh streitet daher für eine Toleranz gegenüber Meinungsverschiedenheiten, Unentschiedenheiten, Ambivalenzen und schlichter Untätigkeit als Teil von «Yes means Yes». So sei es auch eine Entscheidung, nichts zu entscheiden oder noch Zeit zu brauchen oder passiv zu bleiben. Dies folge der feministischen Idee, dass es besser ist, gar kein Ergebnis zu erzielen als eines, das ungewollt ist.

Übertragen auf sexuelle Begegnungen kann dies bedeuten, dass es eben doch nicht zu sexuellen Handlungen kommt, weil man sich beispielsweise nicht einig wird, was man miteinander tun will oder weil sich eine beteiligte Person unsicher ist, was sie möchte. In diesem Ansatz geht es also weniger darum, am Ende guten Sex zu haben, sondern um die Kommunikation und Aushandlung als solches.

«*Consent-as-collaboration* ist eine Praxis, in der Einverständnis kein Ergebnis oder eine Erlaubnis ist, die eine Person einer anderen gibt, sondern ein Prozess, der Toleranz für Ambivalenz und Unentschlossenheit fordert. Statt zu postulieren, dass Kollaboration und Konsens aus individuellem Einverständnis folgen, verlangt das Konzept, dass Kollaboration ein unverzichtbarer Bestandteil von Konsens selbst sein muss.»[298]

Ein Vorteil von Greenhalghs Ansatz sehe ich darin, dass hier stärker und konsequenter als in anderen Ansätzen zu ausdrücklichem Einverständnis Ambivalenzen und Unsicherheiten sexuellen Wollens mitgedacht werden.[299] Klarheit im eigenen Wollen ist damit keine dezidierte Anforderung. Zudem unterläuft Greenhalghs Ansatz die Vorstellung, dass (guter) Sex zu einem erfüllten, modernen Leben dazu gehöre und von allen anzustre-

---

297 Greenhalgh 2013, S. 23–24 «By stressing that consent-as-collaboration produces better outcomes, we are coopted by the old instrumentalism which stops us appreciating that a tolerance for the Groan Zone, and a commitment to ‹space for dialogue›, may themselves be the winning features of feminist consent.»

298 Greenhalgh 2013, S. 24 «*Consent-as-collaboration* is a practice in which consent is not an outcome, or a permission given by one person to another, but a process which demands a tolerance for ambivalence and indecision. Rather than positing collaboration or consensus as something which *follows* from individual consent, it mandates collaboration as an essential part of consent itself.»

299 Mehr dazu im folgenden Kapitel.

ben sei.[300] Stattdessen setzt sie «equal collaboration» als Ziel. Auch hier gilt jedoch die von mir formulierte Einschränkung für Millars Ansatz, dass Gleichheit der Beteiligten sich nicht allein über das Verfahren herstellt.

Es existieren also durchaus, wenn auch marginal, Konzepte, wie ausdrückliches Einverständnis jenseits einer *giver-receiver*-Grammatik gedacht und damit die Vorstellung von passiver Weiblichkeit und aktiver Männlichkeit unterlaufen werden *kann.* Wie dargestellt, enthalten diese kollaborativen Ansätze sowohl subversive, wie auch machtstabilisierende Aspekte.

300 Vgl. Gill 2008.

6. Einvernehmlich, aber ungewollt? – zum Verhältnis von Wollen und Zustimmen

In kollaborativen Ansätzen von «Ja heißt Ja» wird Zustimmung eher prozesshaft begriffen. Im Zentrum steht nicht so sehr die Frage, ob Einvernehmlichkeit als Fakt vorliegt oder nicht, sondern wie sie zustande kommt. Es wird gefragt, welchen Weg die Beteiligten gegangen sind, um Zustimmung herzustellen und auch, was ihre Motive dahinter waren. Das Ziel ist dabei nicht unbedingt, zu einer Übereinstimmung zu kommen, sondern diesen Weg möglichst kollaborativ und gemeinsam zu gestalten. Wenn Konsens also nicht das Ergebnis eines Prozesses ist, sondern Konsens der Weg, d.h. der Aushandlungsprozess selbst, so entstehen unterschiedliche Formen von Konsens. Paul Reynolds knüpft die Frage nach der sogenannten Qualität von Zustimmung unter anderem an die Frage, aus welchen Motiven diese erfolgt. Wird Zustimmung gegeben, weil Peers und Medien es erwarten, weil man keinen Streit provozieren will, weil man Zuneigung und Anerkennung haben will oder weil man schon so weit gegangen ist und die andere Person nicht vor den Kopf stoßen will? Reynolds stellt fest, dass solche Erfahrungen nicht ungewöhnlich sind und viele von uns bereits «schlechte» Konsensentscheidungen getroffen haben. Er schließt:

«Wenn es jedoch die gemeinsame Erfahrung vieler ist, dass ihr Sex-Leben meist nach dem Muster dieser Beispiele verläuft, dann wird dies ein Fall für die Sexualethik und zu einem Problem, das unserer Aufmerksamkeit bedarf, wenn die Gesellschaft aus ethischen Subjekten, die gesund sind und denen es gut geht, bestehen soll.»[301]

301 Reynolds 2004, S. 104 «If, however, the common experience of many is of their sex lives conform to the terms of those examples most of the time, then it becomes an issue of sexual ethics and it becomes a problem that requires attention if society is to be composed of ethical subjects of good health and well-being.»

Reynolds knüpft also eine sexuelle Ethik an die Frage nach der Qualität von Zustimmung und ist der Auffassung, dass eine hohe Qualität unser Wohlbefinden fördern kann. Die abstrakte Frage, ob Konsens Prozess oder Ergebnis ist, hat somit praktische Konsequenzen.

Ich möchte im folgenden Kapitel noch einmal einen Schritt zurückgehen und mich mit dem Verhältnis von Wollen und Zustimmung auseinandersetzen. Wie sich bereits in den Gedanken von Reynolds zeigt, hat die Qualität von Zustimmung für ihn auch etwas damit zu tun, aus welchen Motiven wir den Sex wollen, dem wir zustimmen. Zustimmung kann einerseits als eine innere, subjektive Haltung in Form eines Wollens verstanden werden, also als etwas, das sich im Wesentlichen im Kopf eines Menschen abspielt. Zustimmung kann andererseits aber auch als eine äußerliche Handlung begriffen werden, in Form eines kommunikativen Aktes zwischen mehreren Personen, der Einverständnis signalisiert. Diese unterschiedlichen Konzepte von Zustimmung bringen Vor- und Nachteile mit sich. Die Einbeziehung beider Aspekte in ein Verständnis von Zustimmung ist aus feministischer Perspektive sinnvoll. Ich werde zeigen, dass eine analytische Trennung beider Komponenten trotzdem wichtig ist, um die Komplexität realer sexueller Praxen von Menschen angemessen fassen zu können. Dazu werde ich mich zunächst mit den Dimensionen sexuellen Wollens beschäftigen. Ist sexuelles Wollen immer durch unmittelbares Begehren begründet? Welche Motive können noch eine Rolle spielen? Und wie können diese wiederum mit heteronormativen Strukturen zusammenhängen? Danach geht es um die Schwachstellen von Konzepten, die Zustimmung nur als subjektives Wollen oder nur als kommunikativen Akt verstehen. Unter dem Schlagwort der Freiwilligkeit wird das Verhältnis von innerem Wollen zu Einvernehmlichkeit in den Konzepten von ausdrücklicher Zustimmung am offensichtlichsten verhandelt. Im letzten Teil werde ich diskutieren, inwiefern Freiwilligkeit innerhalb patriarchaler Machtverhältnisse möglich sein kann.

6.1 Lust ist nur eines von vielen Motiven, Sex zu haben

Im «Kompass-Handbuch», einem Ratgeber für Betroffene sexualisierter Gewalt, wird folgendermaßen formuliert, warum das Konsensprinzip angewendet werden sollte:
«Es gibt Sicherheit. Dir und Anderen. Die Sicherheit, dass *genau* das passiert, was du willst. Die Sicherheit, dass *genau* das passiert was eine andere Person will. Damit fällt endlich das nervige Rätselraten um vermeintliche Zeichen weg, hurra! Und nicht nur, dass auf jeden Fall passiert, was du willst: Es passiert auch *genau* das, was *am Schönsten* ist, weil du es vorher sagen kannst! Und du kannst sicher sein, dass es für die andere Person toll ist, weil sie es dir gesagt hat. Wie schön ist es, sich darüber sicher zu sein?»[302] [Hervorhebungen durch RT]

Solche und ähnliche Aussagen finden sich immer wieder in Texten zu ausdrücklicher Zustimmung. Sie teilen stillschweigend die gemeinsame Vorannahme, dass Personen im Voraus «genau» wissen, was sie wollen und was «am Schönsten» für sie ist. Das entspricht jedoch nicht der Realität. Menschen wissen nicht immer – ich würde sogar sagen: nicht einmal meistens – was sie in sexuellen Situationen «genau» wollen. Vielmehr ist Sex eine gemeinsame Koproduktion der Beteiligten. Neue Erfahrungen werden dadurch gesammelt, dass man Dinge ausprobiert, die man vorher noch nicht praktiziert hat. Gerade dann kann man vorher auch gar nicht wissen, ob es das ist, was «am Schönsten» ist. Neue Erfahrungen schöpfen sich auch daraus, dass andere Beteiligte Dinge tun, auf die man eventuell selbst gar nicht gekommen wäre, die man dann aber toll oder eben nicht so toll findet. In der Art und Weise, wie im Zustimmungskonzept über das gesprochen wird, was die Einzelnen wollen, wird nahegelegt, dass man als Einzelne etwas aus sich heraus will. Dahinter steht die bereits im zweiten Kapitel diskutierte und kritisierte Idee von der natürlichen Sexualität, die in unserem tiefsten Inneren existiert und von uns freigelegt werden muss, damit wir uns befreien können. Auf diesen Punkt komme ich später noch einmal zurück.

Problematisch ist an solchen Aussagen auch, dass so getan wird, als sei Konsens ein Garant für guten Sex. Was eine Person denkt, was für sie «am Schönsten» ist, muss in der realen

302 N. 2013, S. 28.

Praxis dann gar nicht schön oder «am Schönsten» für sie sein. Das Zustimmungskonzept vermittelt dadurch tendenziell das Bild, dass Sex, der keinen Spaß macht oder nicht gut ist, nicht einvernehmlich sei. Und dass dieser Sex dann durch ein Nein gestoppt und gar nicht stattfinden soll. Das korrespondiert auf problematische Weise mit gesellschaftlichen Vorstellungen von Leistungssex – unser Sexualleben muss immer spaßig, lustvoll und befriedigend sein. Einvernehmlichkeit ist zwar ohne Frage eine Voraussetzung für Sex, den die Beteiligten gut finden – aber einvernehmlicher Sex kann trotzdem keinen Spaß machen, langweilig sein oder sich einfach unschön anfühlen. Wir alle haben auch mal schlechten Sex – und das muss nichts mit fehlender Einvernehmlichkeit zu tun haben. Diese Erkenntnis als Teil des Zustimmungskonzepts zu begreifen und damit auch ein Stück weit den Druck zu nehmen, dass Sex am Ende immer ein Erfolg, im Sinne von befriedigend, sein muss, halte ich daher für eine sinnvolle Ergänzung.

Neben der Gleichsetzung von konsensualem Sex mit befriedigendem Sex findet oftmals eine starke Vereindeutigung von sexuellen Wünschen statt. Im Blog «Wir lieben Konsens» wird empfohlen, dann Ja zu sagen,

«wenn sich das, was ihr da macht sich gut für dich anfühlt. Also immer, wenn bei dir *alles* prima ist und du genau auf das, was ihr macht oder anfangen wollt, Lust habt [sic].»[303] [Hervorhebung durch RT]

Auch in diesem Zitat wird davon ausgegangen, dass die Beteiligten «genau» wissen, was sie wollen und dass Ja sagen dann angebracht ist, wenn «alles» prima ist. Im Umkehrschluss werden Unsicherheiten und Ambivalenzen (z. B.: nicht alles, sondern nur ein Teil ist prima) als Indikatoren gewertet, dass etwas nicht gewollt wird und ein Nein erforderlich ist. So ist im gleichen Blog zu lesen auf die Frage, wann Nein gesagt werden kann:

«Sobald sich etwas nicht gut anfühlt. Also immer, wenn du unsicher bist, eigentlich noch mehr Zeit brauchst, du gerade überhaupt keine Lust hast, du einfach nicht auf diese Person stehst und in allen anderen Fällen, wo du keinen Spaß hast an dem, was gerade passiert.»[304]

Das Verständnis, was gewollt ist, wird damit stark verengt: Mischt sich Ungewissheit in das Wollen, so wird die Haltung als

303 wirliebenkonsens 2010.
304 wirliebenkonsens 2010.

insgesamt ungewollt betrachtet.[305] Dies zeigt sich auch im Konzept des «enthusiastischem Konsens»:

«Enthusiastisches Einverständnis zu geben, heißt nicht, dass man aus Leibeskräften schreien muss, dass man etwas will; es ist vielmehr so, dass ein unsicheres oder zögerliches Ja kein enthusiastisches Einverständnis ist, und überdacht werden muss.»[306]

Der Begriff «enthusiastische Zustimmung» wird zum Teil synonym für ausdrückliches Einverständnis benutzt, legt den Fokus aber meist noch stärker auf das innere Gewolltsein als Voraussetzung für Zustimmung.[307] Auch im deutschsprachigen Raum finden sich – nicht immer explizit unter dem Label «enthusiastische Zustimmung» – ähnliche Anforderungen an ausdrückliches Einverständnis:

«Minimalkonsens ist nicht erwünscht, es geht darum etwas zu finden, wo alle Beteiligten sagen: Yeah, genau darauf stehe ich gerade!»[308] (Hervorhebung durch RT)

Nach der Geschlechtersoziologin Olga Burmakova kann enthusiastische Zustimmung auch so verstanden werden:

«Auch wenn es verschiedene Definitionen zu enthusiastischem Einverständnis gibt, von denen nur wenige klar umrissen sind, geben sie in ihrer Summe zu verstehen, dass es sich um eine Art von Einverständnis handelt, die offen und aktiv die echten Wünsche einer Person ausdrückt. Das Konzept des enthusiastischen Einverständnisses verlangt, dass das Einverständnis nur dann als ‹authentisch› erachtet werden darf, wenn die sexuelle Begegnung ‹wirklich› erwünscht ist.»[309]

Hier und auch in den Zitaten zuvor zeichnet sich neben einer Unterbelichtung von Ambivalenzen («genau darauf stehe ich gerade») auch eine Fokussierung von Wollen als «genuine desi-

305 Eine Ausnahme bilden hier zum Beispiel die Texte von Kern 2017, 2018, auch . Auch in blu* 2017, 13:45' wird Unsicherheit als Teil von gültiger Zustimmung anerkannt.

306 Elfity 2012 «To give enthusiastic consent isn't exactly to scream that you want it at the top of your lungs; it's more that an unsure or hesitant yes is not enthusiastic consent, and needs to be considered.»

307 Vgl. Greenhalgh 2013, S. 11; auch Burmakova 2013, S. 31.

308 wirliebenkonsens 2010.

309 Burmakova 2013, S. 31 «While enthusiastic consent has various definitions, and few of them are stated clearly, from the sum of them, it can be understood that it is the kind of consent which expresses, openly and actively, the genuine desires of a person. The concept of enthusiastic consent demands that consent be considered ‹true› only if sexual encounter is ‹really› wanted.»

res of a person» ab. Im Diskurs um «Ja heißt Ja» ist die Auffassung weit verbreitet, dass die Quelle sexuellen Wollens sich aus einem unmittelbaren Gefühl der Lust, des Spaß-Habens oder des Begehrens speise bzw. speisen soll. Die Vorstellung, dass Zustimmung immer auf dem unmittelbaren Begehren der Person basieren sollte, legt nahe, dass Lust unproblematisch und der einzige akzeptable Grund ist, der Sex «really wanted» und Zustimmung damit «true» mache. Beide Prämissen – die Betonung einer Eindeutigkeit sexueller Wünsche und dass diese auf sexuellem Begehren gründen – werden jedoch von verschiedenen empirischen Studien herausgefordert.

Diese stellen im ersten Schritt fest, dass das dominante Denkmodell auf einer binären Konzeption von Sex als *entweder* gewollt *oder* nicht gewollt beruht. Jedoch berichten viele Menschen von Ambivalenzen bezüglich ihres sexuellen Wollens. Daher wird vorgeschlagen, Wollen multidimensional und graduell zu denken. So hatten die Befragten in mehreren Studien eine mehrstufige Skala zur Verfügung, mit deren Hilfe sie angeben konnten, wie stark ihr Wunsch nach Sex war. Diese Skala nutzten die Teilnehmer_innen in ihrer ganzen Breite.[310] Außerdem differenzierten die Forscher_innen zwischen zwei Aspekten: Das Wollen hinsichtlich des sexuellen Aktes selbst und das Wollen hinsichtlich der Folgen des Aktes. Es wurde dadurch deutlich, dass Menschen zum Beispiel den Sex selbst wollen können und *gleichzeitig* die Konsequenzen dessen nicht wollen.[311] Dies könnte beispielsweise dann der Fall sein, wenn jemand Sex mit der Chefin will, aber gleichzeitig um das Arbeitsverhältnis fürchtet. Oder bei sogenannten «Seitensprüngen», bei denen zwar eine Person begehrt wird, man aber die eigene (monogame) Beziehung nicht gefährden möchte. Umgedrehte Konstellationen sind ebenso denkbar: Eine Person hat zwar keine unmittelbare Lust auf Sex, will sich aber nach einem Streit wieder versöhnen und denkt, dass dies am besten durch Sex zu bewerkstelligen ist. Mit einer solchen Konzeptionalisierung von Wollen werden konfligierende und ambivalente Wünsche denkbar. Die Ergebnisse zeigen, dass sexuelle Wünsche von einer Vielzahl an Am-

310 Peterson und Muehlenhard 2007, S. 81.

311 Peterson und Muehlenhard 2007, S. 73. So geben sie auch verschiedenen Gründe an, warum Sex gewollt oder nicht gewollt sein kann, z. B. Angst vor körperlichem Schaden, Beziehung stärken, fehlendes Selbstbewusstsein, negative soziale Konsequenzen, in der Stimmung sein und einige mehr.

bivalenzen und graduellen Abstufungen geprägt sein können – Dimensionen, die im Diskurs um das Zustimmungskonzept wenig bis gar nicht aufgegriffen werden.

In den Studien wird weiterhin betont, dass sexuelles Wollen nicht immer auf sexueller Lust basiert, sondern auch in Motiven gründen kann, die nicht-sexueller Natur sind. Dazu können beispielsweise soziale Anerkennung, materielle Bereicherung oder moralische Verpflichtungen zählen. Ein Gewolltsein, dass (ausschließlich) sexuellem Begehren entspringt, scheint nicht den realen Erfahrungen von Menschen zu entsprechen:

«Einverständnis wird etwas Größeres als ein bloßes ‹ja› zum Sex mit einer bestimmten Person, an einem bestimmten Ort, zu einer bestimmten Zeit. Es wird zu einer Verhandlung sozialer Erwartungen, eine Weise, soziale Identität auszudrücken oder in eine bestimmte soziale Welt zu passen.»[312]

Menschen geben laut Beres viele unterschiedliche Gründe an, warum sie Sex *wollen*. Sexualität ist somit nicht nur ein Mittel zur Lustbefriedigung, sondern erfüllt weitere soziale Funktionen für die Beteiligten und diese beeinflussen demnach auch ihr Wollen und ihre Zustimmung zu Sex. Mit einem solchen ganzheitlichen Verständnis von Sexualität scheint es sinnvoll, auch Gründe, die jenseits von Lustbefriedigung liegen, in das Nachdenken über Zustimmung einzubeziehen.

Reynolds fragt in seinem Text, warum Zustimmung im Sexuellen eigentlich so anders verhandelt wird als in anderen Bereichen des Lebens:

«Warum sollte die Entscheidung, ob man sexuell mit etwas einverstanden ist, anders sein, als zum Beispiel die Entscheidung über eine finanzielle Option oder einen anderen Vorschlag zum Zweck der Finanzanlage? Wenn das Verlangen ein Faktor ist, warum sollte dann die Entscheidung über sexuelles Einverständnis etwas Anderes sein als zu entscheiden, was und wie viel man trinkt?»[313]

312 Beres 2007, S. 99 «Consent becomes something broader than just a ‹yes› to sex with a specific person, in a particular place, at a particular time. It becomes a negotiation of social expectations, a way of expressing a social identity, or of fitting in to a certain social world.»

313 Reynolds 2004, S. 101–102 «Why should deciding to consent sexually be different to deciding whether to choose one financial option or another for purposes of financial investment, for example? If desire is a factor, why should deciding to consent sexually be any different to choosing what and how much to drink or eat?»

Wenn wir – mit Foucault gesprochen – unsere Wahrheit immer noch im Sex suchen, so ist Sex für uns ein besonderer Bereich, in dem wir unsere Identität und unser vermeintlich «wahres Selbst» finden wollen. Unter anderem deswegen wird Sexualität als etwas sehr Intimes empfunden und ist zum Teil auch ziemlich schambehaftet. Unter anderem diese Aspekte unterscheiden Sexualität von anderen alltäglichen Dingen, wie unsere Ess- und Trinkgewohnheiten.

Welche Motive jenseits von Begehren kommen aber ins Spiel, wenn wir Sex zustimmen? Man kann zwischen zwei Motivlagen unterscheiden, warum Menschen Sex zustimmen, den sie nicht unmittelbar begehren. Auf der einen Seite kann Einverständnis erteilt werden, um potenzielle negative Konsequenzen, wie gesellschaftliche Ächtung, Verlust des Interesses durch den_die Partner_in oder auch sexuelle Frustration, zu vermeiden. Solche Motive können als Vermeidungsmotive bezeichnet werden.[314] Auf der anderen Seite gibt es sogenannte Annäherungsmotive für Zustimmung zu «nicht begehrtem» Sex, die darin liegen, dass man positive Konsequenzen befördern will. Darunter fallen beispielsweise das Sammeln sexueller Erfahrung, körperliches Wohlbefinden, Spüren von Nähe oder Suche nach Selbstbestätigung oder Anerkennung durch Freund_innen. Beide Motivlagen schließen sich nicht gegenseitig aus, sondern existieren relativ unabhängig nebeneinander.[315] Untersuchungen kommen zu unterschiedlichen Ergebnissen, inwiefern Vermeidungs- oder Annäherungsmotive jeweils positive oder negative Effekte sowohl auf die Beziehung als auch auf das Wohlbefinden der Betroffenen haben können. Einige Studien kommen zu dem Ergebnis, dass Annäherungs- und Verteidigungsmotivationen für Sex innerhalb von Beziehungen stärkere Indikatoren für das Wohlergehen der Befragten sind, als das reine Vorhandensein von sexuellem Begehren oder der Häufigkeit von Sex in der Beziehung.[316]

«Es ist interessant festzustellen, dass Annäherungsmotivationen stärker mit kurzfristigem Wohlbefinden, Vermeidungsmotivationen hingegen stärker mit langfristigem Wohlbefinden verbunden waren.»[317]

314 Impett et al. 2005, S. 467, vgl. auch O'Sullivan und Allgeier 1998, S. 234.

315 Impett et al. 2005, S. 473.

316 Impett et al. 2005, S. 478.

317 Impett et al. 2005, S. 478 «It is interesting to note that while approach motives were more strongly associated with well-being within days, avoid-

Es gibt außerdem Hinweise darauf, dass konsensualer Sex aus Vermeidungsmotiven heraus stärker negativ wirkt, als dass Sex aus Annäherungsmotiven heraus positive Folgen hätte.[318] Zudem werden schädliche psychische und physische Effekte, wie Schuldgefühle, verminderte sexuelle Befriedigung sowie emotionales und körperliches Unwohlsein als negative Effekte von Vermeidungsmotiven benannt.[319]

Aus feministischer Perspektive ist es notwendig, Annäherungs- und Vermeidungsmotive innerhalb geschlechtlicher Machtverhältnisse zu analysieren. In gesellschaftlichen Debatten werden häufig nur die negativen Konsequenzen von Sex, der aus Vermeidungsmotiven resultiert, beleuchtet, während Annäherungsmotive normalisiert werden.[320] Dabei sind auch Annäherungsmotive oftmals als problematisch zu betrachten: Wenn eine Frau zum Beispiel Sex hat, um damit dem Bild einer modernen, sexuell aktiven Frau zu entsprechen oder wenn ein Mann Sex hat, um sich als «echter Mann» zu fühlen. Auch führt der Wunsch nach Stabilisierung einer Beziehung, der sowohl von Frauen wie von Männern als Motivation für *sexual compliance* angegeben wird, unweigerlich zu der Frage «warum die Beteiligten überhaupt Sex als Mittel betrachten, um eine Beziehung zu verbessern.»[321] In der Studie wird also die kulturelle Vorstellung deutlich, nach der Sexualität zur Stabilisierung einer Beziehung beitrage: Menschen üben selbstdisziplinierende Praktiken, zum Beispiel in Form von *compliance*, aus, um gesellschaftlichen Erwartungen daran, welche Rolle Sex in Beziehungen spielt und wer sich darin wie zu verhalten hat, zu entsprechen.[322] Die Frage ist aus einer feministischen Perspektive auch deshalb relevant, weil in den derzeitigen patriarchalen Verhältnissen Männer strukturell diejenigen in den Machtpositionen sind und demnach eher die Möglichkeit haben, andere – vor allem Frauen – für alle möglichen *benefits* verfügbar zu machen.

In den Diskursen um ausdrückliches Einverständnis wird, wie gezeigt, das sexuelle Begehren oftmals als das einzig wahre Motiv, um Einverständnis zu geben, genannt. Das wirft die

---

ance motives were more strongly associated with well-being over time.»
318 Vgl. Conroy et al. 2015, S. 1840.
319 Conroy et al. 2015, S. 1840–1841.
320 Vgl. auch Burmakova 2013, S. 33.
321 Hakvåg 2010, S. 124.
322 Gavey 2005, S. 141–151.

Frage auf, warum diesen Begehren von Vornherein als unproblematisch gesetzt wird. Durch die Verortung von sexuellem Begehren im Wesen der Person – ob als explizite Aussage («genuine desire») oder auch implizite Annahme – wird es von gesellschaftlichen Machtverhältnissen entkoppelt und suggeriert, es hätte nichts damit zu tun. Das kann als Naturalisierung von sexuellem Begehren verstanden werden. Nach Foucault existiert jedoch kein «wahrhaftiges», «authentisches» Begehren, es wird viel mehr durch Diskurse und Machtbeziehungen hergestellt.[323] Das bedeutet, wen man sexuell attraktiv findet, ist durchaus an soziale Kategorien wie Klasse usw. geknüpft, aber zum Beispiel auch an vorherrschende Schönheitsnormen. MacKinnon betont:

«Unser kulturelles Verständnis von Sex und Heterosexualität hat sich gemäß der Erotisierung von Dominanz und Unterordnung ausgebildet. Es ist davon auszugehen, dass dieser kulturelle Diskurs unser Begehren beeinflusst.»[324]

Durch diese kulturellen Diskurse können sich sexuelle Unterordnung in weibliche Subjektivität und Dominanz in männliche Subjektivität als begehrenswert und lustvoll einschreiben.[325] Damit möchte ich nicht einer Position, die unter anderem MacKinnon vertritt, das Wort reden, die BDSM und andere sexuelle Praktiken, die mit Unterwerfung und Dominanz operieren, moralisch verurteilt. Trotzdem gehört eine solche gegenseitige Verschränkung von Geschlecht und Begehren in feministischen Debatten um sexuelles Einvernehmen zumindest thematisiert und mitgedacht.

Meines Erachtens sollte das Konsensprinzip als Konzept zur Prävention sexueller Gewalt und für eine emanzipatorische Veränderung unserer Sexualkultur den lebensweltlichen Erfahrungen von Menschen Rechnung tragen. Ein nicht-dichotomes und multidimensionales Verständnis von Wollen, das nicht nur mit unmittelbarer, sexueller Lust begründet wird, kann es erlauben, ambivalente und komplexe Empfindungen denkbar zu machen und anzuerkennen. Diese Empfindungen außerdem als sozial hergestellt zu betrachten und zu problematisieren, ermöglicht

323 Vgl. Fritzsche und Hartmann 2007, S. 135.

324 Hakvåg 2010, S. 121 «[o]ur cultural understanding of sex and heterosexuality has been shaped around the eroticization of dominance and submission, and this cultural discourse is likely to affect our desires.»

325 Hakvåg 2010, S. 121.

ihre Verortung innerhalb heteronormativer Diskurse und damit eine kritische Reflexion patriarchaler Geschlechterverhältnisse innerhalb sexueller Praxen.

6.2 Zustimmung als Kommunikation eines sexuellen Willens

Neben der Frage, ob Zustimmung als Ergebnis eines Prozesses oder als der Prozess selbst verstanden werden kann, ist auch relevant, ob Zustimmung als äußere Handlung, zum Beispiel als Kopfnicken oder Ja-Sagen, oder innere Haltung, im Sinne eines inneren Wunsches, zu verstehen ist. Diese Frage scheint erst einmal sehr abstrakt und theoretisch. Je nachdem, wie sie beantwortet wird, hat sie jedoch sehr konkrete und praktische Folgen. Im Diskurs um ausdrückliches Einverständnis wird nur selten explizit verhandelt, ob Zustimmung eine Haltung oder eine Handlung ist. Es finden sich aber an einigen Stellen mehr oder weniger implizite Aussagen darüber, wie Zustimmung verstanden wird. Die feministische Bloggerin rosiefranklin schreibt in dem Blog-Beitrag «Let's talk about consent in practice» sehr deutlich:

«Einverständnis ist ein Zustand, wie Vertrauen oder Aufmerksamkeit. Und er befindet sich zwischen den Ohren deines Partners.»[326]

Zustimmung als eine innere Haltung ohne Handlungskomponente zu verstehen, birgt verschiedene Probleme. Entscheidend für die Frage, ob Sex einvernehmlich war, wäre dann, ob die betroffene Person das Geschehene innerlich gewollt habe und nicht, wie sie gehandelt hat. Somit stünde dann die innere Haltung der Beteiligten zur prüfenden Verhandlung.[327] Es würde eine ausführliche Erörterung der inneren Haltung des Opfers zum Sex und ein Nicht-Ernstnehmen der Handlungen des Opfers provozieren. Dies hätte bedenkliche Konsequenzen. So gehört es oftmals zu Rechtfertigungsstrategien im Kontext von Vergewaltigungen, zu behaupten, dass die betroffene Person *token resistance* angewendet hätte, es also «eigentlich ge-

326 rosiefranklin 2013 «Consent is a *state*, like trust. or paying attention. And it's between your partner's ears.» (Fehler im Original).

327 Dies führt Beres am Beispiel von US-amerikanischen Vergewaltigungsprozessen aus. Vgl. Beres 2007, S. 100.

wollt» habe. Dahinter steht die Vorstellung, dass Frauen oftmals zwar Nein sagen, eigentlich aber Ja meinten. Aus dieser Vorstellung heraus ist es möglich jegliches Nein als Ja zu werten, da es sich nur um symbolischen Widerstand handeln würde. Die Philosophin Heidi Malm macht darauf aufmerksam, dass das geschlechtsspezifische Stereotyp *token resistance* auf einem Verständnis von Zustimmung als innere Haltung gründet:

«[...] quasi niemand (wage ich zu behaupten) hat gelernt, dass ‹Nein› in unserer Sprache eigentlich ‹Ja› bedeutet. Was ihnen vielleicht beigebracht wurde, ist, dass, wenn eine Frau ‹Nein› sagt, sie dennoch Sex wollen könnte. Oder ihnen wurde beigebracht, dass, wenn eine Frau ‹Nein› sagt, das übergangen werden kann, weil sie mit ein bisschen Druck und/oder Verführung ihre Einstellung ändert. Aber keine dieser Lehren behauptet ‹Nein› bedeute ‹Ja›, und praktisch kein Mann (darauf wette ich), der in diesem Sinne erzogen wurde, reagiert, wenn er ‹Nein› hört, mit dem Gedanken ‹Wie gut. Sie ist endlich einverstanden.› Die Folge dessen ist, dass unsere Sorgen um die ‹Nein heißt Ja›-Lehre ausschließlich von Bedeutung sind, wenn wir uns mit Wünschen befassen (oder jeglicher anderer mentaler Haltung, die mit Einverständnis zusammen hängt).»[328]

Da ein Wunsch in Form einer inneren Haltung nicht direkt wahrnehmbar ist, muss dieser erschlossen werden über bestimmte Handlungen oder Zeichen. Feministinnen haben immer wieder darauf hingewiesen, dass Trampen, sexy Kleidung tragen, sich nach Hause bringen lassen, sich einen Drink ausgeben lassen oder körperliche Zeichen sexueller Erregung nicht als Zustimmung zum Sex interpretiert werden können. Sie können auch nur dann als Zeichen von Einverständnis gelesen werden, wenn davon ausgegangen wird, dass es sich hierbei um eine innere Haltung handelt. Wenn also für die Frage nach Einvernehmlichkeit entscheidend ist, ob jemand Sex *innerlich gewollt*

328 Malm 1996, S. 159 «[...] virtually no one (I›d venture to guess) has ever been taught that, in English, ‹No› actually means ‹Yes›. What they might have been taught is that when a woman says ‹No›, she may nonetheless still desire sex. Or, they might have been taught that if a woman says ‹No›, it can be disregarded because with a little pressure, and/or seduction, she will change her mind. But neither of these teachings says that ‹No› means ‹Yes›, and virtually no man (I›d wager) who has been taught along these lines has responded to hearing a ‹No› with the thought, ‹Oh good, she›s finally consented.› The upshot of this is that our worries about the ‹No means Yes› teachings are relevant only if we are concerned with desire (or any other consent-related mental state).»

hat, dann wird plötzlich eine breite Palette von Zeichen zur Signalisierung von Zustimmung relevant, die auf weit verbreiteten traditionellen Geschlechterstereotypen basieren können.[329] Eine Definition von Zustimmung als subjektive Haltung scheint also aus einer Perspektive, die die Gefahr sexueller Grenzverletzungen verringern will, wenig sinnvoll.

Aus den genannten Gründen tendieren Feminist_innen eher dazu, Zustimmung als performativ – also als kommunikative Handlung – zu verstehen und nicht als innere, subjektive Haltung. Ein solches Verständnis macht es zum Beispiel bei einem sexuellen Übergriff notwendig zu fragen, was die Betroffene konkret getan hat, um ihre Zustimmung auszudrücken. Damit wird die Frage, was sie wohl innerlich gedacht haben könnte, irrelevant. Ist es also angebracht, Zustimmung stattdessen als einen objektiven Akt ohne innere Komponente zu definieren? Problematisch daran ist, dass zum Beispiel ein erzwungenes verbalisiertes Ja eine gültige Form der Zustimmung darstellen würde. Allein dadurch, dass der Akt des Ja-Sagens / Kopfnickens usw. ausgeführt wurde, bestünde gültiges Einverständnis. Die Frage danach, wie die Person innerlich zur Zustimmung steht und was ihre Motivation ist, wäre damit gänzlich irrelevant. Stimmt eine Person aber einer sexuellen Handlung zu, weil sie beispielsweise mit ihrem Leben bedroht wird, so würde man dies nicht als einvernehmlich einstufen.

Das heißt eine bloße Äußerung von Zustimmung ist immer in ihrem jeweiligen Kontext zu betrachten und nicht isoliert davon – sie allein reicht nicht aus für die Beurteilung von Einvernehmlichkeit. Vielmehr müssen die subjektive Haltung der Person und die weiteren Umstände der jeweiligen Situation einbezogen werden.

Sexuelle Zustimmung muss aber in jedem Fall eine äußerliche Komponente haben, da sie die Funktion einer moralischen Transformation erfüllt:[330]

«Einverständnis ist eine soziale Handlung in der A etwas an B übermittelt – etwas, das, nachdem es einmal kommuniziert wurde [...], B nun ein moralisches Recht oder einen Anspruch gibt, den B zuvor nicht hatte.»[331]

---

329 Vgl. dazu auch Malm 1996, S. 161.

330 Kleinig 2009, S. 10.

331 Kleinig 2009, S. 10 «Consent is a social act in which A conveys something to B – something that, once communicated [...], now gives B a

Zustimmung gibt einer Person also erst das moralische Recht, eine bestimmte Handlung auszuführen. Eine solche moralische Transformation kann aber nur dann effektiv werden, wenn Zustimmung kommuniziert wird, da die Beteiligten ja wissen müssen, dass sie vorliegt und insofern erst dann mit der Handlung beginnen können. Das Konzept von ausdrücklicher Zustimmung basiert somit auf einem Verständnis von Zustimmung als moralisch transformierend. Demnach gilt eine sexuelle Handlung erst dann als erlaubt, wenn alle Beteiligten ausdrücklich zugestimmt haben. Nach dem Motto «Nur Konsens ist Sex» gelten alle anderen sexuellen Handlungen als Nötigung oder Vergewaltigung.[332] Das Konzept der moralischen Transformation wird dafür kritisiert, dass es auf einem grundsätzlich negativen und pessimistischen Verständnis sexueller Beziehungen basiert:

«Durch diese Perspektive wird angenommen, dass alle sexuellen Handlungen als moralisch problematisch und erzwungen beginnen. Zunächst einmal bedeutet die Annahme, dass Sex ‹böse› ist, solange er nicht ‹gut› gemacht wurde, dass jedem die Rolle zugeschrieben wird, potenziell eine Sexualstraftat zu begehen und zum Kriminellen zu werden, obwohl gewalttätiger Sex eine Minderheit der sexuellen Handlungen ausmacht.»[333]

Aus einer anderen Perspektive betrachtet, räumt das Konzept der moralischen Transformation hingegen dem Recht der Einzelnen auf sexuelle Selbstbestimmung einen sehr hohen Stellenwert ein. Selbst wenn Einvernehmen innerhalb des Zustimmungskonzepts kein solcher «moralischer Zauber»[334] zugemessen wird, hätte es dem «Ja heißt Ja»-Prinzip zufolge doch unzweifelhaft eine Veränderung in der Begegnung der Beteiligten zur Folge, denn es konkretisiert sich nun ein (neuer) Handlungsspielraum.[335]

---

moral right or entitlement that B previously lacked.»

332 Kapfer 2011; vgl. auch rosiefranklin 2013.

333 Beres 2007, S. 102 «Through this perspective, it is assumed that all sexual activities begin as morally problematic, and coercive. To begin with, the assumption that sex is ‹bad›, unless it is made ‹good›, is to place everyone in the position of potentially perpetrating a sexual offence and becoming a criminal, when violent sex makes up the minority of sexual activity.»

334 Vgl. Hurd 1996, S. 121.

335 Reynolds 2004, S. 101.

Aus diesen Überlegungen heraus ergibt sich, dass Zustimmung beide Aspekte enthalten muss – für die Bestimmung müssen sowohl die subjektive Haltung der Person als auch ihr Handeln relevant sein. Zustimmung kann beispielsweise als «Kommunikation eines Gefühls der Bereitschaft»[336] oder in ähnlicher Weise als «Ausdruck einer bestimmten mentalen Haltung»[337] definiert werden. Sagt eine Person gegen ihren Willen Ja, so würde dies nicht als Zustimmung gelten, da es sich nicht um den Ausdruck eines inneren Willens handeln würde. Hat die Person nur eine innere Haltung, die sie aber durch keinerlei Handlungsweise nach außen vermittelt, läge nach dieser Definition ebenfalls keine Zustimmung vor – niemand kann wissen, wie die Person innerlich empfindet, wenn sie dies nicht nach außen vermittelt. Somit scheint aus emanzipatorischer Perspektive ein Verständnis von Zustimmung, das beide Komponenten einbezieht, sinnvoll zu sein.

Gleichzeitig sollten Wollen und Zustimmung konzeptionell getrennt werden. Eine Definition beider Begriffe könnte wie folgt aussehen:

«In unserem Konzept bedeutet etwas zu wollen, es zu begehren, es sich zu wünschen, sich dazu geneigt zu fühlen, oder ihm oder Aspekten von ihm einen positiven Wert zuzuschreiben. Im Gegensatz dazu bedeutet Einverständnis, bereit zu sein, oder zuzustimmen etwas zu tun.»[338]

Sex gilt gemeinhin immer *entweder* als gewollt und einvernehmlich *oder* als ungewollt und nicht-einvernehmlich. In dieser Logik hat eine Person, die zustimmend gehandelt hat, den Sex auch gewollt. Hat sie dagegen keine Zustimmung gegeben, war der Sex ungewollt. Damit fallen in diesem Modell Wollen und Zustimmungshandeln in eins. Dieses Denkmodell wird in den im vorherigen Abschnitt diskutierten Studien zu Recht herausgefordert. So kommt eine Untersuchung zu dem Ergebnis, dass einvernehmlicher Sex nicht gewollt sein muss und nicht-einvernehmlicher Sex durchaus gewollt sein kann.[339] Demnach wären Wollen und Zustimmungshandeln («consen-

336 Hickman und Muehlenhard 1999, S. 259.

337 Malm 1996, S. 147.

338 Peterson und Muehlenhard 2007, S. 73 «In our conceptualization, to *want* something is to desire it, to wish for it, to feel inclined toward it, or to regard it or aspects of it as positively valenced; in contrast, to *consent* is to be willing or to agree to do something.»

339 Vgl. Peterson und Muehlenhard 2007, S. 73.

ting») als voneinander verschiedene Kategorien konzeptualisiert.

Zwar kann das Wollen, und das tut es ja auch oftmals, Zustimmung beeinflussen, aber beide müssen nicht korrespondieren. Wenn Zustimmung nun aber nicht nur durch einen Akt, sondern auch durch die innere Haltung bestimmt ist, wie können dann Menschen «ungewolltem» Sex zustimmen? Dies wird dadurch denkbar, dass man zwischen Wunsch und Wille unterscheidet, wie es der Philosoph Harry G. Frankfurt getan hat. Frankfurt differenziert zwischen einfachen Wünschen und effektiven bzw. handlungswirksamen Wünschen, die er auch als Willen bezeichnet. Ein Wille ist derjenige Wunsch, der zu Handlung bewegt oder bewegen soll, während Wünsche einfache Absichten darstellen, die stärker oder schwächer sein können und erst einmal nichts damit zu tun haben, ob sie sich in einer Handlung verwirklichen (sollen) oder nicht.[340] Zustimmung kann näher dem Willen als handlungswirksamem Wunsch zugeordnet werden als der einfachen Absicht, die nicht handlungswirksam sein muss oder von der sogar auch gewünscht sein kann, nicht handlungswirksam zu werden. So wurde bereits an anderer Stelle das Beispiel gebracht, dass eine Person Sex mit der Chefin wünscht, aber wegen der Angst vor den Konsequenzen für das Arbeitsverhältnis nicht will, dass dieser Wunsch handlungswirksam wird. Es liegt also ein einfacher Wunsch, aber nicht der Wille vor.[341] Bei den bereits erwähnten Annäherungs- und Vermeidungsmotiven liegt dagegen der Willen, nicht aber unbedingt der Wunsch nach Sex vor. Eine Trennung von Wunsch und Wille ermöglicht es, solche ungewollten, aber einvernehmlichen sexuellen Erfahrungen zu thematisieren. Der Aspekt der inneren Haltung bei Zustimmung sollte also bezogen werden auf den Willen als handlungswirksamen Wunsch, nicht auf einfache Wünsche und Absichten.

Der Blog «Wir lieben Konsens» beschreibt im Folgenden, was *nicht* Konsens ist:

---

340 Frankfurt 2001, S. 68–69. Im Original erschienen 1971 unter dem Titel «Freedom of the Will and the Concept of a Person», *The Journal of Philosophy* 68 (1), S. 5-20.

341 Analog zu Frankfurts Unterscheidung benutze ich im Folgenden «Wollen» als einfaches Wünschen im Gegensatz zu «Willen» im Sinne von handlungswirksamem Wünschen.

«Alles was nicht erwünscht ist, also alles wozu nicht alle Beteiligten ein klares ‹Ja› geben. Ob es sich hierbei um ein widerwillig gegebenes Ja handelt oder ob physische Gewalt angewendet wird, ist egal. Die Zustimmungs-Skala weiter oben zeigt, dass zwischen Konsens und sexualisierter Gewalt, die bereits eine Straftat darstellt, noch viel Platz ist. Wir nennen diesen Platz Kooperation und Zwang. Als Kooperation ist eine Situation zu verstehen, in der etwas geschieht, dass nicht beide wollen, es aber oberflächlich gesehen zu Zustimmung kommt. Tatsächlich wird diese vermeintliche Zustimmung aber nur gegeben, weil sonst ein Nachteil für die Person entsteht.»[342]

In diesem Zitat werden Zustimmen und Wollen zusammengedacht. Zustimmung liegt demnach nicht vor, wenn etwas «nicht erwünscht» ist und dies wird gleichgesetzt damit, wozu die Beteiligten kein «klares Ja» geben. Man könnte hier argumentieren, dass es sich um eine sprachliche Feinheit handelt und «nicht erwünscht» hier nicht auf das innere Wollen bezogen ist, sondern «nicht einvernehmlich» meint. Allerdings findet sich weiter unten eine Definition von «Kooperation», die in der Mitte einer gedachten Skala zwischen Gewalt und Konsens liege. Hier komme es «oberflächlich gesehen», also äußerlich, zu einer zustimmenden Handlung. Nur oberflächlich deshalb, weil die Handlung nicht mit der inneren Haltung übereinstimmt. Kooperation wird dabei nicht im Bereich von Zustimmung angesiedelt, sondern lediglich als «vermeintliche Zustimmung» bezeichnet. In diesem Verständnis wird aus innerer Ungewolltheit zwangsläufig Nicht-Einvernehmlichkeit.[343] Damit werden beide faktisch in eins gesetzt und nicht als unterschiedliche Kategorien betrachtet.

In Hinblick auf das Zustimmungskonzept sind die Trennung von Wollen und Zustimmen und die sich daraus ergebenden Konsequenzen für eine Abgrenzung von sexualisierter Gewalt jedoch von Bedeutung. Im dominanten, dichotomen Denkmodell ist Vergewaltigung definiert als nicht-einvernehmlicher *und* ungewollter Sex. Hat die Person in irgendeiner Weise doch Sex gewollt, so ist dieser auch einvernehmlich, also keine Verge-

342 wirliebenkonsens 2010.

343 Eine ähnliche Formulierung findet sich auch bei st_eve 2008: «Schweigen, Passivität und Fügsamkeit sind keine geeigneten Ausdrucksweisen zuzustimmen, sie haben oft den faden Beigeschmack, jemandem einen Gefallen zu tun. Zustimmung bedeutet: aktive, vollständige Übereinstimmung und Teilnahme an einer Entscheidung. »

waltigung. Dies korrespondiert mit dem bereits weiter oben beschriebenen Vergewaltigungsmythos des *token resistance*. Anders hingegen wäre es in einem Modell, das Wollen und Zustimmen voneinander trennt: Demnach wäre nicht-einvernehmlicher Sex, selbst wenn er innerlich gewollt war, als Vergewaltigung qualifiziert:

«Wenn Vergewaltigung als ungewollter Sex verstanden wird, kann jedes Indiz, dass das Opfer Sex wollte (flirtendes Verhalten vor der Vergewaltigung, sexuelle Erregung während der Vergewaltigung), so interpretiert werden, dass der Vorfall eigentlich keine Vergewaltigung war. Im Ergebnis kann es dann geschehen, dass Vergewaltigungsopfer Schuldzuweisungen erleben, oder sich selbst schuldig fühlen, ‹weil sie es so gewollt haben›, auch wenn sie nicht einverstanden waren.»[344]

Die Autor_innen sprechen hier das Problem «nicht anerkannter Vergewaltigungen» («unacknowledged rape») an und meinen damit vor allem solche nicht-einvernehmlichen, sexuellen Erfahrungen, die von den Betroffenen selbst nicht als Vergewaltigungen anerkannt werden. Wird von den Betroffenen parallel zum dominanten Modell der Wunsch nach Sex gleichgesetzt mit Zustimmung und haben sie Gründe anzunehmen, dass sie den Sex in bestimmter Hinsicht auch wünschten, dann könnten sie daraus schließen, dass es sich bei ihren Erfahrungen nicht um Vergewaltigung gehandelt hat bzw. dass sie nicht das Recht haben, diese als Vergewaltigung zu bezeichnen. Ohne dabei in Paternalismus zu verfallen – jede Person hat das Recht, die eigenen Erfahrungen so zu bezeichnen, wie sie es für richtig hält – kann es Probleme in sich bergen, wenn Betroffene nicht-konsensualen Sex nicht als Vergewaltigung anerkennen. So besteht bei nicht anerkannten Vergewaltigungsopfern die Gefahr, dass sie die Erfahrung nicht gut verarbeiten können, da sie tendenziell weniger Anlass sehen, sich (professionelle) Hilfe zu holen, Anzeige zu erstatten und eher dazu neigen sich selbst die Schuld zu geben.[345] Nichtsdestotrotz kann die Entscheidung, eine nicht-konsensuale se-

344 Peterson und Muehlenhard 2007, S. 82 «When rape is conceptualized as unwanted sex, any evidence that the victim wanted to have sex (e.g. flirtatious behavior prior to the rape, sexual arousal during the rape) can be interpreted to mean that the incident was not really rape. As a result, rape victims may experience blame or guilt for having ‹asked for it›, even though they did not consent to it.»

345 Peterson und Muehlenhard 2007, S. 82.

xuelle Erfahrung nicht als Vergewaltigung zu labeln auch eine empowernde Entscheidung für einzelne Betroffene sein, weil es ihnen zum Beispiel weniger das Gefühl von Verletzbarkeit und Ohnmacht gibt.[346]

Wichtig erscheint mir hier vor allen Dingen, dass Betroffene sich nicht selbst die (Mit-)Schuld an ihren Erfahrungen geben, wie es die Täter-Opfer-Umkehr suggeriert – egal wie sie ihre Erfahrungen am Ende bezeichnen.

«Derzeit sind viele Menschen bereit zu sagen, dass es sich um Vergewaltigung handelt, wenn das Opfer nicht einverstanden ist. Auch wenn das Opfer mit dem Täter geflirtet hat, wenn das Opfer betrunken ist oder wenn das Opfer sexuelle Erregung oder einen Orgasmus während des Vorfalls erlebte. Wir halten es für konstruktiv; die aktuellen Vorstellungen von Vergewaltigung dahingehend zu erweitern, dass wir sagen, es handelt sich um Vergewaltigung, wenn das Opfer nicht eingewilligt hat, selbst wenn das Opfer Sex haben wollte. Bei Vergewaltigung geht es um die Abwesenheit von Einverständnis, nicht um die Abwesenheit von Wollen – dieser Gedanke könnte für viele Vergewaltigungsopfer befreiend sein.»[347]

Wir unterscheiden also zwischen einfachen Wünschen oder Absichten einer Person und dem Willen, der Zustimmung zugrundeliegt. Dies ist auch deshalb wichtig, weil Wünsche ambivalent sein und sich sogar widersprechen können, Einvernehmen im Regelfall aber nicht ambivalent ist, sondern vorhanden oder nicht vorhanden.[348]

Zustimmung ist also die äußerliche Kommunikation eines Willens, der sich nicht mit den (ambivalenten, multidimensionalen) Wünschen einer Person decken und auch nicht auf sexuellem Begehren gründen muss. Damit ist aber noch nicht die Frage beantwortet, wann der Wille als solcher «frei» ist. Können Menschen «freiwillig» *ungewolltem* Sex zustimmen?

---

346 Vgl. Peterson und Muehlenhard 2007, S. 84.

347 Peterson und Muehlenhard 2007, S. 84–85 «Currently, many people are willing to say that if the victim did not consent, it is rape, even if the victim flirted with the perpetrator, even if the victim had been drinking, or even if the victim experienced sexual arousal or orgasm during the incident. It seems constructive to expand current thinking about rape to say that if the victim did not consent, it is rape, even if the victim wanted to have sex. Rape is about the absence of consent, not the absence of desire – an idea that could be liberating to many rape victims.»

348 Vgl. auch Malm 1996, S. 149.

Sind die bereits angesprochenen heteronormativen Verflechtungen bereits ein Indiz dafür, dass Freiwilligkeit so nicht existieren kann? Wann ist Zustimmung noch freiwillig und wann nicht mehr? Diese Fragen spielen auch im Konsensprinzip eine große Rolle.

6.3 Die (Un-)Möglichkeit freiwilliger Zustimmung

Etwas, worin sich alle Vertreter_innen von ausdrücklichem Einverständnis einig sind, ist, dass dieses freiwillig gegeben werden muss. Laut der Regelungen am Antioch College in Ohio ist Zustimmung definiert «als die Handlung, *bereitwillig* und verbal zuzustimmen, einer spezifischen sexuellen Aktivität nachzugehen.»[349]

Ein widerwillig gegebenes Einverständnis wäre nach dieser Regelung keines. Zustimmung muss immer auch den Willen als innere Komponente beinhalten, da ein erzwungenes Ja sonst als Zustimmung gelten würde. Ab wann aber ist ein Ja erzwungen, also nicht mehr freiwillig, und somit keine gültige Zustimmung? Der Blog «Yes means yes» definiert Zustimmung als

«wechselseitiges, verbales, körperliches und emotionales Einverständnis, das ohne Manipulation, Drohungen oder Psychospielchen zustande kommt.»[350]

Zustimmung ist demnach nur vorhanden, wenn keine Manipulationen, Drohungen oder «head games», was mit so etwas wie «Spielchen spielen» übersetzt werden kann, vorliegen. Die Gruppe DEFMA formuliert auf ihrem Plakat:

«Zustimmung kann auch nicht unter Druck, wie z. B. dem ständigen Fragen nach Sex oder Drohungen gegeben werden.»[351]

Auch hier wird ein Einverständnis, das nicht freiwillig, sondern – im Gegensatz dazu – «unter Druck» gegeben wird, nicht als solches anerkannt.

---

349 Antioch College 2016, S. 1 «... as the act of *willingly* and verbally agreeing to engage in specific sexual conduct.» (Hervorhebung durch RT)

350 https://www.yesmeansyes.com/consent «... mutual verbal, physical, and emotional agreement that happens without manipulation, threats, or head games.»

351 Unterstützer_innengruppe DEFMA o.A.

Radikalfeministische Kritiker_innen des Konzepts ausdrücklicher Zustimmung merken an, dass diese nichts an heteronormativer Sexualkultur ändert.[352] MacKinnon formuliert schlicht: «Nie wird die Frage gestellt, ob der Begriff ‹Einverständnis› unter den Bedingungen der Männerherrschaft überhaupt einen Sinn hat.»[353]

Laut MacKinnon benötigt Zustimmung einen herrschaftsfreien Kontext als *Voraussetzung*, um «einen Sinn zu haben». MacKinnon und auch andere Feminist_innen zweifeln eine Kommunikation auf Augenhöhe und damit die Möglichkeit zur Freiwilligkeit unter den gegebenen patriarchalen Verhältnissen an. Weibliche Zustimmung ist im Patriarchat demnach das am wenigsten gewaltvolle Ende eines Kontinuums sexueller Beherrschung, Kontrolle und Ausbeutung von Frauen durch Männer. Auch explizite, verbale Zustimmung findet in einem Kontext von ungleichen Machtverhältnissen statt und ist damit nicht gültig. Damit wird letzten Endes jeder heterosexueller Akt zu Vergewaltigung. Diese Position nimmt einerseits die Perspektive von Frauen nicht ernst, die ihren Heterosex als einvernehmlich erleben, es relativiert auch die Erfahrung von Betroffenen, die zum Sex gezwungen wurden. Die Feststellung, dass (weibliche) Sexualität durch heteronormative Machtverhältnisse geprägt ist, ist zwar nützlich,

«aber wenn es deterministisch wird, und verschiedene Formen sexueller Praxis über einen Kamm geschert werden, besteht die Gefahr, dass eine solche feministische Kritik – auf paradoxe Weise – Frauen objektifiziert, indem sie ihre Subjektivität nicht anerkennt.[354]

Wenn wir also über Freiwilligkeit nachdenken, geht es auch immer darum, die unterschiedlichen Formen von Handlungsmacht der Beteiligten innerhalb gesellschaftlicher Machtverhältnisse anzuerkennen und auszuloten.

Im Wesentlichen gehen Vertreter_innen des Konzepts der ausdrücklichen Zustimmung von drei Formen (sexuellen) Zwangs aus, unter denen keine Zustimmung erfolgen kann: körperliche

---

352 Vgl. Moore und Reynolds 2004; Eschbach 2015.

353 MacKinnon, zitiert nach Rich 1989, S. 257.

354 Moore und Reynolds 2004, S. 33, vgl. dazu auch die Kritik an MacKinnons Position bei Brake 2000. «… but when it becomes determining, and conflates forms of sexual experience, there is the danger that such feminist critiques – paradoxically – objectify women by not recognising the subjectivity of women.»

Gewalt, Androhung körperlicher Gewalt und Nötigung (nichtkörperliche Drohungen, manipulatives oder kontrollierendes Verhalten). Kritiker_innen haben angemerkt, dass die Rolle von sozialem Zwang («social coercion») hierbei jedoch meist unterbelichtet bleibe.[355] Sozialer Zwang kann als Druck auf Individuen, bestimmten sexuellen Rollenerwartungen innerhalb der Gesellschaft zu entsprechen, verstanden werden. Demnach ist sozialer Zwang meist nicht offenkundig oder gar sichtbar, dafür aber «ever-present».[356] Viele Studien unterscheiden *sexual coercion,* bei dem Gewalt oder Zwang eingesetzt wird, und *sexual compliance,* wo kein unmittelbarer Druck vorliegt. Mit *sexual compliance* werden Situationen beschrieben,

«in denen eine Person aus freiem Willen mit einer sexuellen Handlung mit einem Partner einverstanden ist, ohne dass sie einen gleichzeitigen Wunsch nach der begonnenen sexuellen Handlung verspürt.»[357]

Diverse Studien kommen zu dem Ergebnis, dass ein großer Teil der befragten Teilnehmer_innen irgendwann schon einmal ungewolltem Sex zugestimmt haben, also von *sexual compliance* berichteten. Dabei schwanken die Zahlen je nach Studie stark zwischen 35 und 97 Prozent der Befragten und fallen für Frauen insgesamt höher aus.[358] Wissenschaftler_innen nennen u.a. materielle Geschlechterhierarchien, tradierte Rollenvorstellungen von weiblicher Fürsorglichkeit und die Unterrepräsentation von weiblichem Begehren als Gründe, warum Frauen eher *compliance*-Verhalten zeigen. Im Allgemeinen werden als häufige Gründe für *sexual compliance* die Befriedigung der Bedürfnisse des Partners, der Wunsch nach Stabilisierung der Partner_innenschaft, Pflichtgefühl aufgrund bestimmter Beziehungsvorstellungen, soziale Anerkennung, Angst vor Beziehungskonflikten und weitere Gründe genannt, die verkoppelt sind mit den beschriebenen heteronormativen Diskursen und zum Teil unterschiedliche geschlechtsspezifische Verteilungen aufweisen.[359]

---

355 Conroy et al. 2015, S. 1829.

356 Conroy et al. 2015, S. 1829.

357 O›Sullivan und Allgeier 1998, S. 234 «... in which a person freely consents to sexual activity with a partner without experiencing a concomitant desire for the initiated sexual activity.»

358 Vgl. O'Sullivan und Allgeier 1998, S. 235; Impett und Peplau 2003, S. 88–89; Conroy et al. 2015, S. 1836.

359 Vgl. Impett und Peplau 2003, S. 92–93; Wendt 2010, S. 223.

Einige Autor_innen argumentieren, dass der Begriff *sexual compliance* den Eindruck vermittelt, dass es sich hierbei um ein bereitwilliges («willing») Einverständnis handele, dies jedoch soziale Zwänge außer Acht lasse. Um den Einfluss sozialer Zwänge in das Konzept der *sexual compliance* einzubeziehen, wird stattdessen der Begriff *sexual acquiescence* vorgeschlagen. *Acquiescence* (im Sinne von Hinnahme oder Inkaufnahme) soll im Gegensatz zu *compliance* deutlich machen, dass es sich hier nicht um etwas handelt, dass freiwillig geschieht:

«Auch wenn das allgemeine Verständnis von dem Begriff sexual compliance nahelegt, dass Einverständnis erteilt wird, oder dass der gefügige Partner sich freiwillig entscheidet, sich ohne Widerstand zu fügen, muss die implizite Annahme, dass Einverständnis freiwillig und ohne Zwang gegeben wird, angefochten werden.»[360]

Die sich hier ergebende Frage lautet, was man unter Freiwilligkeit fasst. Wenn sozialer Zwang «ever-present» ist und Entscheidungen, die unter diesem Zwang getroffen werden, nicht freiwillig sind, kann es gar keine freiwilligen Entscheidungen geben. Haben alle Frauen, die *sexual compliance* angewendet haben, also nicht freiwillig gehandelt? Diese Frage lässt sich nicht allein mit einem Verweis auf soziale Zwänge beantworten und die Tatsache, dass sie den Sex nicht gewollt haben, ist nicht hinreichend für die Annahme, dass sie ihre Zustimmung nicht freiwillig gegeben haben.

Eine liberalfeministische Position würde vertreten, dass Frauen fähig sind, als sexuelle Akteurinnen eine freie Wahl zu treffen. Kate Roiphe hat in ihrem einflussreichen Buch «The Morning After: Sex, Fear and Feminism» von 1993 Feministinnen scharf dafür kritisiert, wie sie weibliche Sexualität gedacht haben. So kritisiert sie das Bild, das Feministinnen von Männern zeichnen, die Frauen durch Drogen und Alkohol sexuell gefügig machen und vergewaltigen. Sie besteht stattdessen darauf, dass Frauen durchaus selbst entscheiden, ob sie das Angebot von Drogen und Alkohol annehmen.[361] Ähnlich verhält es sich für Roiphe auch bei verbalem oder emotionalem Druck. Zu be-

360 Conroy et al. 2015, S. 1832–1833 «Although the common conceptualization of the term sexual compliance suggests that consent *is* provided and/or that the compliant partner ‹willingly chooses› to comply without resistance, the implicit assumption that consent is given freely without coercion should be challenged.»

361 Roiphe 1993, S. 53.

haupten, dass dieser es Frauen unmöglich mache, gehe ihr zufolge davon aus, dass Frauen emotional schwach und infantil sind. Stattdessen betont Roiphe, dass Frauen sich selbst dafür entscheiden, dem Druck nachzugeben oder standzuhalten. Sie sind somit selbst für ihre Taten verantwortlich.[362] In dieser Perspektive gilt nur mit Drohungen oder Gewalt erzwungener Sex als nicht-einvernehmlich. Sexuelle Zustimmung ist für Roiphe eine Wahl, die Frauen treffen und für die sie verantwortlich sein sollten, im Guten wie im Schlechten, auch wenn sie die Entscheidung später bereuen. Was die Position nicht bedenkt, ist, dass in ungleichen Machtverhältnissen den Beteiligten unterschiedliche Optionen zur Verfügung stehen, die eine unterschiedliche Wahl nahelegen. Dies zu negieren, verkennt den Einfluss patriarchaler Geschlechterbilder und heteronormativer Sexualität auf die Optionen, die Frauen (und auch allen anderen) überhaupt zur Verfügung stehen.

Wie kann nun eine feministische Perspektive aussehen, die die Auswirkungen patriarchaler Herrschaftsverhältnisse auf (weibliche) Sexualität mitdenkt, gleichzeitig aber Raum lässt, um Frauen als handlungsfähige Subjekte auch innerhalb dieser Verhältnissen anzusehen?

Frankfurt hat eine Bestimmung dafür geliefert, wann Willensfreiheit vorliegt.[363] Frankfurt unterscheidet nicht nur zwischen Wunsch und Wille, wie im vorangegangenen Kapitel dargestellt, sondern auch zwischen Wünschen erster und zweiter Stufe. Wünsche zweiter Stufe beziehen sich auf Wünsche erster Stufe. Menschen können also laut Frankfurt wünschen, bestimmte Wünsche zu haben oder nicht zu haben. Diese Fähigkeit ist Ausdruck dessen, dass Menschen sich selbst reflektieren können. Bezogen auf unser Beispiel kann das bedeuten, dass jemand wünscht, keinen Sex mit der Chefin zu wünschen. Es liegt zwar ein Wunsch erster Stufe vor, mit der Person Sex zu haben, aber die Person will aus den bereits genannten Gründen nicht, dass ihr Wunsch erster Stufe handlungswirksam wird. Also hat sie einen Wunsch zweiter Stufe, nicht dem Wunsch erster Stufe nachzugeben und also keinen Sex mit der Chefin zu haben. Oder anders ausgedrückt: Sie hat den Wunsch zweiter Stufe, dass ihr Wunsch erster Stufe nicht handlungswirksam werde. Wenn die Person daraufhin keinen Sex mit der Chefin

362 Roiphe 1993, S. 68.
363 Frankfurt 2001.

hat, hat sie nach Frankfurt freiwillig gehandelt. Der Wunsch, von dem die Person wollte, dass er handlungswirksam wird, hat letztendlich zur Handlung geführt. Hätte die Person nun doch Sex mit der Chefin gehabt, weil sich ihr Wunsch zweiter Stufe nicht gegen ihren Wunsch erster Stufe durchsetzen könnte – so wäre dies nach Frankfurt unfreiwillig geschehen. Freiwilligkeit liegt nach Frankfurt nämlich dann vor, wenn Menschen frei sind zu wollen, was sie wollen, wenn sie sogenannte Volitionen zweiter Stufe bilden können, die mit ihrem Willen (also ihrem handlungswirksamen Wunsch) übereinstimmen. Freiwilligkeit kann nach Frankfurt damit nicht nur von äußeren Umständen, wie Druck usw., beschränkt werden, sondern auch unsere eigenen inneren Wünsche – als sogenannte Selbstzwänge – können Freiwilligkeit verhindern. Mit diesem Modell von Freiwilligkeit macht Frankfurt also erklärbar, wie Freiheit auch durch innere Selbstzwänge eingeschränkt werden kann. In unserem Beispiel kann der Wunsch, Sex mit der Chefin zu haben, die Person daran hindern, nach ihrem freien Willen zu handeln. Gleichzeitig handelt es sich dabei um eine rein subjektivistische Theorie, die nur wenig Bezug auf den sozialen Kontext nimmt. So bleibt fraglich, wie und wodurch Menschen Volitionen zweiter Stufe bilden, also wie diese eigentlich entstehen.[364]

Innere Selbstzwänge können sich jedoch auch auf die soziale Umwelt beziehen. So kann der Wunsch, bestimmten Geschlechternormen zu entsprechen oder gesellschaftlich als «normal» geltende Sexualität auszuüben, dazu führen, bestimmte normative sexuelle Handlungen eher als Ausdruck des eigenen Willens zu begreifen als andere.

Das Eingebundensein von Subjekten in gesellschaftliche Machtverhältnisse meint nicht, dass Freiwilligkeit unmöglich ist. Freiwilligkeit als minimale Anforderung an Zustimmung zu definieren, meint erst einmal nur, dass eine Person Zustimmung auf Grund ihres eigenen Willens erteilt. Das sagt noch nichts darüber aus, wie dieser Willen zustande kommt, inwiefern er beeinflusst ist von tradierten Geschlechterbildern, heteronormativen Diskursen oder einer hierarchisch strukturierten Liebesbeziehung.

Das heißt, nur weil Zustimmung *freiwillig* geschieht, bedeutet dies noch lange nicht, dass diese nicht trotzdem als problematisch angesehen werden kann. Damit handelt es sich bei

364 Vgl. Guckes 2001, S. 11.

Freiwilligkeit um eine Minimalanforderung. Freiwilligkeit sagt demnach auch noch nichts über *tatsächliche* Handlungsfreiheit aus – also ob Menschen in der Lage sind, ihren (freien) Willen dann auch real umzusetzen.

Freiwilligkeit ist damit eine *notwendige* Voraussetzung für Sex, der nicht als Grenzverletzung gelten soll. Freiwilligkeit ist gleichzeitig aber keine *hinreichende* Bedingung dafür. Sexualität kann freiwillig stattfinden und aus einer feministischen Perspektive trotzdem als problematisch angesehen werden. Denn Freiwilligkeit thematisiert noch nicht die Bedingungen, unter denen sich unser Willen herausbildet und unter denen wir uns entscheiden, was wir wollen. Freiwilligkeit sagt nichts über die unterschiedlich verteilten Handlungsoptionen und Wahlmöglichkeiten, die uns je nach gesellschaftlicher Positionierung, sozialen Kontext usw. zur Verfügung stehen.

Wie ich gezeigt habe, setzt der Diskurs um ausdrückliches Einverständnis Wollen und Zustimmen implizit in eins, was für ein Verständnis von Grenzverletzungen bzw. sexualisierter Gewalt wenig produktiv ist. Vielmehr sollten Gewolltheit und Einvernehmlichkeit als unterschiedliche Kategorien begriffen werden, die beide als Komponenten in der Definition von Zustimmung eine Rolle spielen. Dabei ist es einerseits wichtig, die vielfältigen sozialen Dimensionen, die für sexuelles Wollen eine Rolle spielen, mitzudenken. Nur dadurch kann einerseits den ambivalenten Empfindungen und komplexen Erfahrungen von Menschen Rechnung getragen werden. Andererseits kann dadurch auch zu einer Entnaturalisierung von Begehren beigetragen und so die Verstrickung sexuellen Wollens in heteronormative Diskurse aufgezeigt werden. Die Fokussierung auf Freiwilligkeit kann den Blick auf die gesellschaftlichen Bedingungen verstellen, unter denen wir Sex haben. Freiwilligkeit ist deshalb lediglich eine notwendige Minimalanforderung, aber keine hinreichende Voraussetzung für die Abwesenheit sexualisierter Gewalt oder Grenzverletzungen.

7. «Ja heißt Ja» im Strafrecht

Die Frage, inwiefern die strafrechtliche Verfolgung sexueller Gewalt zu ihrer Bekämpfung beiträgt, ist nicht unabhängig von der grundsätzlichen feministischen Debatte um die Haltung zum Strafrecht zu betrachten. Anhand des Hashtags #metoo lässt sich die Kontroverse recht gut nachvollziehen: Der originale Tweet der Schauspielerin Alicia Milano, der die weltweite #metoo-Bewegung 2017 ausgelöst hat, ist bereits (straf-) rechtlich gerahmt: «Wenn du sexuell belästigt oder angegriffen wurdest, schreibe ‹me too› als Antwort auf diesen Tweet.»[365] Die im Original verwendeten Begriffe «harassment» und «assault» haben im Englischen eine starke rechtliche Komponente und benennen strafbare sexuelle Handlungen. Sie können auf Deutsch entsprechend mit Belästigung bzw. Nötigung übersetzt werden.

Die afro-amerikanische Menschenrechtsaktivistin Tarana Burke hat den Slogan «me too» bereits 2006 auf der Plattform «myspace» ins Leben gerufen. Er sollte insbesondere von sexueller Gewalt betroffene schwarze Frauen und Mädchen ermächtigen und ein Bewusstsein für ihre Situation schaffen. «Me too» stellte in diesem Rahmen nicht auf das Strafrecht ab, sondern war vielmehr mit Bewusstseinsbildung und der Schaffung sozialer Unterstützungsstrukturen für Betroffene verbunden. Auch die spätere #metoo-Bewegung führte zunächst vor allem dazu, dass ein Bewusstsein für die Alltäglichkeit sexueller Gewalt und Belästigung geschaffen wurde. Die Millionen an Tweets und Erfahrungsberichten zeigten, welche Ausmaße das Problem sexualisierter Gewalt hat und welche Schäden es anrichtet. In der darauffolgenden Medienaufmerksamkeit ging es aber immer weniger um die sozialen Ursachen und Hintergründe sexualisierter Gewalt, geschweige denn darum, wie ein politischer Umgang damit aussehen sollte. #metoo drehte sich stattdessen immer stärker um rechtliche Konsequenzen für Täter (Kündigung des Jobs etc.) und vor allem auch um ihre strafrechtliche Verfolgung (Prozesse gegen Weinstein etc.). Tarana Burke kritisierte die #metoo-Debatte für ihren Fokus, Täter

365 «If you've been sexually harassed or assaulted write ‹me too› as a reply to this tweet.»

zu kriminalisieren und zu bestrafen und warnte insbesondere auch vor den rassistischen Effekten, die eine schärfere Strafverfolgung haben kann. Die beiden unterschiedlichen Ansätze – das «me too» von Burke 2006 und jenes von Milano 2017 – bringen die verschiedenen feministischen Perspektiven auf die Rolle des Strafrechts im Kampf gegen sexualisierte Gewalt auf den Punkt.

Auf der einen Seite wird eine effektivere Strafverfolgung in Fällen sexualisierter Gewalt gefordert. Dazu werden unterschiedliche Maßnahmen vorgeschlagen, u.a. die Verschärfung von Strafgesetzen, die Ausweitung von Tatbeständen, die Herabsetzung der nötigen Beweislast, aber auch die bessere Ausbildung und Sensibilisierung von Justiz- und Ermittlungsbeamt_innen. Die Juraprofessorin Hadar Aviram bezeichnet die Politik, mit effektiverer Strafverfolgung soziale Probleme wie beispielsweise sexuelle Gewalt bekämpfen zu wollen, auch als *progressive punitivism.*[366] Er ist insofern von seiner konservativen Spielart zu unterscheiden, als dass hier insbesondere Personen, die bisher vom Rechtssystem privilegiert wurden, zum Beispiel mächtige weiße Männer, bestraft werden sollen. Dies kann auch nicht-juristische Formen des Strafens, zum Beispiel gesellschaftliche Stigmatisierung, einschließen.[367] Ein wichtiger Bestandteil dieser Logik, so Aviram weiter, ist die Vorstellung, dass durch solche Strafen Opfergruppen, die durch konservativen Punitivismus kaum beachtet und durch das Rechtssystem somit zu wenig geschützt wurden, besser gedient werde.[368] Auf der anderen Seite finden sich Kritiker_innen eines solchen Ansatzes, die darauf hinweisen, dass Strafen nicht die sozialen Ursachen sexueller Gewalt angehen, Betroffene nicht stärken und Herrschaftsverhältnisse jenseits des Patriarchats in den Hintergrund treten.[369] Kritisiert wird progressiver Punitivismus in seiner feministischen Ausprägung auch als sogenannter Strafrechtsfeminismus (*carceral feminism*).[370] Kritiker_innen schlagen zum Teil strafrechtliche Alternativen wie beispielsweise transformative Gerechtigkeit (*transformative justice)* vor.

366 Aviram 2019.
367 Aviram 2019, S. 43.
368 Aviram 2019, S. 44.
369 Künkel 2021b.
370 Z.B. Gruber 2021.

Auch in Deutschland spielen Forderungen nach Strafrechtsverschärfungen in feministischen Kämpfen eine Rolle.[371] Ein Teil der in den letzten Jahren erstarkenden Bewegung gegen Femizide fordert zum Beispiel die Schaffung eines Straftatbestands «Femizid» sowie die Einordung bestimmter geschlechtsspezifischer Motive als sogenannte «niedrige Beweggründe», um höhere Strafen zu ermöglichen.[372] Zudem hat in den letzten Jahren eine Ausweitung von sexuellen Straftatbeständen sowie eine Reihe von Strafschärfungen stattgefunden, die teilweise auch durch langjährigen feministischen Aktivismus miterkämpft wurden. Neben der bereits beschriebenen Einführung des «Nein heißt Nein»-Grundsatzes existieren nun auch Tatbestände für sexuelle Belästigung[373] und sogenanntes «Upskirting»[374].

Es wird ebenfalls die Einführung eines Straftatbestandes für das sogenannte «Catcalling», also sexuell anzügliches Reden/Rufen, diskutiert.[375] Die strafkritische Wissenschaftlerin und Aktivistin Jenny Künkel erweitert mit Rückgriff auf Elisabeth Bernstein die kritische Perspektive auf Strafrechtsfeminismus, indem sie auch strafende Logiken thematisiert, die sich nicht nur in Forderungen an einen strafenden Staat finden, sondern darüber hinaus «bis in linke, aktivistische Kreise hoffähig» seien.[376] Daher bezieht sie in dem Zusammenhang auch nicht-staatliche Ansätze wie beispielweise Definitionsmacht- und *Transformative-justice*-Konzepte in ihre strafkritische Perspektive ein.[377] Sie weist darauf hin, dass auch hier faktisch strafend gehandelt werden kann, zum Beispiel über Ausgrenzungs- und Ausschlusspolitiken. Ich werde mich zwar im Folgenden auf Strafrechtsverschärfungen konzentrieren, finde die Erweiterung aber sinnvoll, wenn solche Strategien als Alternativen zum Strafrecht

371 Künkel 2021a, S. 108. Künkel weist jedoch darauf hin, dass eine Übertragung der US-amerikanischen Debatte auf den deutschen Kontext nicht ohne weiteres möglich ist. Auch bleiben diese Forderungen nicht unwidersprochen und werden durchaus kontrovers diskutiert. So sprach sich die feministische Fachanwältin Christina Clemm bereits mehrfach gegen die Aufnahme von «Ja heißt Ja» ins Strafrecht aus. Siehe z. B. Clemm 2015.

372 Holstein 2019.

373 § 184i StGB

374 §184k StGB: Verletzung des Intimbereichs durch Bildaufnahmen

375 Deutscher Juristinnenbund e.V. (djb) 2021 Mehr zur Reform des Sexualstrafrechts 2016 und der Einführung des «Nein heißt Nein»-Grundsatzes in der Einleitung in diesem Buch.

376 Künkel 2021a, S. 105.

377 Künkel 2021a, S. 108–109.

vorgeschlagen werden. Auch sie sind hinsichtlich ihres punitiven Gehalts kritisch zu prüfen.

Im deutschen Sexualstrafrecht gilt, dass unter bestimmten Bedingungen ein Einverständnis von vornherein nicht relevant ist. Das trifft auf besondere Situationen zu, in denen die Person nicht fähig oder «erheblich eingeschränkt» ist, einen entgegenstehenden Willen zu bilden oder zu äußern, der Täter die Betroffene bedroht, einen Überraschungsmoment oder eine Lage ausnutzt, in der bei Widerstand dem Opfer erheblicher Schaden droht. In allen anderen Situationen, in denen das Vorliegen von Einverständnis entscheidend ist, gilt das «Nein heißt Nein»-Prinzip: Nach § 177 Abs. 1 sind alle sexuellen Handlungen *gegen* den erkennbaren Willen strafbar. Das deutsche Gesetz verlangt in diesen Fällen also, dass ein entgegenstehender Wille erkennbar ausgedrückt wird – es heißt nicht *ohne*, sondern *gegen* den erkennbaren Willen. Es gibt aber auch feministische Forderungen nach einer Änderung: Die Petition «‹Ja heißt Ja› – Sex ohne Zustimmung ist Vergewaltigung!»[378] fordert die Verankerung des Grundsatzes «Ja heißt Ja» im Sexualstrafrecht und nennt dabei Schweden als Vorbild.[379] Der Unterschied wäre im Wesentlichen, dass dann sexuelle Handlungen *ohne* den erkennbaren Willen des Opfers strafbar wären. Hier müsste also nicht der Unwille ausgedrückt werden, damit eine sexuelle Handlung strafbar ist, sondern der positive Wille, damit eine sexuelle Handlung *nicht* strafbar ist.

In Schweden ist dies seit 2018 der Fall: Seitdem sind sexuelle Handlungen strafbar, an denen nicht alle Personen freiwillig partizipieren. Bei der Beurteilung, ob die Teilnahme freiwillig ist oder nicht, soll berücksichtigt werden, «ob der Wille durch Worte oder Taten oder auf andere Weise zum Ausdruck gebracht wurde».[380] Damit gilt Passivität in Schweden nicht als Ausdruck von Zustimmung. Das schwedische Gesetz ist damit sehr nah dran an einem Prinzip des ausdrücklichen Einverständnisses.[381] Zudem wurde in Schweden der Tatbestand der

---

378 Bell und Schrammen. Die Petition hat mit Stand vom März 2022 etwa 45.000 Unterschriften.

379 Bell und Schrammen.

380 «When assessing whether participation is voluntary or not, particular consideration is given to whether voluntariness was expressed by word or deed or in some other way.» (eigene Übersetzung), The Swedish Criminal Code, S. 47.

381 Wegerstad 2021, S. 736.

fahrlässigen Vergewaltigung geschaffen. Dieser greift, wenn der Täter nicht vorsätzlich, aber grob fahrlässig gehandelt hat, indem er zwar nicht konkret wusste, dass das Opfer nicht freiwillig partizipiert, es (aus Sicht eines objektiven Dritten) aber hätte wissen können und keine Schritte unternommen hat, um Zustimmung sicherzustellen.[382] Weitere europäische Länder planen die Anlehnung ihrer Sexualstrafgesetze an einen «Ja heißt Ja»-Grundsatz oder haben dies bereits umgesetzt.[383] In mindestens drei US-Bundesstaaten – Wisconsin, Vermont und New Jersey – gilt Affirmative Consent als Standard im Sexualstrafrecht.[384] So ist in Vermont Einverständnis bestimmt als «Worte oder Handlungen einer Person, die eine freiwillige Zustimmung zu einer sexuellen Handlung anzeigen».[385] In Kanada muss seit dem Urteil des Obersten Gerichtshofs im Fall R versus Ewanchuk im Jahr 1999 ein Einverständnis ebenfalls ausdrücklich erteilt werden. Zusätzlich wurde dort die Möglichkeit für die Strafverteidigung begrenzt, auf «falschen Glauben» zu plädieren. Stattdessen wird verlangt, dass die Person, die den Sex initiiert, «vernünftige Schritte» unternimmt, sich der Zustimmung der anderen Person zu versichern und der Glaube an die Zustimmung nicht auf «Leichtfertigkeit» (recklessness) und «vorsätzlicher Blindheit» (willfull blindness) fußen darf.[386]

Ausgehend von diesen beschriebenen Entwicklungen möchte ich im folgenden Kapitel der Frage nachgehen, welche Vor- und Nachteile ein «Ja heißt Ja»-Grundsatz im Sexualstrafrecht hat. Ich werde zwei zentrale Begründungen diskutieren, die immer wieder angeführt werden, wenn es um die Verschärfung des Sexualstrafrechts geht. Dazu werde ich sowohl internationale Debatten und Erfahrungen einbeziehen als auch solche zur Einführung der «Nein heißt Nein»-Regelung 2016 in Deutschland, da hier einige Argumente ähnlich gelagert waren. Das erste Argument besagt, dass das Strafrecht einen Symbolcharakter

---

382 Wegerstad 2021, S. 742.

383 Für einen Überblick siehe Greenfield 2019. Weitere Beispiele sind die Niederlande, Dänemark, Spanien und Großbritannien. Vgl. Government of the Netherlands 2020; Wolff 2020; Deutsche Welle 2021; Sexual Offences Act 2003.

384 Tuerkheimer 2015, S. 451.

385 «Words or actions by a person indicating a voluntary agreement to engage in a sexual act.» Tuerkheimer 2015, S. 451.

386 Gotell 2008, S. 868.

hat, was die Anerkennung sexueller Selbstbestimmung betrifft und gesellschaftliche Verhaltensnormen kommuniziert bzw. gar durchsetzt. Das Argument spielte bei der Reform 2016 eine Rolle und findet sich ebenso in Plädoyers für eine Einführung des weitergehenden «Ja heißt Ja»-Grundsatzes. Das zweite Argument bezieht sich darauf, dass eine Verschärfung in Richtung «Ja heißt Ja» eine effektivere Strafverfolgung bedeuten würde – und zwar in Form einer höheren Anzeigenbereitschaft, einer höheren Verurteilungsquote und der Schließung sogenannter «Schutzlücken».

7.1 Strafrecht zur Durchsetzung einer Konsenskultur

In vielen feministischen Beiträgen, die sich für die 2016 erreichte Verschärfung des Sexualstrafrechts ausgesprochen haben, wurde die gesellschaftliche Signalwirkung des «Nein heißt Nein»-Standards betont. Diese Signalwirkung bestehe unter anderem darin, dass mit einem «Nein heißt Nein»-Ansatz das Recht auf sexuelle Selbstbestimmung – anders als bisher – genauso geschützt werde wie beispielsweise das Privateigentum.[387] Der Verein «Kein Opfer e.V.», der die Petition zur Einführung von «Ja heißt Ja» in Deutschland unterstützt, argumentiert, dass die verlangte Reform «zur Entwicklung und Förderung einer Konsenskultur in Deutschland» beitragen soll.[388] In Schweden argumentiert die Vorsitzende der feministischen NGO Fatta, dass das neue Gesetz darauf abziele «eine neue Norm in der Gesellschaft zu etablieren» und der schwedische Ministerpräsident spricht davon, dass es «eine klare und normative Botschaft [sende] und [...] auf diese Weise die Werte der Menschen beeinflussen [kann]».[389]

Die feministische Juristin Wendy Larcombe merkt an, dass Recht, speziell das Strafrecht, auch eine regulierende Funktion hat, indem es soziales Verhalten normiert. Strafrecht setzt demnach Standards, und kommuniziert sie an die Gesellschaft als so wichtig, dass ihre Überschreitung staatliche Sanktionen zur Folge haben soll. Larcombe argumentiert, dass Strafrecht somit

387 Stokowski 2016. Auch in der Einleitung dieses Buches wird auf den Symbolcharakter von «Nein heißt Nein» hingewiesen.

388 KO – Kein Opfer e.V.

389 Berghöfer 2020.

nicht nur der tertiären, sondern auch der primären Prävention zuzuordnen ist. [390] Das heißt, dass Strafrecht nicht erst interveniert, nachdem sexualisierte Gewalt bereits geschehen ist, indem es Täter abschreckt und so erneute Gewalthandlungen verhindert. Stattdessen dient Strafrecht auch dazu, sexualisierte Gewalt zu verhindern, bevor sie passiert, indem es eben Sexualverhalten reguliert.

Ich habe im zweiten Kapitel dargestellt, wie das Sexualstrafrecht ab den 1970er-Jahren immer weniger Sexualmoral und Sexualnormen und stattdessen stärker das Recht auf sexuelle Selbstbestimmung schützen sollte. Anders als «Nein heißt Nein» sagt ausdrückliches Einverständnis etwas darüber aus, wie legaler Sex auszusehen hat und nicht, wie zu bestrafender Sex aussieht. Daraus, dass «Ja heißt Ja» eine Norm vom richtigen Sex setzt, können sich bestimmte Probleme ergeben, wenn der Ansatz zum Maßstab im Strafrecht wird.

In ihrer Analyse des neuen, sich an ausdrücklichem Einverständnis orientierenden Sexualstrafrechts in Schweden beschreibt die schwedische Juristin Linnea Wegerstad, dass das Gesetz vage bleibt in dem, was eine Straftat darstellt und stattdessen vor allem kommuniziert, wie legaler Sex aussehen soll: Nämlich freiwillig.[391] Dadurch, dass in der Bestimmung der Strafbarkeit Unklarheiten bestehen, bleibt es am Ende den Gerichten überlassen, was sie im Einzelfall als «unfreiwillige Teilnahme», wie es in dem Gesetz heißt, ansehen. So führten ein Drittel der Fälle, die im Jahr 2019 durch das neue Gesetz hinzukamen, zu einem Freispruch, weil die Zeichen der unfreiwilligen Teilnahme nicht eindeutig genug waren.[392] Wegerstad kritisiert, dass das Gesetz zu viel Raum für die Interpretation lasse, was «unfreiwillige Teilnahme» ist und auch, was der Angeklagte gewusst hat oder hätte wissen sollen, und es damit unberechenbar wird, was strafbares Verhalten darstellt und was nicht.[393] Wegerstad fasst zusammen:

«Insofern das Gesetz nun das Verbrechen der Vergewaltigung als eine Frage der Wahl und Kommunikation in sexuellen Situationen darstellt, bezieht sich die Zuschreibung der strafrechtlichen Verantwortlichkeit zwangsläufig auf normative An-

---

390 Larcombe 2014.
391 Wegerstad 2021, S. 737.
392 Wegerstad 2021, S. 741.
393 Wegerstad 2021, S. 742.

nahmen darüber, wie sich Menschen in sexuellen Begegnungen verhalten und verhalten sollten.»[394]

Aya Gruber, Rechtsprofessorin in Colorado, erweitert die Kritik dahingehend, dass ausdrückliches Einverständnis nicht nur neue Sexualnormen setze, sondern diese darüber hinaus eine Moral in Form von Monogamie, Familie und Heterosexualität begünstige. Die «stop-and-ask»-Norm, die verschiedene «Ja heißt Ja»-Ansätze beinhalten, ist ihrer Ansicht nach lediglich eine «besser handhabbare, gereinigte und legalistische Form traditioneller Skripte, in denen Männer sexuell aktiv und Frauen die Gatekeeper sind».[395] Dies deckt sich mit meinen Ausführungen in Kapitel 5 zur Reproduktion von Heteronormativität in Ansätzen ausdrücklichen Einverständnisses. Es stellt sich darüber hinaus die grundlegende Frage, inwieweit der Staat in das Sexualverhalten der Bürger_innen eingreifen dürfen soll.

Gruber betont weiterhin, dass Regelungen, die einem engen Verständnis von ausdrücklichem Einverständnis folgen, einen Großteil real praktizierter Sexualität unter Strafe stellen würden. Wie bereits in Kapitel 4 ausführlich dargestellt, kommunizieren Menschen im Sexuellen eben häufig nicht direkt, eindeutig und verbal, sondern vielmehr uneindeutig, ambivalent und nonverbal. Das heißt mit anderen Worten: Sex, der nicht nach «Ja heißt Ja» funktioniert, ist in vielen Fällen trotzdem einvernehmlich und wird so auch von allen Beteiligten wahrgenommen. Wenn es also um die Bestrafung von nicht-einvernehmlichen Sex gehe, so könne ausdrückliches Einverständnis kein geeigneter Maßstab sein. Gruber schließt entsprechend, dass «[d]iejenigen, die eine gesunde Skepsis gegenüber der Staatsgewalt haben, sehr vorsichtig sein [sollten], wenn es darum geht, die Einhaltung neuer sexueller Normen durch strafrechtliche Maßnahmen zu erzwingen».[396]

394 Wegerstad 2021, S. 742 Eigene Übersetzung. «Insofar as the law now represents the crime of rape as a matter of choice and communication in sexual situations, attribution of criminal responsibility necessarily relates to normative assumptions about how people behave and should behave in sexual encounters.»

395 «Merely a more administrable, sanitized, and legalistic form of the ‹traditional› sex script in which men are sexual proponents and women are gatekeepers.» Gruber 2016b, S. 692.

396 Gruber 2016b, S. 692 «Those with a healthy skepticism of carceral authority should be very circumspect about forcing compliance with emerging sexual norms through criminal punishment.»

Linnea Wegerstad stellt weiterhin eine Parallele fest zwischen dem Selbst der Spätmoderne, für das sexuelle Kommunikation, Selbstbestimmung und «Choice» zentral sind, einverständniszentrierten Regelungen und emotionalem Kapitalismus – wo die Fähigkeit, im Sexuellen kommunizieren zu können als neue Form des Kapitals anzusehen ist. Wegerstad kommt zu dem Schluss, dass Vergewaltigung durch das neue Sexualstrafrecht als eine Frage von sexueller Kommunikation konzeptionalisiert werde.[397] Strafrecht, so die Kritik der Autorin, soll aber vorhersagbar sein und für die Individuen im Vorhinein klären, welches Verhalten kriminalisiert wird und welches nicht. Es soll also eine klare Grenze zwischen strafbaren und nicht strafbaren Handlungen benennen. Sexuelle Kommunikation ist aber oft nicht so klar und eindeutig und insofern kann das schwedische Gesetz Unklarheiten schaffen, so Wegerstad.

Man könnte einwenden, dass diese Kritikpunkte – da ein Großteil von einvernehmlichem Sex durch strafrechtliche «Ja heißt Ja»-Regelungen kriminalisiert werde und für die Individuen schwer nachvollziehbar ist, wann sie sich strafbar verhalten – aber kein Problem darstellen, denn wo keine Kläger_innen, da keine Angeklagten. Wenn also Sex nicht angezeigt wird, weil es für alle Beteiligten einvernehmlich war, stört das ja nicht weiter.

Dem widerspricht die feministische Juristin Wendy Larcombe, wenn sie Faktoren untersucht, die die normierende Funktion des Sexualstrafrechts untergraben können. Larcombe konstatiert zunächst, dass Strafrechtsreformen historisch weder etwas an der Prävalenz sexualisierter Gewalt geändert haben noch nennenswerten Einfluss auf Einstellungen hatten, die sexualisierte Gewalt begünstigen. Strafrechtsreformen hätten im Vergleich zur gesellschaftlichen Entwicklung stattdessen eher einen nachholenden Charakter.[398] Aya Gruber macht einen ähnlichen Punkt, wenn sie schreibt, «dass Gesetze, die einen Wandel durch radikale Verhaltensvorschriften ‹erzwingen›, weniger wirksam sind als Gesetze, die eine Kultur, die sich bereits an einem Wendepunkt befindet, ‹anstoßen›, da die Gesellschaft schlecht auf die weit verbreitete Kriminalisierung gewöhnlichen Verhaltens reagiert».[399] Tatsächlich scheint mir ebenfalls frag-

397 Siehe dazu auch ausführlicher das Kapitel 4.3 in diesem Buch.

398 Larcombe 2014.

399 Gruber 2016a, S. 446 «Experts note that because society reacts poorly to the widespread criminalization of ordinary behavior, laws that ‹sho-

würdig, ob Strafrecht gesellschaftlichen Entwicklungen vorgreifen kann, wie Befürworter_innen eines «Ja heißt Ja»-Ansatzes es erhoffen. Ein weiterer Punkt muss bedacht werden, wenn man mit Strafrecht sexuelle Kommunikation fördern will, die auf ausdrücklichem Einverständnis beruht, die so aber nicht breit durchgesetzt ist: Larcombe sieht in einer großen Diskrepanz zwischen geschriebenem und gesprochenem Recht einen wesentlichen Faktor, warum das Strafrecht nicht die Autorität besitzt, Sexualverhalten zu beeinflussen. Sie nennt als Beispiel strafrechtliche Regelungen, die auf ausdrücklichem Einverständnis basieren:

«Das Gesetz [nach Konsensgrundsatz, Anm. RT] besagt, dass das Recht auf sexuelle Selbstbestimmung wertgeschätzt wird und Zustimmung für legalen Sex erforderlich ist, d. h., dass ‹nur ein Ja ein Ja bedeutet›. In der Praxis besagt das Gesetz jedoch, dass Verletzungen, objektive Beweise und eine kurz nach der Tat erfolgte Anzeige die Glaubwürdigkeit der Betroffenen stärken, während ein ehrlicher und vernünftiger Glaube seitens des Täters an eine Zustimmung eine Vergewaltigung entschuldigt, selbst wenn die Betroffene tatsächlich nicht ‹Ja› gesagt hat.»[400]

Mit anderen Worten wird es bei einer großen Lücke zwischen Theorie und Praxis mehr oder weniger egal, was auf dem Papier steht. Diese Diskrepanz, so fasst Larcombe zusammen, «untergräbt die Autorität der Strafrechtsnormen bezüglich Sexualverhalten und der darunterliegenden Werte von Autonomie und Geschlechtergleichheit»[401]. Je stärker also der Symbolcharakter einer Reform betont wird, je eher also keine reale praktische Veränderung mit dem Gesetz verbunden wird, desto eher wird genau jener Symbolcharakter unterminiert.

---

ve› through change by radical behavioral prescriptions are less effective than laws that ‹nudge› a culture already at a tipping point.»

400 «[L]aw says that sexual autonomy is valued and, consequently, affirmative consent is required for lawful sexual penetration – in effect, that ‹only yes means yes›. In practice, the law says that physical injury, corroboration of evidence and a recent complaint will bolster a complainant's credibility, while an honest and reasonable belief in consent on the part of the perpetrator will excuse a rape even when the complainant did not in fact say ‹yes›.» Larcombe 2014, S. 71–72.

401 Larcombe 2014, S. 72. «... undermines the authority of the criminal law's norms regarding sexual conduct and their underlying values of autonomy and gender equality.» Als weitere Faktoren benennt sie die Wahrnehmung der Adressat_innen (Fachöffentlichkeit statt allgemeine Öffentlichkeit) und der Autor_innen («Partikularinteressen» von Opfergruppen) des Strafrechts.

Larcombe benennt als weiteren Faktor die Komplexität des normativen Standards, der durch das Sexualstrafrecht kommuniziert wird. Je komplexer und umfassender die Regelungen, desto schwieriger sind sie für Laien nachvollziehbar. Das kann zu dem Eindruck führen, dass keine klare Definition existiert, was Vergewaltigung ist. Personen kann so unklar sein, wann sie sich strafbar verhalten. Hier sehe ich eine Ähnlichkeit zum Argument von Wegerstad, die sagt, dass mit der Reform in Schweden nicht mehr «voraussagbar» ist, wann man sich strafbar macht.

Wenn Sexualstrafrecht nun aber Sexualverhalten kaum normiert, bevor Gewalt geschieht, so ist es auf die Funktion in der tertiären Prävention beschränkt. Diese Funktion wird betont, wenn argumentiert wird, dass eine Verschärfung von sexualstrafrechtlichen Regelungen zu einer höheren Anzeigenbereitschaft bzw. einer höheren Verurteilungsquote beiträgt, also zu einer effektiveren Strafverfolgung führen würde. Mit diesem Argument möchte ich mich im Folgenden näher auseinandersetzen.

7.2 «Ja heißt Ja» für eine effektivere Strafverfolgung?

Ein zentrales Argument von Befürworter_innen einer Umsetzung von «Ja heißt Ja» im Strafrecht lautet, dass damit die Strafverfolgung erleichtert werde. So kann man in der Begründung für die bereits erwähnte Petition lesen, dass ein Konsensgrundsatz «auf allen Ebenen der Strafverfolgung positive Auswirkung» habe. Bisher sei bei einer Anzeige «die Tür zu einer Strafverfolgung meistens direkt zu», wenn die Betroffene ihren Unwillen nicht erkennbar zum Ausdruck gebracht habe.[402] Bei einem Konsensgrundsatz sei es jedoch möglich nachzuhaken, ob die Person ihr Einverständnis ausdrücklich erklärt hat und sollte dies nicht der Fall sein, öffne sich «nicht nur die Türe für weitere Ermittlungen», es führe auch dazu, dass die Verantwortung nicht allein beim Opfer, sondern gleichermaßen auch bei den Täter_innen gesucht werde. Weiterhin seien die Ermittlungen der Staatsanwaltschaft «nicht sofort» abgeschlossen, wenn nicht Nein gesagt wurde. Zudem hätten die Angeklagten im Prozess nicht die Möglichkeit, die Zustimmung der Betrof-

402 Bell und Schrammen.

fenen aus dem Umstand abzuleiten, dass sie nichts Gegenteiliges zum Ausdruck gebracht hat, sondern müssten stattdessen positive Signale der Zustimmung benennen.[403] Im Petitionstext wird eingeräumt, dass es trotzdem «nicht unbedingt» zu einer Verurteilung kommen würde. Die Autor_innen betonen jedoch, dass die Verhandlung stattdessen «einen ganz anderen Ton [hätte] als in Situationen, in denen überwiegend das Verhalten der anzeigenden Person beleuchtet wird».[404] Der wesentliche Unterschied zu «Nein heißt Nein» besteht also darin, dass «die Person, die den Sex initiiert, [...] selbst aktiv werden und nach Zustimmung fragen [muss], wenn kein klares verbales oder nonverbales Einverständnis vorliegt».[405]

Betrachten wir zunächst das Argument, eine Ausweitung der Tatbestände erhöhe die Anzeigenbereitschaft. Diese Hoffnung wurde bereits mit der Einführung von «Nein heißt Nein» im Jahr 2016 verbunden. Allerdings zeigt Ralf Kölbel, dass die Anzahl der Anzeigen bezüglich Straftaten nach § 177–179, 174 (vor der Reform) und § 177 (nach der Reform) nur um 3–4 % und damit nicht signifikant gestiegen ist.[406] Eine Erklärung dafür, dass die Anzeigenbereitschaft durch eine Verschärfung des Sexualstrafrechts nicht steigt, liegt darin, dass die fehlende Kriminalisierung in den allermeisten Fällen gar nicht der Grund ist, warum Betroffene nicht zur Polizei gehen. Stattdessen wurden bereits vor der Reform sehr viele Taten nicht angezeigt, die auch schon damals eindeutig strafbar waren. Die Gründe dafür liegen in Scham- und Schuldgefühlen, Angst, Traumatisierungen und strukturellen Barrieren, denen Betroffene sich auch bei einer Einführung eines Konsensgrundsatzes gegenübersehen.[407] Dazu kommt, dass sexualisierte Gewalt, anders als gesellschaftlich verbreitete Vorstellungen von Fremdtätern nahelegen, vor allem in Nahbeziehungen stattfindet. Betroffene werden in den meisten Fällen von Familienmitgliedern, (Ex-)Partner_innen, Freund_innen und Kolleg_innen vergewaltigt. Zu diesen besteht nicht selten eine (ökonomische, soziale, emotionale...) Abhängigkeitsbeziehung oder zumindest ein ambivalentes Verhältnis. Dies ist ebenfalls ein wichtiger Grund,

403 Bell und Schrammen.
404 Bell und Schrammen.
405 Bell und Schrammen.
406 Zur Vergleichbarkeit der Zahlen vor dem Hintergrund der neuen Systematik im Sexualstrafrecht siehe auch Kölbel 2021, S. 823, Fußnote 37.
407 Gruber 2016a, S. 454.

warum Betroffene keine Anzeige erstatten. Eine strafrechtliche Verfolgung nützt manchen Betroffenen in solchen Fallkonstellationen (erst einmal) wenig. Mit steigender Nähe der Beziehung zwischen Täter und Opfer geht ein höheres Risiko einher, dass das Opfer seine Anzeige zurückzieht oder im Verlauf des Verfahrens nicht mehr an der Verfolgung der Tat mitwirken will.[408]

Abgesehen von einer höheren Anzeigebereitschaft wird auch argumentiert, dass durch die Einführung eines Konsensgrundsatzes Staatsanwält_innen mehr Fälle zur Anklage bringen könnten.[409] Aya Gruber geht davon aus, dass ein «Ja heißt Ja»-Grundsatz wahrscheinlich am ehesten die Gruppe potenzieller Betroffener zu einer Anzeige ermutigen kann, «die mehrdeutige sexuelle Übergriffe erleben, wie z. B. Fälle von ‹Misskommunikation›, und die denken, dass es sich dabei nicht um Verbrechen handelt».[410] In Kapitel 6.2 gehe ich näher auf die Frage ein, wann Betroffene Übergriffe tatsächlich als solche erleben – tatsächlich kann dies beeinflussen, ob sie eine Tat zur Anzeige bringen oder nicht. Genau diese Konstellationen – in denen weder ein entgegenstehender Wille geäußert noch ausdrückliche Zustimmung gegeben wurde – sind aber am schwierigsten zu beweisen und zu verfolgen. Dies kann, so Gruber, dazu führen, dass die Verurteilungsquote sinkt, wenn vor allem solche Fälle aufgrund einer Strafrechtsreform neu hinzukommen. Bewusstseinsbildung und eine Erhöhung der Anzeigebereitschaft durch eine Erweiterung von Straftatbeständen muss also nicht zwingend mit einer höheren Verurteilungsquote einhergehen. Dass eine Erhöhung von Verurteilungsquoten nicht zwingend eine Folge von Strafrechtsverschärfungen ist, wird auch von ihren Befürworter_innen eingestanden. Ralf Kölbel stellt in Bezug auf die Auswertung der Zahlen nach der Sexualstrafrechtsreform 2016 fest, dass es kaum Veränderungen bezüglich der Zahl der Verurteilungen im Verhältnis zur Zahl

408 Durch rechtliche Verbesserungen in Form des Gewaltschutzgesetzes 2000 ist der Anteil an Fällen, in denen eine nahe Beziehung zwischen Täter und Opfer bestand, deutlich gestiegen. So hat sich die Konstellation «keine Vorbeziehung» von 38 % im Jahr 1994 auf 21 % im Jahr 2013 fast halbiert. Dagegen hat sich der Anteil von Fällen, in denen Täter und Opfer miteinander verwandt waren, im gleichen Zeitraum von 6 % auf 22 % mehr als verdreifacht. Elz 2017, S. 136.

409 Bell und Schrammen.

410 Gruber 2016a, S. 454.

der Anzeigen gab.[411] Diese sinkt seit Jahren immer weiter, was unter anderem damit zu erklären ist, dass der Anteil an angezeigten Taten, die sich im engeren familiären Umfeld ereignet haben, signifikant angestiegen ist – von 13 % im Jahr 2003 auf 23 % im Jahr 2018.[412]

Die Literatur geht davon aus, dass überproportional Aussage-gegen-Aussage-Konstellationen und Vergewaltigungsmythen angemessene Ermittlungen behindern.[413] Gruber konstatiert, dass es keinen Hinweis darauf gibt, dass sich das mit einem Konsensgrundsatz im Strafrecht ändert. Stattdessen zeigt sie, dass sexistische Staatsanwaltschaften auch bei geltenden «Nein heißt Nein»-Gesetzen das Vorliegen eines Neins ignorieren und sie dies demnach bei ausdrücklichem Einverständnis genauso tun können.

Eine Untersuchung des schwedischen Rats für Kriminalprävention (Brottsförebyggande rådet, kurz *Brå)* kommt zu dem Ergebnis, dass die Zahl der Anzeigen nach der Reform des schwedischen Gesetzes nicht stärker gestiegen ist als die Jahre zuvor.[414] Allerdings hat die Zahl der Strafprozesse wegen Vergewaltigung stark zugenommen und die Zahl der Verurteilungen ist sogar um 75 Prozent angestiegen. In seiner Analyse kommt der Rat zu dem Schluss, dass 76 der 362 Strafverfahren im Jahr 2019 unter dem alten Gesetz nicht stattgefunden hätten. Das ist etwa ein Fünftel aller Fälle. Von diesen 76 Verfahren endete die Hälfte mit einem Freispruch und 26 mit einer Verurteilung wegen Vergewaltigung. Zwölf Verurteilungen ergingen aufgrund des neuen Tatbestands der «fahrlässigen Vergewaltigung». Die «neuen Fälle» unterschieden sich insofern, als dass die Taten seltener im Kontext von Beziehungen

411 Kölbel 2021, S. 826. Da es in Deutschland (bisher) keine deliktgenaue Verlaufsstatistik gibt, die zeigt, wie eine Anzeige weiterverfolgt wird, kann eine «Verurteilungsquote» mit den vorliegenden Zahlen nicht ohne Weiteres berechnet werden. Beispielsweise werden in Gerichtsprozessen Taten zusammengefasst und nach der schwersten Tat gespeichert, bei Anzeigen wird dagegen jede einzelne Tat aufgenommen. Auch passiert es nicht selten, dass im Laufe der Ermittlungen eine rechtliche Umbewertung stattfindet und beispielsweise eine ursprüngliche Anzeige wegen sexueller Belästigung als Körperverletzung weiterverfolgt wird. Die Berechnungen für Deutschland sind unter dieser Einschränkung zu lesen.

412 Kölbel 2021, S. 827.

413 Elz 2017, S. 137–138.

414 The Swedish National Council for Crime Prevention 2020, S. 4.

stattfanden und es häufiger um Taten zum Beispiel nach einer Partybekanntschaft ging. Es handelte sich dabei weiterhin vor allem um Fälle, in denen ein Überraschungsmoment ausgenutzt wurde oder das Opfer passiv blieb.[415] Der Rat schlussfolgert, dass mit dem neuen Gesetz vor allem diese Fallgruppen sexualisierter Gewalt erfolgreicher bestraft werden können als zuvor.[416]

Sowohl Gruber als auch Wegerstad weisen darauf hin, dass «Ja heißt Ja»-Regelungen den Staatsanwaltschaften und Gerichten einen sehr großen Interpretationsspielraum lassen – sowohl auf der Ebene des *actus reus* – also ob die Zustimmung vorlag – als auch auf der Ebene des *mens rea* – was der Beschuldigte über die Zustimmung gewusst hat oder hätte wissen können. Gruber sieht insbesondere für die Untergruppe von Fällen von «Misskommunikation» die Gefahr, dass durch den großen Interpretationsspielraum vor allem dann Anklage erhoben wird, wenn die Staatsanwaltschaft den Angeklagten für einen «echten Kriminellen» (und nicht für einen «normalen Mann») hält. Wann es sich um «echte Kriminelle» handelt, wird dabei insbesondere durch rassifizierende und sozioökonomische Kriterien beeinflusst und weniger durch den Tathergang selbst.[417] Allgemein nutzen Polizei und Staatsanwält_innen strafrechtliche Verbote von relativ verbreiteten Handlungen, man denke an Kiffen oder «Herumlungern», gern dazu, diese Befugnisse vor allem an bestimmten Orten und auf bestimmte Personen anzuwenden.[418] Gruber schließt daraus auf «Ja heißt Ja»-Regelungen bezogen:

«Wenn strenge Zustimmungsgesetze diesem gewohnten Muster folgen, dann können wir erwarten, dass solche Sexualvorschriften in der Weise angewandt werden, wie dies für strafrechtliche Vorschriften typisch ist – für die ‹üblichen Verdächtigen›. Der Rest der Gesellschaft wiederum wird wenig Anreiz haben, mit den tief verwurzelten, psychisch verankerten Kommunikationsformen [traditionelle heteronormative Skripte, Anm. RT] zu brechen.»[419]

415 The Swedish National Council for Crime Prevention 2020, S. 5.
416 The Swedish National Council for Crime Prevention 2020, S. 4.
417 Gruber 2016a, S. 457.
418 Gruber 2016a, S. 446.
419 Gruber 2016a, S. 447 «If strict affirmative consent laws follow this familiar pattern, we might expect such sex regulation to apply in the manner criminal regulation typically applies – to the ‹usual suspects.› In turn,

Auch Künkel weist darauf hin, dass eine schärfere Strafverfolgung, vor allem wenn es um Taten in der Öffentlichkeit geht («sexual street policing»), überproportional marginalisierte Personen, wie Arme, Obdachlose oder Nicht-Weiße, treffe. Diese haben zudem oftmals nicht die Ressourcen, sich angemessen zu verteidigen.[420]

Ein breiterer Interpretationsspielraum stellt aber nicht nur ein Problem dahingehend dar, wen die Ermittlungsbehörden für «echte Täter» halten, sondern auch, welche Opfer sie als glaubwürdig betrachten. Die Geschlechterwissenschaftlerin Lise Gotell hat in ihrer Analyse kanadischer Gerichtsurteile zu Sexualdelikten herausgehoben, wie der juristische Diskurs ausdrücklichen Einverständnisses im Rahmen neoliberaler Regierungsweisen eine neue Form privilegierter Subjektivität hervorbringt. Diese «konstruiert und formt Individuen als rational kalkulierende Wesen, die durch ihre Fähigkeit zur Selbstsorge und ihre volle Verantwortung für die Konsequenzen ihrer Handlungen definiert sind».[421] Dabei konstituiert sich das ideale Opfer als weibliches Subjekt, das das Risiko, vergewaltigt zu werden, selbstverantwortlich minimiert und ein normatives männliches Subjekt, das das Risiko der Kriminalisierung vermeidet, indem es Konsens absichert.[422]

Kriminalitätskontrolle soll so stärker auf Strategien der Responsibilisierung und des Risikomanagments basieren. Gotell zeigt anhand verschiedener Gerichtsurteile, wie obdachlose, suchtkranke oder rassifizierte Frauen und Mädchen für ihre Vulnerabilität selbst verantwortlich gemacht werden, indem sie mit einem «high-risk lifestyle» identifiziert werden. Das Verhalten der Opfer wird in Gerichtsurteilen explizit gemessen an einem normalisierten risikovermeidenden Verhalten der «vernünftigen Frau». Gotell führt aus, dass der Fokus auf Risikovermeidung sexuelle Gewalt dekontextualisiert und so deprivilegierte Verhältnisse wie Armut, Obdachlosigkeit usw. ignoriert, die die eigentlichen «Risikofaktoren» sexueller Gewalt darstellen.[423] So steht dem «idealen Opfer» die «riskante Frau» gegenüber, «die unter der neuen Zustimmungslogik den traditionellen Platz der

---

the rest of society will have little incentive to break from deeply embedded, psychologically entrenched sexual communicative practices.»

420 Künkel 2021b.
421 Gotell 2008, S. 874.
422 Gotell 2008.
423 Gotell 2008, S. 883.

promiskuitiven Frau einnimmt»[424], der die Schuld an dem Risiko gegeben wird, dass sie eingegangen ist. Gotell schließt, dass «Verletzlichkeit als Versagen der Verantwortung rekonstruiert [wird], und Frauen, die sich in Risikoräumen aufhalten, werden als sexuelle Bedrohung dargestellt, wodurch Abweichungen von der verantwortungsbewussten männlichen sexuellen Subjektivität legitimiert und normalisiert werden. […] Risikofreudige Frauen fallen sowohl durch die Maschen der ausdrücklichen Zustimmung als auch durch den neuen negativen Pol der Dichotomie gutes Opfer / schlechte Klägerin.»[425] Gotell zeigt so anhand des Beispiels Kanada, wie neue Mechanismen des *victim blamings* durch die Etablierung eines «Ja heißt Ja»-Standards entstehen können.

Der Risikodiskurs findet sich auch in dem bereits zitierten Bericht zur Umsetzung der schwedischen Strafrechtsreform. Der Bericht benennt rechtliche Unsicherheiten darüber, woran sich festmachen lässt, wie bewusst der Beschuldigte gehandelt hat. Für das Gericht sei es dem Rat zufolge insbesondere schwer zu entscheiden, ob der mutmaßliche Täter wusste, dass ein «großes Risiko» bestand, dass die Betroffene nicht bereit war, Sex zu haben und der Angeklagte diesem Risiko gegenüber gleichgültig war (rücksichtsloser Vorsatz) oder er wusste, dass zumindest ein «Risiko» bestand (grobe Fahrlässigkeit). Im letzten Fall würde es sich dementsprechend um den Tatbestand der fahrlässigen Vergewaltigung handeln. Fast immer diente dieser Tatbestand als sekundäre und nicht als primäre Anklage. Der Rat mutmaßt, dass die Möglichkeit einer sekundären Anklage wegen fahrlässiger Vergewaltigung dazu führt, dass Fälle eher von der Staatsanwaltschaft zur Anklage gebracht werden. Jedoch nimmt der Rat ebenfalls an, dass die Gerichte den Tatbestand kaum für anwendbar halten, sondern Angeklagte eher freisprechen als sie wegen fahrlässiger Vergewaltigung zu verurteilen.[426]

Insgesamt bleibt sehr fraglich, ob ein Konsensprinzip im Strafrecht tatsächlich eine effektivere Strafverfolgung bedeuten

---

424 Gotell 2008, S. 882.

425 Gotell 2008, S. 898. «Vulnerability is reconstructed as a failure of responsibility and women who occupy spaces of risk become reframed as sexual threats, thereby legitimizing and normalizing deviations from responsibilized masculine sexual subjectivity. […] Risky women both fall through the cracks of affirmative consent and ground the new negative pole of the good victim/bad complainant dichotomy.»

426 Wegerstad 2021, S. 742.

würde. In Schweden scheint dies vor allem auf Fälle zuzutreffen, in denen Betroffene passiv bleiben oder überrascht werden.

Diese Fallkonstellationen dienen nicht selten unter dem Stichwort «Schließung von Schutzlücken» als ein weiteres Argument für die Etablierung eines Konsensgrundsatzes im Strafrecht. In Momenten der Schockstarre können Betroffene unfähig sein, Nein zu sagen – ihre sexuelle Selbstbestimmung wäre in dem Fall nicht geschützt, wenn «Nein heißt Nein» gelte.[427]

Mit einem Konsensgrundsatz wäre es nötig, dass man sich der ausdrücklichen Zustimmung versichere. Im aktuellen deutschen Sexualstrafrecht ist in § 177 Abs. 2 geregelt, dass das Ausnutzen einer Lage, in der die Person «auf Grund ihres körperlichen oder psychischen Zustands in der Bildung oder Äußerung des Willens erheblich eingeschränkt ist» wie auch die Ausnutzung eines Überraschungsmoments strafbar sind. Das bedeutet, dass in diesen Fallkonstellationen Zustimmung kein Kriterium ist, da keine Zustimmungsfähigkeit vorliegt – und das ist auch richtig so: Mit einem Konsensgrundsatz besteht die Gefahr, dass der Kontext, in dem die fragliche Tat stattfindet und der beispielsweise von Zwang, Überredung, Angstzuständen der Betroffenen, starkem Drogeneinfluss usw. aus dem Blick gerät, weil man sich auf die Konsensperformance als entscheidendes Kriterium konzentriert. Eine völlig benommene Person, die aus Angst vielleicht ein «Ja» murmelt, ist und bleibt nicht zustimmungsfähig und sexuelle Handlungen mit dieser Person zu vollziehen, ist falsch.

Ein Abstellen auf ausdrückliche Zustimmung macht hier meines Erachtens keinen Sinn, vor allem wenn nicht nur ein verbales Ja, sondern alle möglichen positiven Signale als Zustimmung gewertet werden können. Ein Konsensgrundsatz kann dann den Effekt haben, dass jegliche Hinweise auf eine Einwilligung dazu führen, dass das Verhalten des Täters als Okay gewertet wird, unabhängig vom Kontext. Manche mögen nun einwenden, dass ein «Ja heißt Ja»-Grundsatz die Signale, die als Hinweis auf Konsens gewertet werden dürfen, einschränken kann. Wie bereits in Kapitel 4.2 gezeigt, gibt es hier in den Debatten unterschiedlich strikte Modelle von ausdrücklichem Einverständnis. Einige verlangen ein verbal geäußertes Ja («Nur Ja heißt Ja») oder ein Äquivalent («Mach weiter»), andere lassen non-verbale Signale, von Nicken bis Entkleiden, ebenfalls

427 Herning und Illgner 2016.

gelten. Vor allem geht es um Eindeutigkeit in der Kommunikation. Beschränkt man jedoch die Signale, die als Zustimmung gelten dürfen, so setzt das Gesetz eine immer enger werdende Norm, wie sexuelle Zustimmung auszusehen hat. Weicht man die Signale hingegen zu sehr auf und lässt alles Mögliche als explizite Zustimmung gelten, so setzt man möglichen sexistischen Interpretationen wenig entgegen und hat im Grunde keinen praktischen Unterschied gegenüber «Nein heißt Nein».[428] Ein Abstellen auf fehlende Zustimmungsfähigkeit in Fällen extremer Angst, Schockstarre bis hin zur Bewusstlosigkeit scheint mir daher um einiges sinnvoller, als das Fehlen einer ausdrücklichen Zustimmung zum entscheidenden Kriterium der Strafbarkeit zu machen.

Die Forderung nach einem Konsensgrundsatz im Strafrecht bietet eine scheinbar einfache Lösung für ein komplexes Problem. Es wirkt auf den ersten Blick wie die richtige feministische Forderung in Hinblick auf den Schutz sexueller Selbstbestimmung. Bei näherem Hinsehen lässt sich jedoch feststellen, dass die Einführung eines «Ja heißt Ja»-Grundsatzes im Strafrecht nicht unbedingt die Effekte haben muss, die ihre Befürworter_innen sich erhoffen.

Durch eine Kriminalisierung gewöhnlichen Sexualverhaltens kann die Autorität der Regelungen untergraben werden. Durch den erweiterten Interpretationsspielraum für Staatsanwaltschaften und Gerichte kann ein solches Gesetz im Sinne eines «Gummiparagraphen» dazu dienen, vor allem marginalisierte Personen zu verfolgen, die aufgrund gesellschaftlicher Stereotypen als Sexualstraftäter oder in anderer Weise als deviant angesehen werden. Fallkonstellationen, in denen das Opfer insbesondere aufgrund einer Schockstarre mit Passivität reagiert, sind bereits im Strafrecht unter § 177 Abs 2. erfasst.

Hier gilt es eher, die Ermittlungsbehörden mit Fachwissen zum Auftreten von Schockstarre und der Anwendung der Regelungen entsprechend fortzubilden. Generell sollte anerkannt werden, dass sexuelle Begegnungen manchmal zu unklaren Situationen führen, in denen Beteiligte ambivalent sind – diese Situationen können und sollten nicht durch das scharfe Schwert des Strafrechts geregelt werden, das aus gutem Grund als «ulti-

428 Siehe dazu die Kritik an Schulhofers «expressive consent»-Modell bei Gruber 2016b.

ma ratio» gilt. Nicht zuletzt ist der Sinn und Zweck von Strafen und Strafrecht generell zu hinterfragen. Vor dem Hintergrund der formulierten Kritik an einem Strafrechtsfeminismus frage ich mich jedoch, inwiefern hier auch ein antifeministisch wirkender Doppelstandard am Werk sein könnte. Für viele andere Themenfelder werden punitive Forderungen gar nicht oder zumindest nicht so hart kritisiert. Wenn es beispielsweise um die Forderung nach Aufklärung und Verurteilung von Straftaten im Zusammenhang mit rechtem Terror wie dem NSU oder den Vorgängen Halle usw. geht, fände man eine fundamentale Strafrechtskritik ziemlich daneben. Zudem möchte ich in Anlehnung an MacKinnon kritisieren, dass Frauen bzw. Opfer sexueller Gewalt nicht auf das Zivilrecht zurückgeworfen sein sollten, nur weil das Strafrecht Ungleichheiten reproduziert. Hier kann die Argumentation auch in eine Hierarchisierung von Herrschaftsverhältnissen münden, die MacKinnon bereits bei orthodoxen Marxist_innen kritisiert hat.[429]

Vor dem Hintergrund dieser Abwägungen erscheint mir die Forderung nach einem «Ja heißt Ja»-Grundsatz im Strafrecht nicht sinnvoll, wenn sich eine Strafverfolgung in den zu erwartenden neuen Fällen sowieso als äußerst schwierig erweist, die präventive Wirkung mindestens umstritten ist und nicht zuletzt die Ermächtigung der Betroffenen durch die Ermittlungsverfahren ebenfalls mehr als fragwürdig erscheint. Stattdessen sollte es eher darum gehen, Opferrechte zu stärken, mehr Ressourcen in Beratungs-, Therapie- und Schutzangebote für Betroffene zu stecken, herrschaftskritische Sexualaufklärung und Präventionsprogramme (inkl. Täterarbeit) massiv auszuweiten, Schutzkonzepte in privaten und öffentlichen Einrichtungen zu etablieren und die Gesundheitsversorgung für Betroffene zu verbessern.

429 MacKinnon 1991.

8. Jenseits von «Ja heißt Ja»

Wie ich in diesem Buch dargestellt habe, gibt es zwei gegensätzliche Stoßrichtungen einer möglichen Kritik an «Ja heißt Ja»: Aus einer liberal-feministischen Perspektive kann das Zustimmungskonzept dafür kritisiert werden, Frauen zu wenig Handlungsmacht zuzugestehen, indem sie als ohnmächtig und angewiesen auf den Schutz von Männern gedacht werden. Demgegenüber würde in dieser Perspektive die Autonomie von Frauen betont werden, wodurch in der Tendenz aber Geschlechterungleichheiten vernachlässigt werden können. Aus einer anderen, radikalfeministischen Perspektive kann das Zustimmungskonzept dafür kritisiert werden, Machtverhältnisse zu wenig einzubeziehen, weil es die Beteiligten als außerhalb dieser und damit als freie und gleiche «Vertragspartner»[430] begreift. Diese Perspektive tendiert dazu, die Möglichkeit weiblichen Einvernehmens im Patriarchat zu negieren, da Frauen immer in der schwächeren Position seien und so nicht frei entscheiden könnten. Das Potential zur Handlungsmacht von Frauen wird damit in der Konsequenz massiv eingeschränkt.

Wie ich gezeigt habe, greifen beide Perspektiven zu kurz, da eine feministische Position auf der einen Seite sexuelle Zustimmung in einem vergeschlechtlichten und heteronormativen Kontext verorten und dessen Wirkmächtigkeit anerkennen muss. Auf der anderen Seite muss sie aber auch die subjektiven Erfahrungen von Frauen, ihre Handlungsmacht und Autonomie in deren (hetero-)sexuellen Aushandlungen würdigen und ernst nehmen. Jede Frau macht eigene, subjektive Erfahrungen mit und in ihrer Sexualität und somit auch mit der Aushandlung von sexuellem Einvernehmen.

Was heißt das aber konkreter? Das Zustimmungskonzept soll – nach eigener Bestimmung – eine Anleitung für alle sein, wie sie Grenzverletzungen vorbeugen können. Auf dem Plakat von DEFMA heißt es:

«Zustimmung ist für alle da – *egal* ob Frau, Mann, homo, hetero, bi, trans*, welche Genderexpression und welche Sex-

430 Die männliche Form ist hier Absicht und soll zeigen, dass in der Kritik am Konzept auch steckt, dass es die Beteiligten an der Oberfläche als geschlechtsneutral denkt.

praktiken oder Hilfsmittel auch immer – Zustimmung vermittelt einen ganz praktischen und lustvollen Umgang mit unserer Sexualität.»[431] (Hervorhebung durch RT)

Problematisch ist das kleine Wörtchen «egal» in diesem Zusammenhang. Es ist für ein feministisches Konzept von Einvernehmlichkeit nicht egal, ob ich heterosexuelle Frau, homosexuelle Transfrau oder bisexueller Mann bin und wer in der Interaktion mein Gegenüber ist. Denn daraus leiten sich unterschiedliche Machtverhältnisse ab, die Einfluss auf die Begegnung und die Aushandlung haben. Das Spezifische an feministischer Kritik ist, dass sie den Einfluss der Kategorie Geschlecht auf unseren gesellschaftlichen Kontext und unsere subjektiven Erfahrungen betont. Auch wenn ihr deshalb vorgeworfen wird – und zum Teil ist dies ja auch berechtigt – reduktionistisch, deterministisch oder gar essentialistisch zu sein – so ist ihr Fokus auf Geschlecht gleichzeitig genau das, was sie feministisch macht.

Es ist wichtig zu reflektieren, welche unterschiedlichen Handlungsspielräume hetero-, homo- und bisexuelle Männer, Frauen, Nicht-Binäre und Transmenschen in sexuellen Begegnungen haben. Es ist gleichzeitig wichtig, diese Handlungsspielräume als durch Geschlechterungleichheiten und Heteronormativität strukturiert zu begreifen. Dabei sind Heteronormativität wie auch Geschlecht immer Tendenzen: Sie sind immer von Wichtigkeit, aber mit unterschiedlichem Einfluss auf die jeweiligen Kontexte, Situationen und Erfahrungen. Relevant scheint mir für eine Diskussion über das Konsensprinzip vor allem, Geschlecht und Heteronormativität einen «Platz am Tisch» einzuräumen.

Nun mögen viele einwenden: Aber sie haben diesen Platz doch bereits. Denn, tatsächlich, wird «Ja heißt Ja» in medialen Debatten – also jenseits (queer-)feministischer, subkultureller Zusammenhänge – ganz klar geschlechtlich gedacht. Es geht um Sex initiierende Männer, die von passiven Frauen vor dem Sex ein Ja einholen müssen. Das Zustimmungskonzept ist ursprünglich aus der Erkenntnis entwickelt worden, dass in ungleichen Machtverhältnissen Frauen nicht immer so einfach Nein sagen können. Dementsprechend waren Geschlecht und heteronormative Praktiken Ausgangspunkt der Entwicklung des Konzepts. Die Reflexion steckt also bereits im Konzept. Das ist zwar richtig, aber meines Erachtens fokussiert sich das Zu-

---

431 Unterstützer_innengruppe DEFMA o.A.

stimmungskonzept dabei zu sehr auf die Frage nach der richtigen Verfahrensweise: Wie muss Zustimmung wann, durch wen und wie oft kommuniziert werden? In den Anfängen von «Ja heißt Ja» ging es vor allem um die Etablierung von *Affirmative-Consent*-Regelungen an US-amerikanischen Colleges. Da mit den Kämpfen an den Colleges vor allem das Ziel verbunden war, juristische Klarheit zu schaffen, hat sich eine in der Tendenz formalisierte Perspektive in feministischen Debatten um ausdrückliches Einverständnis durchgesetzt. Rechtliche Regelungen erfordern zudem geschlechtsneutrale und definitorische Formulierungen, die man bis heute vielen Texten zum Zustimmungskonzept anmerken kann.

Zusammenfassend lassen sich drei *zugespitzte* Thesen formulieren:

1. Im Zustimmungskonzept werden Menschen als rational handelnde, autonome Subjekte gedacht.

Ambivalenzen und Unsicherheiten sexueller Wünsche werden im Zustimmungskonzept häufig in Richtung eines Neins vereindeutigt («sag Nein, wenn du dir nicht sicher bist») oder schlicht nicht mitgedacht. Die Beteiligten sollen stets in der Lage sein, ihre (vermeintlich eindeutigen) Wünsche klar und unmissverständlich zu kommunizieren. Was in einer sexuellen Begegnung geschieht, soll permanent individuell ausgehandelt werden, um einen «voraussetzungsfreien» Umgang miteinander sicherzustellen. Zustimmung soll zudem immer informiert gegeben werden. All diese Anforderungen setzen in der Konsequenz Individuen voraus, die zu jeder Zeit wissen, was sie wollen, womit sie sich wohl fühlen und dies auch direkt artikulieren können und wollen. Dies ignoriert sowohl die potenzielle Verletzlichkeit der Beteiligten, die daher auch das Bedürfnis haben können, ihre Kommunikation indirekter zu gestalten als auch die reale Ambivalenz und Multidimensionalität sexuellen Wollens, die eine eindeutige und klare Kommunikation erschweren. Die vermeintliche «Voraussetzungsfreiheit» verschleiert die Voraussetzung, dass Subjekte nach diesem Konzept als voneinander abgegrenzt und unabhängig gedacht werden und stets Kontrolle über die Situation haben. Das verantwortungsvolle und rationale Planen von Sexualität wird als erstrebenswert erachtet und Zustimmung als eine vertragsähnliche Vereinbarung begriffen. Dies korrespondiert mit individualistischen Denkweisen und neoliberalen Vorstellungen von Planbarkeit und Konkurrenz, Zurichtung und Reglementierung. Subjekte, die demgegenüber unsicher, ambivalent, abhängig oder nicht willens oder fähig sind, ihre Wünsche zu kommunizieren, können so zu inkompetenten sexuellen Akteur_innen werden. Dies legt die Verantwortung für sexuelle Einvernehmlichkeit letztendlich in die Hände der einzelnen Beteiligten und individualisiert sie damit.

Obwohl eine Reflexion darüber stattfindet, wann Zustimmung als freiwillig betrachtet werden kann, und somit auch die Autonomie der Beteiligten infrage gestellt wird, werden in diesem Zusammenhang vor allem äußere Zwänge oder eingeschränkte Zurechnungsfähigkeit aufgrund von Drogen etc. thematisiert. So entsteht der Eindruck, dass bei Abwesenheit dieser Faktoren eine unproblematische Entscheidung möglich sei. Dies verkennt jedoch den gesamtgesellschaftlichen Kontext und die Machtbeziehungen zwischen den Beteiligten, was mich direkt zu meiner zweiten These führt.

2. Die Fokussierung auf ausdrückliches Einverständnis als Hebel zur Verhinderung sexualisierter Gewalt unterschätzt die Wirkungsweise von Machtverhältnissen.

Ich habe dargelegt, dass die Allgegenwärtigkeit gesellschaftlicher Machtverhältnisse kein Argument sein kann, Menschen die Fähigkeit zu Handeln und freiwillige Entscheidungen zu treffen abzusprechen. Dies würde in letzter Konsequenz ein sozialdeterministisches Weltbild zur Folge haben, nach denen Machtverhältnisse alle und alles bestimmen. Gesellschaftliche Veränderung wäre so nicht mehr denkbar. Stattdessen habe ich betont, dass Macht die Subjekte nicht nur negativ durch Einschränkung und Verhinderung bestimmt, sondern Macht die Subjekte überhaupt erst erschafft und diese wiederum sich selbst und die Macht beständig mit-erschaffen. Insofern haben sie Handlungsspielräume, die, je nachdem wie sie genutzt werden, Machtverhältnisse verschieben, unterlaufen und/oder stabilisieren können. Vor diesem Hintergrund ist es sinnvoll, nach vorhandenen Handlungsspielräumen zu suchen und darüber nachzudenken, wie diese erweitert werden können. Das Zustimmungskonzept kann als eine solche Suche betrachtet werden. Gleichzeitig sind die zur Verfügung stehenden Handlungsoptionen bereits durch Machtverhältnisse strukturiert. Oder anders ausgedrückt: Es gibt kein Handeln jenseits von

Macht. Das bedeutet auch, dass Macht nicht nur durch äußeren Zwang und Repression, sondern *auch* in Form von Techniken der Selbstsorge, Selbstregulierung und Selbstkontrolle ihre Wirkung entfaltet. Im «Ja heißt Ja»-Prinzip werden gerade diese Selbst-Techniken der Macht unzureichend reflektiert. Stattdessen wird impliziert, dass das «wirkliche» sexuelle Begehren, das frei sei von Gesellschaft, nur erkannt, adäquat artikuliert und schlussendlich umgesetzt werden muss, um den «richtigen» und somit auch «gewaltfreien» Sex zu haben. Dabei wird übersehen, dass Begehren nicht vordiskursiv existiert, sondern ebenfalls durch Macht strukturiert ist. Zudem werden die vielen weiteren sozialen Funktionen, die Sexualität erfüllt und die Individuen dazu verleiten, aus sehr unterschiedlichen Gründen – jenseits von direktem Begehren – Sex zu haben, vernachlässigt. Die Implikation des Zustimmungskonzepts, dass ein Ja, welches ohne äußeren Druck gegeben wurde, unproblematischen Sex zur Folge hätte, ist vor diesem Hintergrund in Frage zu stellen. Sie kann den Blick auf die strukturelle Gewaltförmigkeit heteronormativer Sexualität verstellen. Damit bin ich bei meiner letzten These.

3. «Ja heißt Ja» stabilisiert heteronormative Sexualitätsvorstellungen und kann so kaum zu einer Veränderung hegemonialer Sexualkultur beitragen.

Dem Konzept ausdrücklicher Zustimmung liegt eine Grammatik zugrunde, nach der eine Person Zustimmung erhält und eine andere diese gibt. Ein solches Verständnis von Zustimmung korrespondiert mit heteronormativen Konzepten männlicher Sexualität als aktiv-initiierend und weiblicher Sexualität als reaktiv-rezeptiv und kann diese reproduzieren. Dies deckt sich mit dem *male sexual drive discourse,* nach dem Männer immer Sex wollen – Zustimmung bei ihnen also automatisch vorausgesetzt wird. Dadurch wird männliches Begehren zentral gesetzt. Dies kann zu einer selektiven Wahrnehmung sexualisierter Gewalt beitragen, wonach Frauen die Grenzen von Männern nicht verletzen können. Damit einhergehend suggeriert das Zustimmungskonzept durch die einseitige Thematisierung von Zustimmungsfähigkeit in der Tendenz eine potenzielle Verletzlichkeit nur auf der (weiblich konnotierten) *giver*-Seite der Interaktion. Die Verantwortung für Grenzverletzungen wird einseitig auf die (männlich konnotierte) *receiver*-Seite verlagert. Dies kann tradierte Geschlechtervorstellungen von weiblicher Schutzbedürftigkeit, Ohnmacht und potenzieller Opferschaft sowie demgegenüber männlicher Schutzgabe, Handlungsmacht und potentieller Täterschaft stabilisieren.

Was für die Verantwortungsverlagerung spricht, ist, dass sie einen Gegenpunkt zum *victim blaming* bildet, nach dem den Betroffenen sexualisierter Gewalt eine Mitschuld dafür gegeben wird, dass ihnen Gewalt widerfahren ist. Ein weiterer Bruch mit hegemonialen Vorstellungen findet sich bei «Ja heißt Ja» meines Erachtens ebenfalls darin, dass es das *Potential* hat, Begehren bei allen Beteiligten mitzudenken. Während «Nein heißt Nein» Frauen in eine *gatekeeper*-Position verweist, kann eine (enthusiastisch) «Ja»-sagende Frau tradierte Geschlechterbilder, nach denen Frauen nicht selbst aktiv begehren, aufbrechen. Allerdings müsste hier reflektiert werden, dass sich dies wiederum schnell in den dargestellten (post-)feministischen Diskurs einpassen kann, in dem junge, moderne Frauen heute aktive, begehrende, unabhängig und empowerte sexuelle Subjekte sein sollen, sich dann am Ende aber doch wieder an männlichem Begehren orientieren. Dies wäre dann nur die andere, modernisierte Seite der gleichen heteronormativen Medaille.

Wie ich dargestellt habe, gibt es innerhalb des «Ja heißt Ja»-Prinzips auch sogenannte kollaborative Ansätze, die den Versuch darstellen, Zustimmung eher prozesshaft zu verstehen und die Grammatik, nach der eine Seite Vorschläge macht und die andere diese annimmt oder ablehnt, zu unterlaufen. Kollaborative Ansätze stellen den Prozess der Aushandlung in den Mittelpunkt und vernachlässigen das Ergebnis. Sie grenzen sich damit gegen einen «Consent is sexy»-Ansatz ab, der guten Sex als Ziel von Konsens formuliert. Wie ich in dem Exkurs dazu gezeigt habe, werden hier Ambivalenzen und die unterschiedlichen Dimensionen von sexuellem Wollen stärker mitgedacht und in das Konzept einbezogen. Es geht weniger um die Anforderung, eindeutig und unmissverständlich zu kommunizieren. Gleichzeitig werden wiederum durch den Fokus auf die Verfahrensweisen – da hier der Prozess im Mittelpunkt steht – strukturelle Machtverhältnisse zu wenig in die Überlegungen einbezogen. Für mich bleibt an dieser Stelle außerdem die Frage offen, ob es aus einer feministischen Perspektive nicht immer auch um die Aneignung sexueller Befriedigung und damit um guten (nicht nur «richtigen») Sex gehen sollte. Insofern kann die Preisgabe des Ziels, guten Sex zu haben, zugunsten einer bestimmten Standards entsprechenden Aushandlung, auch als eine Art der Resignation betrachtet werden.

Das heißt zusammengefasst: Das Zustimmungskonzept ist zu nah an einer post- oder liberal-feministischen Position, die Geschlecht und Heteronormalität als entscheidende Strukturkategorien unserer Gesellschaft zu sehr aus dem Blick verliert. Durch diese Unsichtbarmachung schleichen sie sich dann quasi hinterrücks in das Konzept ein. Die oberflächliche Dekonstruktion tradierter Geschlechterbilder geht mit einer Individualisierung sexueller Aushandlungspraktiken einher, wodurch die Wirkung struktureller Machtverhältnisse unsichtbar wird.

Einerseits ist das Zustimmungskonzept zu liberal – wodurch Effekte von Machtverhältnissen zu wenig Beachtung geschenkt wird und diese umso besser ihre Wirkung entfalten können. Andererseits halte ich das Konsensprinzip gleichzeitig für zu wenig liberal und zu stark moralisch aufgeladen. Im Gegensatz zu «Nein heißt Nein», das sich negativ abgrenzt und offenlässt, wie «guter Sex» aussehen könnte, trifft «Ja heißt Ja» positive Aussagen darüber, was «guter Sex» beinhalten soll. «Ja heißt Ja» setzt auf ein vertragsähnliches Aushandlungsmodell im Sex und entwertet damit implizit andere Formen von Sexualität. Das Zustimmungskonzept riskiert damit, eine neue sexuelle Norm zu etablieren.[432]

Aus diesen Überlegungen ergeben sich mögliche Konsequenzen für eine Reformulierung des Zustimmungskonzepts und von Präventionskonzepten gegen sexualisierte Gewalt im Allgemeinen: Klarheit und Eindeutigkeit sexueller Wünsche sollten nicht unkritisch als erstrebenswert dargestellt werden, da es unrealistische Anforderungen und sie insofern zum Scheitern verurteilt sind. Sie setzen die Einzelnen unnötig unter Druck, permanent in sich «hineinzuhorchen» und Entscheidungen zu treffen. Die ambivalenten und multidimensionalen sexuellen Wünsche und Unsicherheiten der am Sex Beteiligten sollten daher anerkannt und in ein Konzept gegen sexuelle Gewalt einbezogen werden. Der akzeptierende Umgang mit Ambivalenzen und Unsicherheiten wäre demnach Thema und nicht ihre Beseitigung.

Fragen von Zustimmungsfähigkeit und Freiwilligkeit sollten bei *allen* Beteiligten – auch der aktiv-initiierenden Seite – the-

432 Siehe auch Serisier 2014.

matisiert werden. Dadurch kann die Verletzungsoffenheit und die Verletzungsmacht *aller* anerkannt werden. Gleichzeitig können Handlungsspielräume auf allen Seiten aufgezeigt und damit auch alle in die Verantwortung für Einvernehmlichkeit genommen werden, anstatt diese nur einseitig auf der aktiven, fragenden Seite zu verorten.

Es sollten keine unrealistischen Anforderungen an eine unmissverständliche, direkte und verbale Kommunikation gestellt werden. Effektiver wäre ein «real-life approach»[433], der alltäglich praktizierte Kommunikationsweisen zum Ausgangspunkt nimmt. Es müsste dementsprechend vielmehr darum gehen, Sensibilität gegenüber schwammigen, nonverbalen, subtilen und ambivalenten Kommunikationsweisen zu fördern und darüber zu informieren, wie unterschiedlich und indirekt Menschen ihre Wünsche kommunizieren.

Eine umfassende machtkritische Thematisierung von Geschlechterverhältnissen, heteronormativen Sexualitätsvorstellungen und damit einhergehenden spezifischen Begehrensformen, sowie daraus resultierenden ungleichen Handlungsspielräumen sollte Teil von Präventionsmaßnahmen sein. Die Aufklärung darüber und die Vermittlung alternativer Geschlechterbilder kann zu einer Reflexion der eigenen Beziehungs- und Begehrensstrukturen und ihre Einordnung in einen breiteren gesellschaftlichen Zusammenhang beitragen. Die Thematisierung der Frage, wer wen beim Sex was fragt und warum, sollte in diesem Zusammenhang explizit aufgeworfen und kontextualisiert werden.

Damit einhergehend sollte die These von Misskommunikation als Ursache für sexualisierte Gewalt und der «Grauzonen»-Diskurs als Strategie des *victim blamings* und der Relativierung sexualisierter Gewalt ebenso explizit thematisiert werden. Gleichzeitig sollte die Bandbreite der Formen sexueller Grenzverletzungen aufgezeigt werden.

Ich plädiere dafür, weniger *Zustimmung* in den Fokus rücken, als vielmehr die Frage, wie Machtungleichheiten abgebaut und möglichst horizontale Beziehungen zwischen Menschen geschaffen werden können. Sexualität ist gerade durch ihre Verstrickungen von Begehren mit Geschlecht und Macht nicht der Ort, an dem man Dinge «richtig» machen kann. Das bedeutet auch, dass sexuelles Begehren und der daraus resultierende Sex

433 Siehe dazu auch Cowling 2004.

nicht immer (politisch) richtig sein können und schon gar nicht müssen: Sexualität und sexuelle Akte an sich stellen nicht den Ort dar, wo Freiheit(en) politisch ausgehandelt werden, sondern wo bereits mit dem Resultat gesellschaftlicher Aushandlungen umgegangen werden muss. Es geht daher politisch um die Anerkennung unterschiedlich verfügbarer Freiheit(en) im Sexuellen, das Akzeptieren von Abhängigkeit(en) und das Aufbauen von Vertrauen, um diese Abhängigkeit(en) auszuhalten oder gar lustvoll zu füllen.

Es sollte meines Erachtens auch weniger darüber geredet werden, *wie* Sexualität *verhandelt* werden soll, sondern vielmehr darüber, *welche* sexuellen Praktiken es gibt, welche uns (nicht) gefallen könnten und was es dabei jeweils zu beachten gilt. Dementsprechend sollte es in Präventionsmaßnahmen auch darum gehen, was diese unterschiedlichen Praktiken auch für jeweilige (vergeschlechtlichte) Bilder in uns hervorrufen, wie uns also Geschlechtszuschreibungen – und eigene subjektive Identitäten – davon abhalten bzw. dazu ermutigen, bestimmte Praktiken auszuprobieren. Ein wichtiges Ziel wäre also die Befähigung zur Selbstreflexion, was hier nicht meint, die eigenen Wünsche im Selbst zu ergründen, sondern sie in heteronormativen Strukturen verorten zu können.

Wenn es um einen «positiven, bejahenden Umgang»[434] mit Sexualität gehen soll, so sollte die Gefahr von Grenzverletzungen nicht nur in Hinblick darauf thematisiert werden, wie sie präventiv zu vermeiden sei. Denn das würde bedeuten, Grenzverletzungen nicht als Teil von Sexualität zu verstehen und beides voneinander zu trennen. Es sollte vielmehr auch darum gehen, ein Bild von Sexualität zu vermitteln, das eigene Unsicherheiten und «gewollte» Grenzverletzungen als Teil von Sexualität begreift. Diese meine ich nicht im Sinne eines Aushaltens, sondern im Sinne einer Ermutigung, Neues auszuprobieren und die eigene Grenzüberschreitung auch als etwas potenziell Aufregendes zu verstehen. «Schlechter», im Sinne von unbefriedigender, Sex gehört zu Sexualität dazu. Das kann den Druck nehmen, dass man immer guten und befriedigenden Sex haben muss (weil man nur dann ein gutes Leben führt) und dass man alles im Vorfeld durchdenken, planen und aushandeln muss.

---

434 Unterstützer_innengruppe DEFMA o.A.

Grenzverletzungen im Kleinen können auch zu einem besseren Verständnis der eigenen Wünsche, Vorlieben etc. führen, den eigenen Umgang damit schulen und so letztendlich auch zu einer Prävention zukünftiger ähnlicher Erfahrungen beitragen.

Dies alles bedeutet auch, Grenzen und Grenzverletzungen nicht zu überhöhen. So schmerzhaft Grenzverletzungen sein können, so beängstigend scheint mir eine Welt, in der (körperliche) Nähe zwischen Menschen immer einer rationalen Aushandlung im Vorfeld bedarf. Wo immer vorher gefragt werden muss, wird immer ein Nein vorausgesetzt. Im Sinne von sexueller Selbstbestimmung mag dies wünschenswert erscheinen. Als soziale Norm taugt es meines Erachtens jedoch nicht – es würde bedeuteten, eine Kultur des permanenten Misstrauens zu etablieren.

Auch wenn sich meine Anmerkungen und Auseinandersetzungen sehr kritisch lesen, sind sie als solidarische Kritik zu verstehen. Denn auch unsere eigenen Konzepte, die den Anspruch haben, Machtverhältnisse zu überwinden, können genau jene stabilisieren. Wir sollten sie deshalb hinterfragen und gegebenenfalls verwerfen oder weiterentwickeln. Lasst uns weiter darüber nachdenken, wie wir Heteronormativität, Patriarchat, daraus resultierende sexuelle Grenzverletzungen sowie sexualisierte Gewalt gemeinsam überwinden können. Ein Ja ist nicht genug!

Literaturverzeichnis

Abbey, Antonia (2011): Alcohol's role in sexual violence perpetration. Theoretical explanations, existing evidence and future directions. In: *Drug and alcohol review* 30 (5), S. 481–489.

Alcid, Sara (2013): Navigating Consent: Debunking the ‹Gray Area› Myth. Everyday Feminism. Online verfügbar unter http://everydayfeminism.com/2013/01/navigating-consent-debunking-the-grey-area-myth/

Antioch College (2016): Sexual Offense Prevention Policy Revised. SOPP. Antioch College. Online verfügbar unter http://www.antiochcollege.edu/sites/default/files/04.015_Sexual-Offense-Prevention-Policy.pdf

Anwar, André (2017): Schweden: Partner müssen Sex-Genehmigung einholen. In: *Augsburger Allgemeine,* 20.12.2017. Online verfügbar unter https://www.augsburger-allgemeine.de/panorama/Schweden-Partner-muessen-Sex-Genehmigung-einholen-id43589536.html

Aviram, Hadar (2019): Progressive Punitivism: Notes on the Use of Punitive Social Control to Advance Social Justice Ends. In: *SSRN Journal.*

Babin, Elizabeth A. (2013): An examination of predictors of nonverbal and verbal communication of pleasure during sex and sexual satisfaction. In: *Journal of Social and Personal* 30 (3), S. 270–292.

Bänziger, Peter-Paul; Beljan, Magdalena; Eder, Franz X.; Eitler, Pascal (2015): Sexuelle Revolution? Zur Sexualitätsgeschichte seit den 1960er Jahren im deutschsprachigen Raum. In: Peter-Paul Bänziger (Hg.): Sexuelle Revolution? Zur Geschichte der Sexualität im deutschsprachigen Raum seit den 1960er Jahren. Bielefeld, Gemany: transcript (1800 | 2000. Kulturgeschichten der Moderne, Band 9), S. 7–24.

Barker, Meg (2013): Consent is a grey area? A comparison of understandings of consent in Fifty Shades of Grey and on the BDSM blogosphere. In: *Sexualities* 16 (8), S. 896–914.

Bazelon, Emily (2014): Hooking Up at an Affirmative-Consent Campus? It's Complicated. In: *New York Times Magazine,* 21.10.2014.

Bazelon, Emily (2015): The Return of the Sex Wars. In: *New York Times,* 10.9.2015. Online verfügbar unter https://www.nytimes.com/2015/09/13/magazine/the-return-of-the-sex-wars.html

Becker-Schmidt, Regina; Knapp, Gudrun-Axeli (2003): Feministische Theorien zur Einführung. Hamburg: Junius.

Beljan, Magdalena (2015): «Unlust bei der Lust»? Aids, HIV & Sexualität in der BRD. In: Peter-Paul Bänziger (Hg.): Sexuelle Revolution? Zur Geschichte der Sexualität im deutschsprachigen Raum seit den 1960er Jahren. Bielefeld, Gemany: transcript (1800 | 2000. Kulturgeschichten der Moderne, Band 9), S. 323–345.

Bell, Vanessa; Schrammen, Maria: «Ja heißt Ja» – Sex ohne Zustimmung ist Vergewaltigung! Petition an Christine Lambrecht. Online verfügbar unter https://www.change.org/p/christine-lambrecht-ja-hei%C3%9Ft-ja-sex-ohne-zustimmung-ist-vergewaltigung.

Beres, Melanie (2010): Sexual miscommunication? Untangling assumptions about sexual communication between casual sex partners. In: *Culture, health & sexuality* 12 (1), S. 1–14.

Beres, Melanie A. (2007): ‹Spontaneous› Sexual Consent. An Analysis of Sexual Consent Literature. In: *Feminism & Psychology* 17 (1), S. 93–108.

Beres, Melanie A. (2014): Rethinking the concept of consent for anti-sexual violence activism and education. In: *Feminism & Psychology* 24 (3), S. 373–389.

Beres, Melanie A.; Farvid, Panteá (2010): Sexual Ethics and Young Women's Accounts of Heterosexual Casual Sex. In: *Sexualities* 13 (3), S. 377–393.

Beres, Melanie A.; Herold, Edward; Maitland, Scott B. (2004): Sexual consent behaviors in same-sex relationships. In: *Archives of sexual behavior* 33 (5), S. 475–486.

Berghöfer, Birthe (2020): «Nur Ja heißt Ja» – wie in Schweden eine neue Konsenskultur entsteht. In: *Perspective Daily,* 8.1.2020. Online verfügbar unter https://perspective-daily.de/article/1060-nur-ja-heisst-ja-wie-in-schweden-eine-neue-konsenskultur-entsteht/dwJebk9O.

Black, Michelle C.; Basile, Kathleen C.; Breiding, Matthew.J.; Smith, Sharon G.; Walters, Mikel L.; Merrick, Melissa T. et al. (2011): The National Intimate Partner and Sexual Violence Survey (NISVS). 2010 Summary Report. Hg. v. National Center for Injury Prevention and Control, Centers for Disease Control and Prevention. Online verfügbar unter https://www.cdc.gov/ViolencePrevention/pdf/NISVS_Report2010-a.pdf

blu* (2017): Zustimmungskonzept, JAs, NEINs und Fragen stellen: Konsens in der Praxis. Online verfügbar unter https://www.youtube.com/watch?v=guo0ep-BLJY

Bogle, Kathleen A. (2014): ‚Yes Means Yes' Isn't the Answer. The Chronicle of Higher Education. Online verfügbar unter http://www.chronicle.com/article/Yes-Means-Yes-Isnt-the/149639/

Bohner, Gerd (1998): Vergewaltigungsmythen. Sozialpsychologische Untersuchungen über täterentlastende und opferfeindliche Überzeugungen im Bereich sexueller Gewalt. Landau: Empirische Pädagogik (Psychologie Sozialpsychologie, 19).

Bosiljevac, Jordan (2015): Why Yes Can Mean No. The Forum. Claremont. Online verfügbar unter http://cmcforum.com/opinion/04302015-why-yes-can-mean-no

Brake, Elizabeth (2000): A Liberal Response to Catharine MacKinnon. In: *Southwest Philosophical Studies* (22), S. 17–23.

Britzelmeier, Elisabeth (2016): Die 7 wichtigsten Fakten zu sexueller Gewalt. In: *Süddeutsche Zeitung*, 27.4.2016. Online verfügbar unter https://www.sueddeutsche.de/panorama/vergewaltigung-die-wichtigsten-fakten-zu-sexueller-gewalt-1.2937498.

Brückner, Margrit (2014): Transformationen im Umgang mit Gewalt im Geschlechterverhältnis: Prozesse des Öffnung und Schließung. In: Barbara Rendtorff, Birgit Riegraf und Claudia Mahs (Hg.): 40 Jahre

Feministische Debatten. Resümee und Ausblick. 1. Aufl. Weinheim: Beltz Juventa, S. 59–72.

Bundesministerium für Familie, Senioren, Frauen und Jugend (Hg.) (2012): Lebenssituation und Belastungen von Frauen mit Beeinträchtigungen und Behinderungen in Deutschland. Kurzfassung. Online verfügbar unter https://www.bmfsfj.de/blob/jump/94204/lebenssituation-und-belastungen-von-frauen-mit-behinderungen-kurzfassung-data.pdf

Bundesverband Frauenberatungsstellen und Frauennotrufe (bff) (o.A.): Kampagne «Vergewaltigung Verurteilen». Zahlen und Fakten. Online verfügbar unter https://www.frauen-gegen-gewalt.de/de/zahlen-und-fakten-zum-plakat-vergewaltigung-verurteilen.html

Bundesverband Frauenberatungsstellen und Frauennotrufe (bff) (2014): Gewalt gegen Frauen: eine EU-weite Erhebung. Fakten und Zahlen auf einen Blick. Online verfügbar unter https://www.frauen-gegen-gewalt.de/eu-weite-erhebung-gewalt-gegen-frauen-fra-2014.html?file=tl_files/downloads/studien/Zusammenfassung %20FRA.pdf

Burkett, Melissa; Hamilton, Karine (2012): Postfeminist sexual agency. Young women's negotiations of sexual consent. In: *Sexualities* 15 (7), S. 815–833.

Burmakova, Olga (2013): 50 Shades of Yes. Feminist Re-Conceptualization of Sexual Consent as Affirmative, Communicative, Enthusiastic. Unter Mitarbeit von Anna Loutfi. Budapest.

Burt, Martha R. (1980): Cultural myths and supports for rape. In: *Journal of Personality and Social Psychology* 38 (2), S. 217–230.

Bussel, Rachel Kramer (2008): Beyond Yes or No. Consent as Sexual Process. In: Jaclyn Friedman und Jessica Valenti (Hg.): Yes means yes! Visions of female sexual power & a world without rape. Berkeley, CA: Seal Press, S. 43–52.

Butler, Judith (1997): Körper von Gewicht. Die diskursiven Grenzen des Geschlechts. Unter Mitarbeit von Karin Wördemann. Frankfurt am Main: Suhrkamp (Edition Suhrkamp).

Butler, Judith; Menke, Kathrina (1991): Das Unbehagen der Geschlechter. Frankfurt am Main: Suhrkamp.

Carmody, Moira (2003): Sexual Ethics and Violence Prevention. In: *Social & Legal Studies* 12 (2), S. 199–216.

Carmody, Moira (2005): Ethical Erotics. Reconceptualizing Anti-Rape Education. In: *Sexualities* 8 (4), S. 465–480.

Carmody, Moira; Ovenden, Georgia (2013): Putting ethical sex into practice. Sexual negotiation, gender and citizenship in the lives of young women and men. In: *Journal of Youth Studies* 16 (6), S. 792–807.

Clemm, Christina (2015): Nein heißt nein? Entwicklungen im Sexualstrafrecht. Kongress 10 Jahre bff – Erfahrung – Debatte – Veränderung. Bundesverband Frauenberatungsstellen und Frauennotrufe (bff). Berlin, 02.11.2015. Online verfügbar unter https://www.frauen-gegen-gewalt.de/de/aktionen-themen/id-10-jahre-bff/dokumentation-zum-bff-kongress/vortrag-christina-clemm.html?file=files/userdata/veroeffentlichungen/bff-Kongress %20 2015/10 %20Jahre %20bff_Kongress_Erfahrung %20Debatte %20

Veraenderung_Christina%20Clemm_Nein%20heisst%20nein_Entwicklungen%20im%20Sexualstrafrecht.pdf&cid=4409.

Conroy, Nicole E.; Krishnakumar, Ambika; Leone, Janel M. (2015): Reexamining issues of conceptualization and willing consent: the hidden role of coercion in experiences of sexual acquiescence. In: *Journal of interpersonal violence* 30 (11), S. 1828–1846.

Cowling, Mark (2004): Rape, Communicative Sexuality and Sex Education. In: Mark Cowling und Paul Reynolds (Hg.): Making Sense of Sexual Consent. Aldershot: Ashgate Publishing Limited, S. 17–28.

Crenshaw, Kimberle (1991): Mapping the Margins. Intersectionality, Identity Politics, and Violence against Women of Color. In: *Stanford Law Review* 43 (6), S. 1241.

Denes, Amanda (2011): Biology as consent. Problematizing the scientific approach to seducing women's bodies. In: *Women's Studies International Forum* 34 (5), S. 411–419.

Deutsche Welle (2021): Spain: Government approves bill to define sex without consent as rape. Online verfügbar unter https://www.dw.com/en/spain-government-approves-bill-to-define-sex-without-consent-as-rape/a-58178985.

Deutscher Juristinnenbund e.V. (djb) (2021): Policy Paper: «Catcalling» – Rechtliche Regulierung verbaler sexueller Belästigung und anderer nicht körperlicher Formen von aufgedrängter Sexualität. Online verfügbar unter https://www.djb.de/fileadmin/user_upload/presse/stellungnahmen/st21-09_policy_paper_catcalling.pdf.

Dusenbery, Maya (2014): No, California's new affirmative consent law will not redefine most sex as rape. Feministing. Online verfügbar unter http://feministing.com/2014/10/07/no-californias-new-affirmative-consent-law-will-not-redefine-most-sex-as-rape/

Ehrlich, Susan (1998): The discursive reconstruction of sexual consent. In: *Discourse & Society* 9 (2), S. 149–171.

Eitler, Pascal (2007): Die ‹sexuelle Revolution› – Körperpolitik um 1968. In: Martin Klimke und Joachim Scharloth (Hg.): 1968 Handbuch zur Kultur- und Mediengeschichte der Studentenbewegung. Stuttgart, Weimar: Verlag J.B. Metzler, S. 235–246.

Elfity (2012): Why Do People Hate the Concept of Enthusiastic Consent? Persephone Magazine. Online verfügbar unter http://persephonemagazine.com/2012/05/why-do-people-hate-the-concept-of-enthusiastic-consent/

Elz, Jutta (2017): Verurteilungsquoten und Einstellungsgründe: Was wissen wir tatsächlich? In: Martin Rettenberger und Axel Dessecker (Hg.): Sexuelle Gewalt als Herausforderung für Gesellschaft und Recht. Wiesbaden: Eigenverlag Kriminologische Zentralstelle (Kriminologie und Praxis, Band 72), S. 117–141. Online verfügbar unter https://www.krimz.de/fileadmin/dateiablage/E-Publikationen/KUP72-Elz.pdf.

Emmers-Sommer, Tara M. (2016): Do Men and Women Differ in their Perceptions of Women's and Men's Saying «No» When They Mean «Yes» to Sex? An Examination Between and Within Gender. In: *Sexuality & Culture* 20 (2), S. 373–385.

Enders, Ursula; Kossatz, Yücel; Kelker, Martin; Ebe, Bernd (2010): Zur Differenzierung zwischen Grenzverletzungen, Übergriffen und strafrechtlich relevanten Formen der Gewalt im pädagogischen Alltag. Zartbitter e.V. Online verfügbar unter http://www.praevention-bildung.dbk.de/fileadmin/redaktion/praevention/microsite/Downloads/Zartbitter_GrenzuebergriffeStraftaten.pdf

Eschbach, Kara (2015): Affirmative consent won't end rape culture. Here's what might. In: *The Washington Post,* 12.10.2015.

Europäische Kommission (Hg.) (2016): Spezial Eurobarometer 449: Geschlechtsspezifische Gewalt. Zusammenfassung.

Europarat (11.05.2011): Übereinkommen des Europarats zur Verhütung und Bekämpfung von Gewalt gegen Frauen und häuslicher Gewalt. Istanbul-Konvention. Online verfügbar unter https://rm.coe.int/1680462535

Faulkner, Sandra L.; Lannutti, Pamela J. (2010): Examining the content and outcomes of young adults' satisfying and unsatisfying conversations about sex. In: *Qualitative health research* 20 (3), S. 375–385.

feminismus101.de (2012): Consent Culture. Online verfügbar unter http://feminismus101.de/consent-culture/.

Foucault, Michel (2014): Der Wille zum Wissen. Unter Mitarbeit von Ulrich Raulff und Walter Seitter. Frankfurt am Main: Suhrkamp.

Foucault, Michel; Defert, Daniel (Hg.) (2015): Analytik der Macht. 6. Auflage. Frankfurt am Main: Suhrkamp (Suhrkamp-Taschenbuch Wissenschaft, 1759).

Frankfurt, Harry G. (2001): Willensfreiheit und der Begriff der Person. In: Harry G. Frankfurt, Monika Betzler und Barbara Guckes (Hg.): Freiheit und Selbstbestimmung. Ausgewählte Texte. Berlin: Akademie Verlag (POLIS, 3), S. 65–83.

Freed, Alice F. (1992): We Understand Perfectly. A Critique of Tannen's View of Cross-sex Communication. In: Kira Hall, Mary Bucholtz und Birch Moonwomon (Hg.): Locating Power. Proceedings of the Second Berkeley Women and Language Conference. Berkely: University of California, S. 144–152.

Friedman, Jaclyn (2015): Adults hate ‹Yes Means Yes› laws. The college students I meet love them. In: *The Washington Post,* 14.10.2015. Online verfügbar unter https://www.washingtonpost.com/posteverything/wp/2015/10/14/adults-hate-affirmative-consent-laws-the-college-students-i-meet-love-them/.

Frith, Hannah; Kitzinger, Celia (1997): Talk about sexual miscommunication. In: *Women's Studies International Forum* 20 (4), S. 517–528.

Frith, Hannah; Kitzinger, Celia (2001): Reformulating Sexual Script Theory. Developing a Discursive Psychology of Sexual Negotiation. In: *Theory & Psychology* 11 (2), S. 209–232.

Fritzsche, Bettina; Hartmann, Jutta (2007): Selbst-Bewegungen. Subjektive Aushandlungsprozesse von Geschlecht und Begehren – eine Einführung. In: Jutta Hartmann und Bettina Fritzsche (Hg.): Heteronormativität. Empirische Studien zu Geschlecht, Sexualität und Macht. Wiesbaden: VS Verlag für Sozialwissenschaften / GWV Fachverlage GmbH Wiesbaden (Studien interdisziplinäre Geschlechterforschung, 10), S. 135–140.

Frommel, Monika (2016): Nein zu «Ja heißt Ja» im Strafrecht (Novo Argumente). Online verfügbar unter https://www.novo-argumente.com/artikel/nein_zu_ja_heisst_ja_im_strafrecht

FV Gewi (2015): Love parties – hate sexism! Feiern ohne Übergriffe. FV Gewi. Wien (gezeit). Online verfügbar unter https://www.fv-gewi.at/gezeit/archiv/2015/love-parties-hate-sexism

Gavey, Nicola (1992): Technologies and Effects of Heterosexual Coercion. In: *Feminism & Psychology* 2 (3), S. 325–351.

Gavey, Nicola (2005): Just Sex? The Cultural Scaffolding of Rape. London: Routledge.

Gill, Rosalind (2008): Culture and Subjectivity in Neoliberal and Postfeminist Times. In: *Subjectivity* 25 (1), S. 432–445.

Glammeier, Sandra (2018): Perspektiven der Geschlechtertheorie auf sexualisierte Gewalt. In: Alexander Retkowski, Angelika Treibel und Elisabeth Tuider (Hg.): Handbuch Sexualisierte Gewalt und pädagogische Kontexte. Theorie, Forschung, Praxis. Weinheim Basel: Beltz Juventa, S. 102–110.

Gotell, Lise (2008): Rethinking Affirmative Consent in Canadian Sexual Assault Law: Neoliberal Sexual Subjects and Risky Women. In: *Akron Law Review* 41 (4), S. 865–898.

Gottlieb, Franz Josef (1968): Oswalt Kolle: Das Wunder der Liebe – Sexualität in der Ehe. Arca-Filmproduktion. BRD, 81 Minuten.

Government of the Netherlands (2020): Grapperhaus to modernise legislation governing sexually transgressive conduct. Ministry of Justice and Security. Online verfügbar unter https://www.government.nl/latest/news/2019/05/22/non-consensual-sex-and-sexual-harassment-become-punishable.

Greenfield, Natalie (2019): Legislative Approaches To Rape In The EU: Outlining Case Study Examples. GenPol (GenPol). Online verfügbar unter https://gen-pol.org/2019/06/legislative-approaches-to-rape-in-the-eu-outlining-case-study-examples/.

Greenhalgh, Eleanor (2013): The Groan Zone. Towards a Radical Grammar of Consent for Horizontal Collaboration. Willem de Kooning Academy. Online verfügbar unter http://eleanorg.org/sites/eleanorg.org/files/theGroanZone.pdf

Grieger, Katja; Clemm, Christina; Eckhardt, Anita; Hartmann, Anna (2014): «Was Ihnen widerfahren ist, ist in Deutschland nicht strafbar». Fallanalyse zu bestehenden Schutzlücken in der Anwendung des deutschen Sexualstrafrechts bezüglich erwachsener Betroffener. Bundesverband Frauenberatungsstellen und Frauennotrufe (bff). Berlin. Online verfügbar unter https://www.frauen-gegen-gewalt.de/de/fallanalyse-zu-schutzluecken-im-sexualstrafrecht.html.

Gruber, Aya (2016a): Consent Confusion. In: *Cardozo Law Review* 38 (2), S. 415–458.

Gruber, Aya (2016b): Not Affirmative Consent. In: *University of the Pacific Law Review* 47, S. 683–707. Online verfügbar unter https://scholarlycommons.pacific.edu/cgi/viewcontent.cgi?article=1133&context=uoplawreview.

Gruber, Aya (2021): The Feminist War on Crime. The Unexpected Role of Women's Liberation in Mass Incarceration. First paperback printing. Oakland, California: University of California Press.

Guckes, Barbara (2001): Willensfreiheit trotz Ermangelung einer Alternative? Harry G. Frankfurts hierarchisches Modell des Wünschens. In: Harry G. Frankfurt, Monika Betzler und Barbara Guckes (Hg.): Freiheit und Selbstbestimmung. Ausgewählte Texte. Berlin: Akademie Verlag (POLIS, 3), S. 1–16.

Hagemann-White, Carol (1992): Strategien gegen Gewalt im Geschlechterverhältnis. Bestandsanalyse und Perspektiven. Pfaffenweiler: Centaurus-Verl.-Ges (Forschungsberichte des BIS, Bd. 4).

Hagemann-White, Carol (2001): Gewalt gegen Frauen: ein Überblick deutschsprachiger Forschung. In: *Journal of Conflict and Violence Research* 3 (2), S. 23–44.

Hagemann-White, Carol (2002): Gewalt im Geschlechterverhältnis als Gegenstand sozialwissenschaftlicher Forschung und Theoriebildung: Rückblick, gegenwärtiger Stand, Ausblick. In: Regina-Maria Dackweiler (Hg.): Gewalt-Verhältnisse. Feministische Perspektiven auf Geschlecht und Gewalt. Frankfurt Main u.a.: Campus-Verl. (Reihe Politik der Geschlechterverhältnisse, 19), S. 29–52.

Hagemann-White, Carol (2014): Gewalt gegen Frauen als Schlüsselthema der neuen Frauenbewegung. Wirkungen und Wandel einer machttheoretischen Patriarchatskritik im Zeitalter der Veränderung staatlichen Regierens. In: Barbara Rendtorff, Birgit Riegraf und Claudia Mahs (Hg.): 40 Jahre Feministische Debatten. Resümee und Ausblick. 1. Aufl. Weinheim: Beltz Juventa, S. 46–58.

Hakvåg, Hedda (2010): Does Yes Mean Yes? Exploring Sexual Coercion in Normative Heterosexuality. In: *Canadian Woman Studies* 28 (1), S. 121–126.

Halley, Janet (2015): The Move to Affirmative Consent (Currents. Feminist Key Concepts and Controversies). Online verfügbar unter http://signsjournal.org/currents-affirmative-consent/halley/

Hartmann, Jutta (2007): Der heteronormative Blick in wissenschaftlichen Diskursen – eine Einführung. In: Jutta Hartmann und Bettina Fritzsche (Hg.): Heteronormativität. Empirische Studien zu Geschlecht, Sexualität und Macht. Wiesbaden: VS Verlag für Sozialwissenschaften / GWV Fachverlage GmbH Wiesbaden (Studien interdisziplinäre Geschlechterforschung, 10), S. 55–60.

Heider, Ulrike (2016): Moralischer Rigorismus. In: *junge Welt,* 27.08.2016, S. 12. Online verfügbar unter https://www.jungewelt.de/artikel/292172.moralischer-rigorismus.html

Helga (2011): «Zusammenkommen und über tollen, einvernehmlichen Sex reden». Mädchenmannschaft. Online verfügbar unter http://maedchenmannschaft.net/zusammenkommen-und-ueber-tollen-einvernehmlichen-sex-reden/

Herning, Lara; Illgner, Johannah (2016): «Ja heißt Ja». Konsensorientierter Ansatz im deutschen Sexualstrafrecht. In: *Zeitschrift für Rechtspolitik* 49 (3), 77-80.

Herzog, Dagmar (2005): Sexual Morality in 1960s West Germany. In: *German History* 23 (3), S. 371–384.

Hickman, Susan E.; Muehlenhard, Charlene L. (1999): «By the semimystical appearance of a condom». How young women and men communicate sexual consent in heterosexual situations. In: *Journal of Sex Research* 36 (3), S. 258–272.

Hinz, Arnold (2001): Geschlechtsstereotype bei der Wahrnehmung von Situationen als «sexueller Missbrauch». Eine experimentelle Studie. In: *Zeitschrift für Sexualforschung* 14 (3), S. 214–225. DOI: 10.1055/s-2001-18541.

Holstein, Natascha (2019): «Trennungstötungen werden oft nicht als Mord eingestuft». Interview mit Leonie Steinl. In: *Süddeutsche Zeitung,* 17.10.2019. Online verfügbar unter https://www.sueddeutsche.de/panorama/femizid-gewalt-gegen-frauen-1.4635132.

Humphreys, Terry (2004): Understanding Sexual Consent: An Empirical Investigation of the Normative Script for Young Heterosexual Adults. In: Mark Cowling und Paul Reynolds (Hg.): Making Sense of Sexual Consent. Aldershot: Ashgate Publishing Limited, S. 209–226.

Humphreys, Terry (2007): Perceptions of sexual consent: the impact of relationship history and gender. In: *Journal of Sex Research* 44 (4), S. 307–315.

Hurd, Heidi M. (1996): The Moral Magic of Consent. In: *Legal Thr.* 2 (02), S. 121–146.

Illouz, Eva; Adrian, Michael (2011): Warum Liebe weh tut. Eine soziologische Erklärung. Berlin: Suhrkamp.

Impett, Emily A.; Peplau, Letitia A. (2003): Sexual Compliance. Gender, Motivational, and Relationship Perspectives. In: *Journal of Sex Research* 40 (1), S. 87–100.

Impett, Emily A.; Peplau, Letitia A.; Gable, Shelly L. (2005): Approach and avoidance sexual motives. Implications for personal and interpersonal well-being. In: *Personal Relationships* 12 (4), S. 465–482.

Jozkowski, Kristen N. (2015): Beyond the Dyad. In: *Violence against women* 21 (7), S. 848–874.

Jozkowski, Kristen N.; Peterson, Zoë D. (2013): College students and sexual consent. Unique insights. In: ***Journal of Sex Research*** 50 (6), S. 517–523.

Jozkowski, Kristen N.; Peterson, Zoë D.; Sanders, Stephanie A.; Dennis, Barbara; Reece, Michael (2014): Gender differences in heterosexual college students' conceptualizations and indicators of sexual consent. Implications for contemporary sexual assault prevention education. In: *Journal of Sex Research* 51 (8), S. 904–916.

Jules (2017a): eigene Wünsche, Vertrauen, individueller Konsens: Konsens in der Praxis. Online verfügbar unter https://www.youtube.com/watch?v=1QVDPbbWHsQ&list=PLFpW38zb8tzpskLQcp5WOh2lHLMorTiux&index=2

Jules (2017b): Konsens mit sich selbst, NEINs & Danke: Konsens in der Praxis. Online verfügbar unter https://www.youtube.com/watch?v=yyc1NiGAm9s&list=PLFpW38zb8tzpskLQcp5WOh2lHLMorTiux

Kade, Susanne (2003): Jungen- und männerzentrierte Prävention sexueller Gewalt. In: *Z Sex-Forsch* 16 (1), S. 32–50.

Kapfer, Leonie (2011): an.sage: Nur Konsens ist Sex. In: *an.schläge,* November 2011. Online verfügbar unter https://anschlaege.at/an-sage-nur-konsens-ist-sex/

Keenan, Sandy (2015): Affirmative Consent: Are Students Really Asking? In: *New York Times,* 28.7.2015.

Kern, Joris (2017): Konsenskultur. Zutaten und Bausteine einvernehmlicher Atmosphären. In: Sina Holst und Johanna Montanari (Hg.): Wege zum Nein. Emanzipative Sexualitäten und queer-feministische Visionen. Beiträge für eine radikale Debatte nach der Sexualstrafrechtsreform in Deutschland 2016, S. 171–190.

Kern, Joris (2018): Zustimmungskonzept: Notwendig, großartig und kritikwürdig. Warum Regeln allein nicht helfen. In: *arranca!* (52), S. 9–11.

Kinsey, Alfred C. (1998): Sexual behavior in the human female. By the staff of the Institute for Sex Research, Indiana University, Alfred C. Kinsey ... [et al.] with a new introduction by John Bancroft. Bloomington, Ind: Indiana University Press.

Kinsey, Alfred C.; Pomeroy, Wardell Baxter; Martin, Clyde E. (2010): Sexual behavior in the human male. Bloomington, Ind.: Indiana University Press.

Kitzinger, Celia; Frith, Hannah (1999): Just Say No? The Use of Conversation Analysis in Developing a Feminist Perspective on Sexual Refusal. In: *Discourse & Society* 10 (3), S. 293–316.

Kleinig, John (2009): The Nature of Consent. In: Franklin Miller und Alan Wertheimer (Hg.): The Ethics of Consent: Oxford University Press, S. 3–22.

KO – Kein Opfer e.V. (Hg.): Entwicklung einer Konsenskultur: «Nur JA heißt JA». Online verfügbar unter https://www.ko-ev.de/themen/konsenskultur/.

Kölbel, Ralf (2021): «Progressive» Criminalization? A Sociological and Criminological Analysis Based on the German «No Means No» Provision. In: *German Law Journal* 22 (5), S. 817–832.

Korte, Hermann (2009): Eine Gesellschaft im Aufbruch. Die Bundesrepublik Deutschland in den sechziger Jahren. Wiesbaden: VS Verlag für Sozialwissenschaften.

Künkel, Jenny (2021a): Carceral Feminism in Deutschland? Debatten um Vergewaltigungsrecht und sexuelle Gewalt in Partyräumen. In: *Kriminologisches Journal* 53 (2), S. 105–120.

Künkel, Jenny (2021b): Polizieren, Sexualität und Gender. Feminismus zwischen Machtkritik und Punitivität. In: *Cilip* (126). Online verfügbar unter https://www.cilip.de/2021/08/07/polizieren-sexualitaet-und-gender-feminismus-zwischen-machtkritik-und-punitivitaet/#_ftn11.

Larcombe, Wendy (2014): Limits of the Criminal Law for Preventing Sexual Violence. In: Nicola Henry und Anastasia Powell (Hg.): Preventing Sexual Violence. London: Palgrave Macmillan UK, S. 64–83.

Lenz, Ilse (Hg.) (2010): Die Neue Frauenbewegung in Deutschland. Abschied vom kleinen Unterschied ; eine Quellensammlung. 2., aktual. Aufl. Wiesbaden: VS Verl. für Sozialwissenschaften.

León, Kevin de; Jackson, Hannah-Beth (2015): Why we made ‹Yes Means Yes› California law. In: *The Washington Post,* 13.10.2015.

Lind, Dara (2015): What we know about false rape allegations. vox.com. Online verfügbar unter https://www.vox.com/2015/6/1/8687479/lie-rape-statistics

Lindgren, Kirsten P.; Parkhill, Michele R.; George, William H.; Hendershot, Christian S. (2008): Gender Differences in Perceptions of Sexual Intent. A Qualitative Research and Integration. In: *Psychology of Women Quarterly* 32, S. 423–439.

Lockhart, Jeffrey (2015): Queer Eye for the…Affirmative Consent Debate? Girl w/ Pen! Online verfügbar unter https://thesocietypages.org/girlwpen/2015/08/05/queer-eye-affirmative-consent/

Logan, T. K.; Walker, Robert; Cole, Jennifer (2015): Silenced suffering. The need for a better understanding of partner sexual violence. In: *Trauma, violence & abuse* 16 (2), S. 111–135.

MacKinnon, Catharine A. (1987): Feminism unmodified. Discourses on life and law. Cambridge: Harvard University Press.

MacKinnon, Catharine A. (1991): Toward a feminist theory of the state. 1. ed. Cambridge, Mass.: Harvard Univ. Press.

MacKinnon, Catharine A. (2016): Rape Redefined. In: *Harvard Law & Policy Review* 10 (2), S. 431–477. Online verfügbar unter http://harvardlpr.com/wp-content/uploads/2016/06/10.2_6_MacKinnon.pdf.

Malm, Heidi M. (1996): The Ontological Status of Consent and its Implications for the Law on Rape. In: *Legal Theory* 2 (02), S. 147–164.

Masters, William H.; Johnson, Virginia E. (2010): Human sexual response. Bronx, NY: Ishi Press International.

Matthiesen, Silja (2007): Wandel von Liebesbeziehungen und Sexualität. Empirische und theoretische Analysen. Gießen: Psychosozial-Verlag (Beiträge zur Sexualforschung, 89).

Maurer, Susanne (2018): Die Thematisierung sexualisierter Gewalt durch die «Neue Frauenbewegung». In: Alexander Retkowski, Angelika Treibel und Elisabeth Tuider (Hg.): Handbuch Sexualisierte Gewalt und pädagogische Kontexte. Theorie, Forschung, Praxis. Weinheim Basel: Beltz Juventa, S. 43–51.

Maxwell, Louise; Scott, Graham (2014): A review of the role of radical feminist theories in the understanding of rape myth acceptance. In: *Journal of Sexual Aggression* 20 (1), S. 40–54.

Mayer, Susanne (2017): Ja heißt ja! Interview mit Margarete Stokowski und Mithu M. Sanyal. In: *Zeit*, 03.01.2017 (43/2016). Online verfügbar unter http://www.zeit.de/2016/43/margarete-stokowski-mithu-m-sanyal-frauenbewegung/komplettansicht

Medina, Jennifer (2015): Sex Ed Lesson: ‹Yes Means Yes›, but It's Tricky. In: *New York Times,* 14.10.2015.

Millar, Thomas Macaulay (2008): Toward a Performance Model of Sex. In: Jaclyn Friedman und Jessica Valenti (Hg.): Yes means yes! Visions of female sexual power & a world without rape. Berkeley, CA: Seal Press, S. 29–42.

Mills, Nicolas (2014): How Antioch College Got Rape Right 20 Years Ago. In: *The Daily Beast,* 10.12.2014. Online verfügbar unter http://www.thedailybeast.com/articles/2014/12/10/how-antioch-solved-campus-sexual-offenses-two-decades-ago

Miria (2013): Let's talk about sex! Das Konsensprinzip (Zustimmungsprinzip). Online verfügbar unter http://nur-miria.blogspot.de/2013/02/lets-talk-about-sex-das-konsensprinzip.html

Monika Schröttle et al. (2004): Lebenssituation, Sicherheit und Gesundheit von Frauen in Deutschland. Hg. v. Bundesministerium für Familie, Senioren, Frauen und Jugend. Online verfügbar unter https://www.bmfsfj.de/blob/jump/84328/langfassung-studie-frauen-teil-eins-data.pdf

Montanari, Johanna (2017): Kein Käfig, keine Grenze. Für eine Politik der Beziehungen und der Präzision. In: Sina Holst und Johanna Montanari (Hg.): Wege zum Nein. Emanzipative Sexualitäten und queer-feministische Visionen. Beiträge für eine radikale Debatte nach der Sexualstrafrechtsreform in Deutschland 2016, S. 31–48.

Moore, Allison; Reynolds, Paul (2004): Feminist Approaches to Sexual Consent: A Critical Assessment. In: Mark Cowling und Paul Reynolds (Hg.): Making Sense of Sexual Consent. Aldershot: Ashgate Publishing Limited, S. 29–44.

Muehlenhard, Charlene L. (2011): Examining Stereotypes About Token Resistance to Sex. In: *Psychology of Women Quarterly 3*5 (4), S. 676–683.

Muehlenhard, Charlene L.; McCoy, Marcia L. (1991): Double Standard/ Double Bind. The Sexual Double Standard and Women's Communication about Sex. In: *Psychology of Women Quarterly* 15 (3), S. 447–461.

Murphy, Wendy (2015): Title IX protects women. Affirmative consent doesn't. In: *The Washington Post,* 15.10.2015.

N., Navina (2013): Kompass. Gegen sexualisierte Gewalt – für einen besseren Alltag! Hamburg. Online verfügbar unter http://unterstuetzerinneninfo.blogsport.de/images/KompassonlineeinfacheDruckversion.pdf

o.A. (o.A.): Einwilligungsfähigkeit. Online verfügbar unter https://www.iurastudent.de/definition/einwilligungsf %C3 %A4higkeit.

o.A. (2017a): Urteil gegen Gina-Lisa Lohfink rechtskräftig. In: *Süddeutsche Zeitung,* 16.11.2017. Online verfügbar unter https://www.sueddeutsche.de/panorama/berlin-urteil-gegen-gina-lisa-lohfink-rechtskraeftig-1.3752087.

o.A. (2017b): Schweden treibt die sexuelle Korrektheit auf die Spitze. In: *Welt,* 19.12.2017. Online verfügbar unter https://www.welt.de/vermischtes/article171720005/Schweden-Einverstaendnisgesetz-fordert-Frage-um-Erlaubnis-zu-Sexualkontakt.html

O'Byrne, Rachael; Hansen, Susan; Rapley, Mark (2008): «If a girl doesn't say ‹no›…». Young men, rape and claims of ‹insufficient knowledge›. In: *Journal of Community & Applied Social Psychology* 18 (3), S. 168–193.

O'Byrne, Rachael; Rapley, Mark; Hansen, Susan (2006): ‹You Couldn't Say «No», Could You?›. Young Men's Understandings of Sexual Refusal. In: *Feminism & Psychology* 16 (2), S. 133–154.

onyx (2012): Got Consent? Ask first! Online verfügbar unter https://onyxgedankensalat.wordpress.com/2012/04/28/got-consent-ask-first/

O'Shea, Tom (2011): Consent in History, Theory and Practice. The Essex Autonomy Project. Online verfügbar unter https://autonomy.essex.ac.uk/wp-content/uploads/2016/11/Consent-GPR-June-2012.pdf

O'Sullivan, Lucia F.; Allgeier, Elizabeth Rice (1998): Feigning sexual desire. Consenting to unwanted sexual activity in heterosexual dating relationships. In: *Journal of Sex Research* 35 (3), S. 234–243.

Perinelli, Massimo (2012): Longing, Lust, Violence, Liberation. Discourses on Sexuality on the Radical Left in West Germany, 1969-1972. In: Scott Spector, Helmut Puff und Dagmar Herzog (Hg.): After the history of sexuality. German genealogies with and beyond Foucault. New York, Oxford: Berghahn Books (Spektrum : publications of the German Studies Association, 5), S. 248–281.

Peterson, Zoë D.; Muehlenhard, Charlene L. (2007): Conceptualizing the «wantedness» of women's consensual and nonconsensual sexual experiences: implications for how women label their experiences with rape. In: *Journal of Sex Research* 44 (1), S. 72–88.

Petran, Anne; Thiel, Johanna Louise (2012): Weiterentwicklungen und (neue) Widersprüche – eine Einleitung zu queer_feministischen Gewaltdebatten. In: Gender Initiativkolleg (Hg.): Gewalt und Handlungsmacht. Queer_Feministische Perspektiven. Frankfurt am Main: Campus Verlag, S. 9–28.

Pickhardt, René (2016a): Anleitung zu konsensualem gewaltfreien Sex – Das Konsensprinzip. Online verfügbar unter http://gewalt.rene-pickhardt.de/2016/02/06/anleitung-zu-konsesualem-gewaltfreien-sex-das-konsensprinzip/

Pickhardt, René (2016b): Warum das Konsensprinzip so wichtig ist und wie es juristisch funktionieren kann. Online verfügbar unter http://gewalt.rene-pickhardt.de/2016/07/06/warum-das-konsensprinzip-so-wichtig-ist-und-wie-es-juristisch-funktionieren-kann/

Powell, Anastasia (2008): Amor fati? Gender habitus and young people's negotiation of (hetero)sexual consent. In: *Journal of Sociology* 44 (2), S. 167–184.

Puchert, Ralf; Jungnitz, Ludger; Lenz, Hans-Joachim (2004): Gewalt gegen Männer. Personale Gewaltwiderfahrnisse von Männern in Deutschland. Hg. v. Bundesministeriums für Familie, Senioren, Frauen und Jugend. Online verfügbar unter https://www.bmfsfj.de/blob/jump/84590/studie-gewalt-maenner-langfassung-data.pdf

Quindeau, Ilka (2014): Sexualität. Orig.-Ausg. Gießen: Psychosozial-Verl. (Analyse der Psyche und Psychotherapie, 8).

Rabe, Heike; Normann, Julia von (2014): Schutzlücken bei der Strafverfolgung von Vergewaltigungen. Menschenrechtlicher Änderungsbedarf im Sexualstrafrecht. Berlin: Dt. Inst. für Menschenrechte (Policy Paper / Deutsches Institut für Menschenrechte, 24). Online verfügbar unter http://www.institut-fuer-menschenrechte.de/uploads/tx_commerce/Policy_Paper_24_Schutzluecken_bei_der_Strafverfolgung_von_Vergewaltigungen.pdf.

Reynolds, Paul (2004): The Quality of Consent: Sexual Consent, Culture, Communication, Knowledge and Ethics. In: Mark Cowling und Paul Reynolds (Hg.): Making Sense of Sexual Consent. Aldershot: Ashgate Publishing Limited, S. 93–108.

Rich, Adrienne (1989): Zwangsheterosexualität und lesbische Existenz. In: Elisabeth List und Herlinde Studer (Hg.): Denkverhältnisse. Feminismus und Kritik. Frankfurt am Main: Suhrkamp (Edition Suhrkamp), S. 244–278.

Röggla, Katharina (2015): V*rg*w*lt*g*r, wir kriegen euch (nicht). Plädoyer für mehr Risiko, Diskussionskultur und Fehlerfreundlichkeit im feministischen Alltag. In: *malmoe,* 14.12.2015. Online verfügbar unter http://www.malmoe.org/artikel/widersprechen/3084

Roiphe, Kate (1993): The Morning After: Sex, Fear and Feminism. London: Hamish Hamilton.

rosiefranklin (2013): Let's talk about consent in practice. Disrupting Dinner Parties. Online verfügbar unter https://disruptingdinnerparties.com/2013/04/08/letstalkaboutconsentinpractice/

Sanyal, Mithu M. (2016): Vergewaltigung. Aspekte eines Verbrechens. Originalveröffentlichung, Erstausgabe, 1. Auflage. Hamburg: Edition Nautilus (Nautilus Flugschrift).

Schmidt, Gunter (1996): Das Verschwinden der Sexualmoral. Über sexuelle Verhältnisse. Hamburg: Klein.

Schmincke, Imke (2015): Sexualität als «Angelpunkt der Frauenfrage»? Zum Verhältnis von sexueller Revolution und Frauenbewegung. In: Peter-Paul Bänziger (Hg.): Sexuelle Revolution? Zur Geschichte der Sexualität im deutschsprachigen Raum seit den 1960er Jahren. Bielefeld, Gemany: transcript (1800 I 2000. Kulturgeschichten der Moderne, Band 9), S. 199–222.

Schneider, Hans Joachim (2009): Vergewaltigung. In: Hans Joachim Schneider (Hg.): Besondere Probleme der Kriminologie. Berlin: de Gruyter Recht, S. 813–864.

Schröttle, Monika (1999): Politik und Gewalt im Geschlechterverhältnis. Eine empirische Untersuchung über Ausmaß, Ursachen und Hintergründe von Gewalt gegen Frauen in ostdeutschen Paarbeziehungen vor und nach der deutsch-deutschen Vereinigung. Bielefeld: Kleine (Wissenschaftliche Reihe, 117).

Schuberth, Richard (2017): Feminismus macht Vögeln fröhlicher. In: *Neues Deutschland,* 26.12.2017. Online verfügbar unter https://www.neues-deutschland.de/artikel/1074154.sexualgesetz-in-schweden-feminismus-macht-voegeln-froehlicher.html

Schwarzer, Alice (2002): Der Kleine Unterschied und seine großen Folgen. Frauen über sich – Beginn einer Befreiung. Neuausgabe. Frankfurt am Main: Fischer Tachenbuch Verlag (Die Frau in der Gesellschaft, 15446).

Seith, Corinna; Lovett, Joanna; Kelly, Liz (2009): Unterschiedliche Systeme, ähnliche Resultate? Strafverfolgung von Vergewaltigung in elf europäischen Ländern. Länderbericht Deutschland. European Commission Div. Justice & Home Affairs. Online verfügbar unter https://www.frauenrechte.de/images/downloads/hgewalt/EU-DAPHNE_Strafverfolgung_von_Vergewaltigung_Laenderbericht_Deutschland.pdf.

Sender, Courtney (2018): He Asked Permission to Touch, but Not to Ghost. In: *New York Times,* 7.9.2018. Online verfügbar unter https://www.nytimes.com/2018/09/07/style/modern-love-he-asked-permission-to-touch-but-not-to-ghost.html

Serisier, Tanya (2014): Is Consent Sexy? In: *b a m n* (1), S. 6–13.

Sexual Offences Act (2003): Sexual Offences Act. Online verfügbar unter https://www.legislation.gov.uk/ukpga/2003/42/contents.

Shulevitz, Judith (2015): Regulating Sex. In: *New York Times,* 27.6.2015.
st_eve (2008): have sex – hate sexism. mädchenblog. Online verfügbar unter http://maedchenblog.blogsport.de/2008/01/08/have-sex-hate-sexism/
Stokowski, Margarete (2016): Wäre die Vagina doch ein Auto. In: *Spiegel,* 28.4.2016. Online verfügbar unter https://www.spiegel.de/kultur/gesellschaft/sexualstrafrecht-waere-die-vagina-doch-ein-auto-kolumne-a-1089732.html.
The Swedish Criminal Code: The Swedish Criminal Code. Fundstelle: SFS 1962:700 Brottsbalken. Online verfügbar unter https://www.government.se/498db0/contentassets/7a2dcae0787e465e9a2431554b5eab03/the-swedish-criminal-code.pdf.
The Swedish National Council for Crime Prevention (2020): The new consent law in practice. An updated review of the changes in 2018 to the legal rules concerning rape. English summary of Brå report 2020:6. The Swedish National Council for Crime Prevention. Stockholm (6). Online verfügbar unter https://bra.se/download/18.7d27ebd916ea64de53065cff/1614334312744/2020_6_The_new_consent_law_in_practice.pdf.
Theißl, Brigitte (2015): Konsensprinzip: Kein Sex ohne Kommunikation. In: *der Standard,* 21.6.2015. Online verfügbar unter http://derstandard.at/2000017722583/Konsensprinzip-Kein-Sex-ohne-Kommunikation
Toni (2017): Lust & Grenzen in Beziehungen, nur Ja heißt Ja: Konsens in der Praxis. Online verfügbar unter https://www.youtube.com/watch?v=LRa4DugFygM&list=PLFpW38zb8tzpskLQcp5WOh2lHLMorTiux&index=3
Traister, Rebecca (2015): The Game Is Rigged. In: *New York Magazine*, 19.10.2015.
Tuerkheimer, Deborah (2015): Affirmative Consent. In*: SSRN Journal.*
Unterstützer_innengruppe DEFMA (o.A.): Nein heisst Nein! Antisexismus muss Praxis werden: das Zustimmungskonzept (Plakat). Online verfügbar unter http://defma.blogsport.de/images/dt_v2_2_p.pdf
Verheyen, Nina (2015): Der ausdiskutierte Orgasmus. Beziehungsgespräche als kommunikative Praxis in der Geschichte des Intimen seit den 1960er Jahren. In: Peter-Paul Bänziger (Hg.): Sexuelle Revolution? Zur Geschichte der Sexualität im deutschsprachigen Raum seit den 1960er Jahren. Bielefeld, Gemany: transcript (1800 I 2000. Kulturgeschichten der Moderne, Band 9), S. 181–198.
Wagenknecht, Peter (2007): Was ist Heteronormativität? Zu Geschichte und Gehalt des Begriffs. In: Jutta Hartmann und Bettina Fritzsche (Hg.): Heteronormativität. Empirische Studien zu Geschlecht, Sexualität und Macht. Wiesbaden: VS Verlag für Sozialwissenschaften / GWV Fachverlage GmbH Wiesbaden (Studien interdisziplinäre Geschlechterforschung, 10), S. 17–34.
Wegerstad, Linnea (2021): Sex Must Be Voluntary: Sexual Communication and the New Definition of Rape in Sweden. In: *German Law Journal* 22 (5), S. 734–752.

Weiser, Dana A. (2017): Confronting Myths About Sexual Assault. A Feminist Analysis of the False Report Literature. In: *Family Relations* 66 (1), S. 46–60.

Wendel, Saskia (2003): Feministische Ethik zur Einführung. 1. Aufl. Hamburg: Junius (Zur Einführung, 274).

Wendt, Eva-Verena (2010): Uneindeutige Kommunikation sexueller Absichten bei jungen Paaren. In: *Zeitschrift für Sexualforschung* 23 (03), S. 220–237.

Whisnant, Rebecca (2017): Feminist Perspectives on Rape. In: *The Stanford Encyclopedia of Philosophy* (Fall). Online verfügbar unter https://plato.stanford.edu/archives/fall2017/entries/feminism-rape/.

Wiesental, Ann (2017): Antisexistische Awareness. Ein Handbuch. 1. Auflage.

Wildt, Carola (1987): Feministische Gewaltdebatte im Rückblick. In: Halina Bendkowski und Irene Rotalsky (Hg.): Die alltägliche Wut. Gewalt, Pornografie, Feminismus. Berlin (West): Elefanten-Press (EP Bilder-Lese-Buch, 242), S. 74–87.

Winslett, Andrea H.; Gross, Alan M. (2008): Sexual boundaries. An examination of the importance of talking before touching. In: *Violence against women* 14 (5), S. 542–562.

wirliebenkonsens (2010): Was ist das Zustimmungskonzept? Online verfügbar unter https://wirliebenkonsens.wordpress.com/was-ist-konsens/

Wolff, Reinhard (2020): Künftig heißt nur Ja wirklich Ja. In: *taz,* 9.9.2020. Online verfügbar unter https://taz.de/Sexualstrafrecht-in-Daenemark/!5712066/.

Yoffe, Emily (2017a): The Uncomfortable Truth About Campus Rape Policy. In: *The Atlantic,* 6.9.2017. Online verfügbar unter www.theatlantic.com/education/archive/2017/09/the-uncomfortable-truth-about-campus-rape-policy

Yoffe, Emily (2017b): The Bad Science Behind Campus Response to Sexual Assault. In: *The Atlantic,* 8.9.2017

Yoffe, Emily (2017c): The Question of Race in Campus Sexual-Assault Cases. Is the system biased against men of color? In: *The Atlantic,* 11.9.2017. Online verfügbar unter www.theatlantic.com/eduaction/2017/09/the-question-of-race-in-capus-sexual-assault-cases/

Young, Cathy (2014): Campus Rape: The Problem With ‹Yes Means Yes›. TIME. Online verfügbar unter http://time.com/3222176/campus-rape-the-problem-with-yes-means-yes/

Žižek, Slavoj (2015): Was kann ich sagen, wenn ich Sex mit dir will? In: Welt, 29.7.2015

Zuckerhut, Patricia (2010): Von der Gewaltdebatte in Anthropologie und Sozialwissenschaften hin zu einer feministischen Analyse geschlechtlich konnotierter Gewalt. In: *Zeitschrift für Ethnologie* 135 (2), S. 275–304.

Danksagung

Das Zustimmungskonzept soll einen positiven Zugang zu Sexualität bieten und könnte somit eigentlich ein lustvolles Thema sein. Jedoch ist der Fluchtpunkt der Auseinandersetzungen immer wieder sexualisierte Gewalt und Möglichkeiten ihrer Verhinderung. Meine politischen Haltungen, strategischen Überlegungen, eigenen Betroffenheiten und affektiven Widerstände gegenüber dem Thema standen in beständigem Konflikt miteinander. Dieses Buch zu schreiben, war für mich daher eine große Herausforderung. Es ist aus einer Masterarbeit an der Hochschule Merseburg im Fach Angewandte Sexualwissenschaft entstanden. Daher danke ich zunächst Prof. Dr. Heinz-Jürgen Voß und Dr. Mithu Sanyal für die Betreuung der Arbeit und die hartnäckige Ermutigung, mich an eine Veröffentlichung zu wagen. Ich danke an dieser Stelle auch dem Schmetterling Verlag, der sich ohne Zögern auf die Veröffentlichung eingelassen hat. Vor allem wäre mir die Fertigstellung aber niemals ohne meine Freund_innen und feministischen Genoss_innen gelungen. Ich danke an dieser Stelle Stefan, Ralf, Micha, Mesch, Maren, Markus und Katha für hilfreiche Anmerkungen, kritische Kommentare und akribisches Lektorieren sowohl in der Masterphase als auch später. Ganz besonders bedanken möchte ich mich bei Katinka und Hannah, die viel gelesen, kommentiert und verbessert haben und mir so das Gefühl gaben, mit dem Text nicht alleine zu sein.

Rehzi Malzahn:

Strafe und Gefängnis

Theorie, Kritik, Alternativen. Eine Einführung

Reihe BLACK BOOKS
267 Seiten, kartoniert, 16.80 EUR

ISBN 3-89657-088-9

Obwohl Strafe ein Kern von Herrschaft ist, weil sie immer Institutionen bedarf, die sie ausführen, und immer bedeutet, dass sich ein Individuum über das andere erhebt, ist die Kritik der Strafe und des Gefängnisses als zentrale Strafinstitution moderner Gesellschaften in linken Kreisen eine Seltenheit. Noch weniger als über Strafe und Gefängnis wird aber über mögliche Alternativen gesprochen, geschweige denn Entsprechendes ausprobiert.

Dieses Einführungswerk soll hier Abhilfe schaffen. Der Sammelband vereint zum ersten Mal Kritik an Strafe und Gefängnis mit einer Präsentation möglicher Alternativen für ein linkes Publikum. Neben Vorstellungen von Straftheorien und kritischer Kriminologie stehen Beiträge über Gefängniskritik, Wortmeldungen aus dem Gefängnis und Gedankenspiele zu seiner Abschaffung. Mit den Konzepten Restorative Justice und Transformative Justice – zu deutsch irgendetwas zwischen «heilende Gerechtigkeit» und «transformierende Unrechtsbewältigung» – werden handfeste Alternativen aufgezeigt. Wissenschaftliche, essayistische und politisch-aktivistische Beiträge ergänzen dabei einander.

*Verbunden mit einem akzeptablen Preis von 16,80 Euro bei 280 Seiten halte ich diesen Titel geeignet für alle am Thema Gefängnis Interessierten. Den Einsteiger*innen bietet es erste Orientierung im Feld und Fachleute halten eine kompakte Zusammenschau des aktuellen Stands der internationalen Debatte in den Händen.*

Thomas-Dietrich Lehmann,
Gefängnisseelsorger in der
JVA Berlin-Moabit

schmetterling verlag

Thomas Schroedter / Christina Vetter:
Eine Erinnerung

2. Auflage 2010, 168 Seiten, kart.,
ISBN 3-89657-659-3, 12,00 EUR
Reihe theorie.org

Der Begriff der Polyamory tauchte in den 1960er Jahren erstmals in den USA auf und wird seit etwa fünfzehn Jahren auch hierzulande breiter diskutiert. Er steht für ein Beziehungsgeflecht, in dem mehrere Liebesbeziehungen verantwortungsvoll, ehrlich, offen und verbindlich gleichzeitig entwickelt und gelebt werden. Als Vorläufer sind die «Free-love-Bewegung» in der Mitte des 19. Jahrhunderts, die vor allem eine sexuelle Emanzipation der Frauen im Zentrum ihrer Forderung hatte, sowie flüchtige Denk- und Diskussionsansätze nach der Russischen Revolution zu sehen.

Imre Hofmann / Dominique Zimmermann:
Die andere Beziehung
Polyamorie und philosophische Praxis

1. Auflage 2012, 156 Seiten, kart.,
ISBN 3-89657-064-1, 12,80 EUR

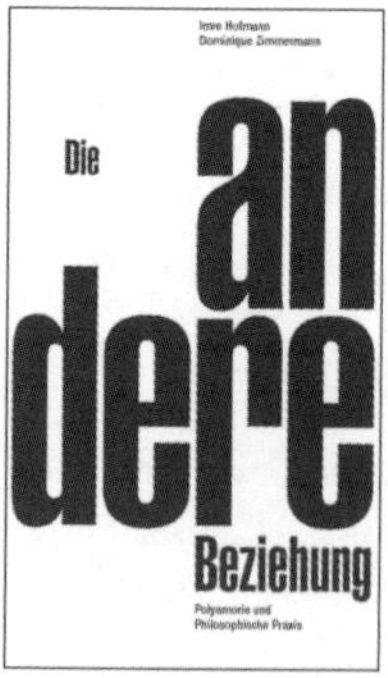

«Die andere Beziehung» geht von der Erkenntnis aus, dass die sich schnell wandelnde Gesellschaft immer wieder neue Fragen zur Beziehungsführung aufwirft, welche die Philosophische Praxis unter ganz anderen Blickwinkeln betrachten kann und möchte, als dies in Alltagsgesprächen oft der Fall ist. Das Interesse gilt dabei v.a. der Infragestellung bestehender Beziehungsmodelle. Neben so offenkundigen Themen wie der Sexualität, Eifersucht etc. wird der Blick auch auf die ethischen Fragen des «richtigen» Umgangs miteinander gelenkt, die schließlich in dem Versuchüberleiten, eine universelle Beziehungsethik zu formulieren.